Edition Korrespondenzen
Franz Hammerbacher

To whom it may concern
und im Besonderen für Tristan

»To show my weakness is everything.«
Lee Marvin

I

Farbcode 7013

»One's-self I sing, a simple separate person,
Yet utter the word Democratic, the word En-Masse.«
Walt Whitman, *Leaves of Grass*

Erster Tag des neuen Jahres. Schwarzenberg-Kaserne, Salzburg. Patrouillierende Soldaten weisen dem Ankömmling in der Dunkelheit den Weg. »Objekt 215? Zweite Kreuzung links, nach 100 Metern rechter Hand ein beleuchtetes Objekt, davor steht ein Christbaum.« Ein Areal von ungeheurem Ausmaß, mit rechtwinkelig angelegten, asphaltierten Straßen. (Die von der amerikanischen Besatzungsmacht errichtete Kaserne war [illegible]nge Zeit eine der größten Europas.) Vorbei an einem [illegible] auf dem schwarze Riesenvögel mit Propel- [illegible] [illegible]kierenden Hau- [illegible]

nacht, war [illegible]
Scheinwerferlicht auf der flatternden [illegible]
Fastvollmond, und am nahen Horizont der noch kaum von Schnee bedeckte Untersberg. Die Vorstellung, sich hier zugehörig zu fühlen, als eine Hoffnung.

Die Einberufenen: einander Unbekannte in einem Mannschaftsraum. Ein Schlafsaal für 48 Mann, der durch halbhohe Trennwände in Kojen zu 8 Mann gegliedert ist. Stockbetten, desolate Spinde, graue Wolldecken mit angenähtem Etikett »Erzeugungsjahr 1978«. An den Wänden im Flur hängen schematische Darstellungen von Maschinengewehren und ihren Bestandteilen:

Wandkarten für den Unterricht (»Waffen- und Schießdienst«).

Die vielen, mir schwer verständlichen Dialekte der Kameraden. – Österreich. (Was weiß ich von dem Land, das auch meines ist? Dies und das, Angelesenes und sekundär Erfahrenes. Fast nichts.) Rudimentäre Gespräche: »Woher kommst *du*?«, »Was machst *du*?«, so wie Kinder einander beim ersten Kontakt fragen: »Wer bist denn *du*?«

Der Eindruck, aus der Zeit gefallen zu sein. Ein junger Kerl mit Schnauzbart: wie soeben den 1970er Jahren entstiegen. Norwegerpulli. Das modische Durcheinander der Zivilkleidung enthebt dem Zeitgefühl stärker, als eine Uniform oder das Interieur der Unterkunft es könnte.

Nachtruhe. Um 23.57 Uhr einer von uns Nichtschlafenden: »Noch drei Minuten.« (Der Begriff »Zapfenstreich«.) Dann das Glockenschlagen der Kasernenkirche: 0 Uhr. Ich bin, nach fast 20 Jahren wieder, Soldat.

Und tatsächlich: 6 Uhr früh, »Tagwache!« Der müde Ruf eines (vermutlich ebenso müden) Chargen.

Militärdienst ist ein soziales Abenteuer. Man lebt mit fremden Menschen aus unterschiedlichsten Berufen auf engem Raum zusammen und muss miteinander Dienst versehen, auf Gedeih und Verderb. Vorschriften und klare Verantwortlichkeiten sollen das Zusammenleben erleichtern. Der Dienstablauf ist nach schriftlichen Plänen organisiert, auch die Verpflegung wird zu geregelten Zeiten immer in der Gemeinschaft eingenommen.

Gefreiter Hrabinek: »Ich möchte vor allem wissen, woran ich bin, und das weiß man beim Heer eben sehr genau.«

Für gewöhnlich steht man vor der Essensausgabe Schlange.

Die Faszination einer Liste (»KFOR 16«) mit rund dreihundert Namen, darunter die Soldaten Achleitner, Aichinger, Goethe, Kafka, Rossegger, Walser, Winkler. Im vorigen Kontingent gab es einen Gefreiten Jelinek, Korporal Haas und Herrn Major Schiller.

Manche Bataillone haben eine »Brücken- und Übersetzkompanie«. Ich bin Kraftfahrer in der sogenannten »Vers-Gruppe« (kein Poesieworkshop, sondern Versorgungseinheit) der 1. Jägerkompanie des 16. österreichischen KFOR-Kontingents (KFOR = Kosovo Force).

»Kraftfahrer sind die Primadonnen unter den Soldaten. Es geht ihnen besser. Sie werden angefeindet und umworben, sind Einzelgänger, herausgelöst aus dem Mannschaftspferch. Sie legen wenig Wert auf Beförderungen und Auszeichnungen, haben vor nichts mehr Angst, als von ihrer Tätigkeit abgelöst zu werden, sind fast alle mit Hingabe Kraftfahrer, und manch einer von ihnen hat bedeutende Leistungen erbracht.« (Fritz Wöss in dem 1958 erschienenen Kriegsroman *Hunde, wollt ihr ewig leben*)

Natürlich bin ich hier eine Randfigur, die durch ihre Langsamkeit und Begriffsstutzigkeit manchmal wie der Sand in einem Getriebe wirkt, mit dessen Funktionieren ich durchaus einverstanden bin.

Was nur beim ersten Mal komisch ist: den »militärischen Formaldienst« (die soldatischen Umgangsformen) nicht mehr zu beherrschen. Vergatterung: Linien und Glieder bilden (»Letzte Rotte voll!«). Auf Kommandos präzise reagieren, wie »Rechts richt euch!«, »Rechts schaut!« (auch wenn man in Wirklichkeit nach links schauen muss) und »Aufdecken!«.

Es ist ein Spiel, aber ein ernst betriebenes, mit dem Alltäglichen (der Tagwache, der Körperpflege, der Standeskontrolle, dem Dienstantritt) als dem Allerheiligsten.

Militärischer Bettenbau. Die Wolldecken mit der Aufschrift »Heereseigentum« und »Fußende«. Das Funkensprühen, als ich nachts in dem dunklen Saal die beiden Decken (100 % Polyacryl) auf meinem Bett zurückschlage. Ein knisterndes Funkengestöber bei jeder Bewegung.

Der Geruch von Schuhpaste am frühen Morgen.

Spindordnung, Stillleben. Das Orange der Früchte neben dem Oliv des Feldgeschirrs und dem hellen Grau der Bestecktasche. Leibwäsche (Farbcode 7013, heeresgrau). Ein Zimmer mit Grünblick: haben hier alle.

Der Aschenbecher vor dem Mannschaftsgebäude: ein Stahlhelm, der an einem langstieligen, eisernen Ypsilon angeschraubt und in den Boden zementiert ist.

Vor der Bekleidungskammer (sprich »Fetzenkammer«): zwei Korporäle, die sich gegenseitig in die Hose schauen.

Sozioästhetik. Ästhetik des Lebens im militärischen Verband.

Die Uniform ist sichtbarer Ausdruck für das Einordnen des Einzelnen in die Gemeinschaft. Uniformierung und Im-Schritt-Gehen: Entgrenzung des Individuums zu 1 Truppenkörper. (Wie rasch und wie zuverlässig das funktioniert!)

Uniformtragen als Berufsbezeichnung: »Auch mein Großvater, mein Vater und meine Brüder haben immer Uniform getragen«, sagt Kamerad Pospišil.

Im Zivilen erkennt man Soldaten und Feuerwehrmänner daran, dass sie ihre Autos immer in Fluchtrichtung abstellen (»gemäß Garagenordnung«, die noch aus der Zeit von Kaiser Franz Joseph stammt), um im Notfall schneller vom Fleck zu kommen.

Die Kantine für Soldaten aller Ränge, vor allem also der niederen, heißt Soldatenheim, allgemein »Soldheim« genannt (auch, weil man dort seinen Sold hinträgt).

Jeden Montagmorgen um 07.40 Uhr findet die Flaggenparade des Bataillons statt. Dabei kommt es zum immer gleichen Schauspiel. Von mehreren Seiten marschieren Einheiten auf dem quadratischen Platz ein. Eine Kompanie an Grundwehrdienern biegt unter bellenden Exerzierkommandos ihres Leithammels im Gleichschritt ein, danach »Kur-zer-Schritt!«, Tritte von der Wucht eines Trommelwirbels, »Halt! Links um!« und zur Seite hin aufschließen an eine bereits ausgerichtete Formation: ein Tänzeln wie in *Schwanensee*, Ballett in schwarzen Feldschuhen. Der Kamerad neben mir begeistert: »Geile Firma! Wo kriegt man das sonst noch?!«

Sport während der Dienstzeit. Eine Stunde Laufen durch die Saalach-Au, in Zweierreihe, im Schritt: den Rhythmus der Truppe zum eigenen machen. Auf geebneten Wegen läuft man zu viert nebeneinander und schmettert Kadenzen im Chor: Viervierteltakt, sieben Silben, die achte ist eine Pause (»Mama, Mama, schau mich an, / was das Heer mir angetan«).

Und am Ende stehen wir, hundert Soldaten, in olivgrünen Sportanzügen am Bachrand – alleine, zu zweit, zu dritt an Baumstämme gelehnt – und machen Dehnungsübungen. Ein Bild wie aus einem Film von Theo Angelopoulos.

»Das Leben wäre farblos ohne Grün.« (Titel eines Zeitungsartikels, in dem es nicht um Militär, sondern um Gärten in der bildenden Kunst geht.)

Erster Auftrag heute: den Gefreiten Goethe in die Sanitätsabteilung begleiten.

»… dass die Welt, solange menschliches Leben existiert, zu keinem Ruhezustand kommen kann. Unter allen Gipfeln ist Unruhe.« (Wo habe ich das gelesen?)

Aufgehen im Kollektiv, Verniemandung in der Masse. Ein prekäres Terrain … nach fast zwanzig Jahren in intellektuellen Berufen, in Multi-Task-Jobs und in hypersensitivem Umfeld. Das Heer ist meine neurologische Rehabilitationsanstalt, der »Dienst mit der Waffe« ein Kuraufenthalt. Man braucht sich auf nichts zu konzentrieren als auf das, was man im Augenblick tut. Die Konversation ist amikal und brüderlich, niemand belauert jemanden, und es wird tatsächlich miteinander statt übereinander geredet.

Es gibt eine Ebene des Verstehens jenseits des Intellekts, jenseits des Worts. »Erlerne die Sprache derer, die keine haben.« Eine Ermahnung des Sufi-Dichters Dschalâl ud-Dîn Rûmi.

Kompanie, Compagnie, Gesellschaft.

Natürlich ist es oft besser, vom anderen nichts zu wissen, das heißt: alles in ihn projizieren zu können. (Die Gnade des Nichtwissens.) Sowie man einander kennenlernt, beginnt auch das Befremden. Das Ideal wäre, vom anderen nur so viel in Erfahrung zu bringen, dass das im Vorschuss gewährte Vertrauen keinen Schaden nimmt. Deshalb verbietet sich auch ein Gesprächsthema wie Politik.

Für Gefühle kann man nicht garantieren, zu Zuneigung kann man niemanden verpflichten – Sympathie lässt sich nicht einfordern. Kameradschaft hingegen ist ein Willensakt. Sie ist der Stoff, der den sozialen Verband zusammenhält.

Die Anrede »Soldaten!« oder »Kameraden!« bedarf keines vorangestellten Eigenschaftsworts wie »liebe«, »geschätzte« oder »werte«. Der Begriff des Kameraden impliziert all dies.

Gegenseitiges Helfen beim Reinigen der Feldschuhe an der Stiefelwaschanlage: das Säubern mit der Drahtbürste, während der andere einem die Stiefelsohle entgegenstreckt. Zärtliche Verrichtung (wie von zwei Katzen, die sich gegenseitig sauberlecken), beendet mit einem Klaps auf die Schulter.

Gegenseitiges Helfen beim Anziehen der ABC-Schutzkleidung. Die Hände werden in dem Plastikanzug zu unbrauchbaren Wedeln, man kommt sich vor wie ein Reptil.

Dichteprüfung der Schutzmaske in einem mit Reizgas gefüllten Raum, Sport in *full chemical gear.* Moonwalk, Laufen, Armkreisen, Kniebeugen, Liegestütze in der Enge des gasgefüllten Raums. Es erinnert uns alle an eine Szene in dem Film *Jarhead*, in der die US-Marines in der saudiarabischen Wüste bei unerträglicher Hitze in ABC-Schutzkleidung Football spielen. (Überhaupt ist *Jarhead* der Referenzfilm für Soldaten unserer Tage, so wie vor zwanzig Jahren *Full Metal Jacket.*)

Meinen Zweifel an der funktionalen und ästhetischen Sinnhaftigkeit eines Elements unserer Uniform quittiert Korporal Dinbauer: »Wenn das Heer will, dass wir so aussehen, dann sehen wir eben so aus.« Er ist 21 Jahre und aktiver Kadersoldat. Was für mich Spiel ist, ist für ihn die berufliche, soziale Existenz. Aber welche Leichtigkeit und Spielfreude hat er in diesem Ernst! Mein Leuchtturm.

»Und was heißt dieses *SKDA bg* im Ausrüstungsblatt?« – »Schulterklappendienstgradabzeichen, braungrau« (obwohl wir beim neuen *KAZ*, das heißt Kampfanzug, den Dienstgrad nicht mehr auf der Schulter, sondern auf der Brust tragen).

Der Spieß unserer Kompanie, der ein erfrischend uneitler Mann ist, erläutert die Adjustierung für eine angekündigte Übung: »Morgen früh schaut ihr bitte alle so aus wie ich jetzt! Das heißt, etwas schöner dürft ihr schon sein, aber sonst bitte so adjustiert, wie ich jetzt dastehe. Ich bin das Maß aller Dinge.«

Die Armee, sagt der Spieß, biete allen die Möglichkeit, Teil einer Gemeinschaft zu sein, ganz gleich, aus welchen sozialen Schichten, Alters- und Bildungsklassen sie kämen. »Das Entscheidende an der Institution Heer ist, dass sie dem Wehrdienstleistenden einen Sinn gibt. Militärdienst zielt nicht auf kommerzielles Tun ab, sondern auf Dienst an der Gemeinschaft. Das Widersprüchliche an den sozialen Beziehungen im militärischen Verband ist: Ich muss mich in lebensbedrohlichen Situationen voll und ganz auf meinen Buddy verlassen können, muss aber zugleich auch eine gewisse emotionale Distanz wahren. Zu starke Trauer beim Verlust dieses Menschen wäre kampfkrafthemmend.«

Nachts der Orkan *Kyrill*, der über das Land fegt. Kaum eine halbe Stunde lang presst Wind gegen die Fenster unseres Schlafsaals. Am Morgen, da man hinaustritt in die Finsternis, schwebt der Geruch von frisch gespaltenem Holz über dem Areal. Später sieht man: Ein Baum liegt entwurzelt neben dem Gebäudeblock, die 20 Meter hohe Tanne auf dem Antreteplatz ist im unteren Drittel gekappt.

Erleben der Jahreszeiten, des Tag- und Nachtwerdens. Schweigend geht man im Dunkeln zum Frühstück. Kommt man zurück, hat die Dämmerung eingesetzt. Von Tag zu Tag verschiebt sich das Licht um ein Weniges.

Großes Landschaftskino. Der Untersberg zeigt sich unablässig in anderen Farben und wechselt ständig sein Gesicht. Die Kulisse der Bühne, auf der wir agieren, ist ein fließendes Bild. Andy Warhol hätte seine Kamera hier aufstellen sollen.

Erster Schnee. Am Morgen die vereiste und verschneite, nicht geräumte, nicht gestreute Straße quer durch die Kaserne, kilometerlang, vom Laternenlicht beschienen, in der Dämmerung. Und die Mondsichel darüber, liegend, als eine weiße Schale.

Immer wieder sieht man Rehe auf den Kasernenwegen. (Sogleich der Gedanke an den aktuellen Speiseplan.)

Winternacht am Truppenübungsplatz Hochfilzen: Der mondscheinlose Himmel ertrinkt vor Sternen, und die Hundertschaft von Soldaten in Patrouillenadjustierung steht mit himmelwärts gerichteten Häuptern in der Schneelandschaft und entziffert die Sternbilder.

Das Wummern der Stiefel von 100 Mann beim Gehen auf Schnee.

Militärische Lektüre der Landschaft als »Gelände«. (Der zivile Mensch wandert in der Landschaft, der Soldat bewegt sich im Gelände.)

Der Instruktor beim Häuserkampf: »Weg von der Tür! Die Tür ist Todeszone.«

Winterlandschaft, aus Holz errichtete Baracken als Massenlager. Man liegt im Schlafsack auf großen Flächen nebeneinander. Die Waffen in schmalen Holzspinden versperrt. Knisternder Kamin. Und Korporal Dinbauer, mit nacktem Oberkörper: »Warum ein Sixpack, wenn ich auch ein Fass haben kann?«

So viel Stille in den täglichen Verrichtungen! So viel wortloses Hantieren mit Gerätschaften unter freiem Himmel.

Die jungen Soldaten, die erst, wenn ihnen Erholung befohlen wird, müde wirken und schlaff am Wegrand sitzen (wie der müde Kriegsgott Mars in dem Bild von Velázquez).

Gefreiter Krammer, in Zivilklamotten ein Punk, singt mit sanfter Stimme ein heiteres Lied über die Unbill der Witterung: »Ob's stürmt oder schneit, ob die Sonne uns lacht, / der Tag glühend heiß oder eiskalt die Nacht. / Verstaubt sind die Gesichter, doch froh ist unser Sinn, / es braust unser Panzer im Sturmwind dahin.« (Das *Panzerlied*) Er singt nur die erste Strophe; der Rest ist ähnlich schlimm wie die *Marseillaise*.

Vorerst kein neuer Auftrag, heißt: »Warten auf weitere Befehle!« Die meisten Pausen sind nach Meinung der Mannschaft überflüssig (»für den Fisch«), daher »Fischpausen«. Kollektiver Jubel, als endlich der Befehl zum erneuten Antreten kommt.

Scharfschießen mit Pistole und Gewehr auf dem Schießstand (»Unter den Linden«): Tischähnliche Liegevorrichtungen auf Rollen, für die Schussabgabe in liegender Anschlagsart. Neben jedem dieser gebretterten Schießtische steht ein mächtiger Lindenbaum. Eine Serie wird im ABC-Schutzanzug mit Maske geschossen. Bei der

Rückfahrt in die Kaserne sitzen alle Mann schweigend auf der Ladefläche der Lastkraftwagen: nichts zu bereden, nichts zu erzählen.

Die zu Recht gerühmte Truppenküche der Schwarzenberg-Kaserne bietet diese Woche: Milchrahmstrudel mit Vanillesauce, Kaiserschmarren mit Apfelmus und Zwetschkenröster, Reisauflauf mit Erdbeersauce, Scheiterhaufen, Topfenpalatschinken mit Vanillesauce und Pfirsichspalten, Apfelstrudel, Biskuitrolle mit Schlag. – Das Image vom Soldaten, der vor allem Hausmannskost liebt, stimmt längst nicht mehr. Schweinefleisch wird überhaupt selten angeboten, wegen der muslimischen Kameraden.

In Puerto del Rosario auf der Insel Fuerteventura, gleich neben der Kaserne *Don Juan de Austria* (ein Stützpunkt der spanischen Fremdenlegion), gibt es eine Konditorei, wo martialische Jungs im Camouflage-Dress die leckersten Torten und Kuchen schlemmen.

»Heute keine Wurst zum Frühstück? – Ah, Aschermittwoch!« Mittags gibt es Grießkoch mit Zimt und Zucker, wie bei Großmutter.

Der gekachelte Speisesaal ist hierarchisch gegliedert. Über unseren Tischen baumelt ein Schild von der Decke, auf dem wie als Bildüberschrift »Zeitsoldaten und Chargen« steht.

Gesegnete Mahlzeit: gesegnet durch das Beisein der Kameraden. Es muss ja nicht gleich ein »einander Erkennen am Brechen des Brotes« sein.

Korporal Kogelbauer: »Nehmet und esset alle davon!« (Gemeint sind: Manner Schnitten.)

Errichten von temporären Checkpoints und mobilen Straßensperren. Militärische Choreografie. Ein Personentransportpanzer fährt vor, die Luke geht auf, heraus springen Soldaten mit Winkerkelle und Verkehrshüten. Alles geschieht in Sekundenschnelle. Zwei Soldaten tragen den zusammengerollten Maschendrahtzaun auf einer Holzstange: wie die Weintraube in dem Jahreszeiten-Bild von Nicolas Poussin (oder wie die Dornenkrone von den Folterknechten Jesu).

Das allgemeine Reizwort lautet CRC, *Crowd and Riot Control*, das In-Schach-Halten einer brodelnden Menschenmenge, auf Deutsch kurz »Ordnungseinsatz« genannt. Es ist der mühsamste, ermüdendste Teil der gesamten Ausbildung für den Kosovo-Einsatz. Ein langwieriges Exerzitium, bei dem es darum geht, Konfliktparteien zu trennen und gewalttätige Demonstrationen aufzulösen oder zu beruhigen. Der Schutz der öffentlichen Ordnung ist eine Aufgabe, die im Inland grundsätzlich von der Polizei wahrgenommen wird, im Kosovo aber, wo es ethnische Spannungen gibt, muss sie auch von der internationalen Schutztruppe erledigt werden. Deshalb wird der KFOR-Soldat weniger auf die Schlacht im Felde als auf mögliche Straßenschlachten hin trainiert.

Junge Rekruten in blauen Arbeitsanzügen werden als Roleplayer oder »Feinddarsteller« eingesetzt, um die KFOR-Soldaten zu provozieren und mit Wurfgeschossen (Steinen und Wasserflaschen) zu attackieren. Das bombastische Outfit der Einsatztruppe ist beeindruckend:

schwarze Kunststoffpanzerung, körpernah gewölbte Protektoren an Brust und Rücken, dazu ein schwarzer Schlagstock, kugelrunder Helm mit Visier und eine mächtige Plexiglasplatte als Schild. Die Plastikteile schützen die Glieder, schränken aber die Beweglichkeit ein. In diesem Harnisch der Neuzeit wirken auch breitschultrige Leistungssportler, nicht anders als die Schmächtigsten unter uns, wie römische Legionäre. Aufgetreten wird stets in geschlossener Formation. Auf Stichwörter wie »Schutz!« folgt taktgenaues Handeln – so oft gedrillt, so verinnerlicht, dass mancher auch nachts im Schlaf aus unruhigen Träumen hochfährt. Plastikschilde oben und an den Seiten stellen sicher, dass die Deckung keine Löcher hat. Man trainiert das Abdrängen einer randalierenden Gruppe, die Rettung eines Verletzten aus der CRC-Kette. Mehrere Stunden lang. Auch mit ABC-Schutzanzug und Maske. Einsatz von Wasserwerfern, Gummigeschossen und Reizgas.

In der Pause während des Ordnungsdienstes: das Liegen im weichen Gras am Wegrand. Eine Labsal. Acht Mann in Straßenkampfadjustierung, nebeneinander glücklich ermattet, ruhend wie auf Heu, vom warmen Licht der Vorfrühlingssonne umfangen, während auf dem Übungsplatz nebenan mit einem effektvollen Impuls-Feuerlöschgerät Brandherde bekämpft werden und hinter uns ein Panzer vorüberdonnert, dass die Erde bebt. Episodische Seligkeit.

Das CRC-Training am frühen Abend, als die Dämmerung hereinbricht. Vor uns der Untersberg, von links der Fluglärm vom Salzburg Airport, die metallischen Schleifgeräusche von Zügen, das gleichmäßige Rauschen der Autobahn, von rechts das Glockengebimmel der

Kirchen von Wals und Siezenheim. Wir befinden uns mitten im Verkehr, im gesellschaftlichen Leben.

SKH (Selbst- und Kameradenhilfe), genannt »Kuschelstunde«: Man übt das Bergen von Verletzten aus dem Feld, dem PKW, dem Panzer, allein und im Team. Alles keine Frage der Kraft, nur eine der Hebeltechnik.

Nahkampfausbildung (Angriff und Verteidigung). Der Körper als Waffe. Würgegriff, Stockschlag, Faust- und Ellenbogenschlag usw. Man trainiert immer mit demselben Kameraden, viele Male, in zunehmend realistischer Form. Der Schauder im Moment der akuten Bedrohung, da der Körper Adrenalin ausstößt, ist eine intensive Erfahrung, die man fortan mit diesem einen Menschen verbindet. Man sollte es freilich nicht persönlich nehmen.

Mein Trainingspartner ist Gefreiter Käfer (kein Alter Ego von Korporal Kafka, keine Verwandlung).

Waffen- und Schießdienst: Zerlegen der Waffe (Sturmgewehr 77) in slow motion.

Belehrungen und Vorträge. *Rules of Engagement*: »Jeder Gewaltanwendung sollte Verhandlung, Überzeugung oder ›show of force‹ vorausgehen.« (»Show of force« bedeutet Einschüchterung. An das Positive dieses Vokabulars muss man sich erst gewöhnen.)

Gelangweilte Soldaten im Lehrsaal: nervös wippende Beine. Zitternde Tische, vibrierende Stühle. Es ist die didaktische Unfähigkeit von Ausbildnern, die einen aufsässig werden lässt. Real existierender Militärdienst.

Psychologie. Das »Zielorgan«: jenes Organ, das unter Stress als erstes versagt. Jeder Mensch hat ein Organ, das sein schwächstes ist. Bei manchen ist es das Herz, bei anderen der Magen, die Haut usw.

Kümmerliche Auftragslage. Unser Stress zurzeit: ständig nachdenken müssen, was wir tun sollen, damit es so aussieht, als ob wir etwas täten. Den Auftrag rasch zu erfüllen und dann in der Unterkunft herumzusitzen und auf »weitere Befehle« zu warten, ist auch keine Lösung.

Ist der Auftrag abgeschlossen, meldet man sich beim Vorgesetzten zurück. Auf die Frage, was nun zu tun sei, befiehlt dieser: »Ausklingen lassen!« Der Untergebene wiederholt: »Jawohl, ausklingen lassen.«

Der Spieß kommt in die Unterkunft und sieht Soldaten bei der Maniküre: »Habt's recht! Tut's Waffen reinigen!«

Wie Gemeinschaft sich vor allem in den Nichtereignissen vollzieht!

Nicht die »besonderen Vorkommnisse«, die der Kraftfahrer in Spalte 10 seines Fahrtenbuchs einzutragen hat, sind das Mitteilenswerte, sondern die Nichtvorfälle, das in der Antwort »KEINE« Subsumierte.

Gerade die ödesten Arbeiten werden im Team mit einer besonderen Art von Heiterkeit ausgeführt. Das Eintüten der KV (Kaltverpflegung) fürs Wochenende: Wir stehen im Lebensmittellager vor den Regalen, bilden eine Kette und reichen die nach und nach befüllten Tüten von einem zum anderen weiter, als Handlanger, ganz ohne Radio, mit keiner anderen Begleitmusik als unseren Scherzen und Gesprächen, über Stunden.

Freitag Nachmittag, und alle wandeln mit weißen Plastiktüten über das Kasernengelände.

12. März: Verlegung nach Götzendorf, ins »Zentrum Einsatzvorbereitung«, 18 km südöstlich von Wien. Alle Auslandseinsätze des Bundesheeres beginnen und enden hier. Die Wegweiser in der Wallenstein-Kaserne sind sämtlich zweisprachig beschriftet: Heimatstab / Homebase, Soldatenheim / Men's Mess, Bekleidung Ausland / Mission's clothing store …

Flache Gegend, der Eindruck pannonischen Klimas. Schon nach einem Tag scheinen viele von landschaftsbedingter Depression erfasst zu sein. Im Abseits gestrandet, sechs Kilometer entfernt vom nächsten Bahnhof, wo man den Zug in die doch nahe Großstadt nehmen könnte. Thema des Tages sind die vielen Selbstmorde, die von Rekruten während des »Assistenzeinsatzes« an der Grenze im Burgenland begangen werden. In den meisten Fällen sind es Tiroler und Vorarlberger, die sich mit der Dienstwaffe aus dem Leben befördern.

Die unglaubliche Ineffizienz von Arbeitsschritten. Drei Mann mit Fahrzeug versuchen über mehrere Stunden hinweg, einem auf mehreren Schießplätzen vermuteten, aber unauffindbaren Offizier seine Waffe nachzubringen. Eine dreiviertel Stunde Fußmarsch, um den im Handschuhfach eines LKW vermuteten Schlüssel zu einer Kiste letztlich doch nicht zu finden.

Die Truppenküche in Götzendorf bietet: Rindsgulasch, Szegediner Gulasch, Krautfleisch, Reisfleisch, Würstl mit Saft, Chilli con carne, Bohnengulasch, Grenadiermarsch, Wurstfleckerl mit Spiralen (am Donnerstag), Wurstfleckerl mit Farfalle (am Montag), ein Déjà-vu. »Wir werden abgefüttert wie die Schweindln«, klagt ein Kamerad. Andere nehmen's mit Humor.

Es ist offenkundig, wie die Motivation der Truppe mit der Qualität der Verpflegung zusammenhängt. Das Sprichwort sagt: »Ohne Mampf kein Kampf« und »ohne Verpflegung keine Bewegung«.

Der gestresste, cholerische Unteroffizier erhält einen Anruf auf seinem Mobiltelefon und augenblicklich wird seine Stimme sanfter. Intuitiv ziehen alle anderen sich aus dem Raum zurück, bis auf den Gehilfen (»Bleib da!«), der sein erklärter Vertrauensmann ist.

Inventur im Magazin. Bestandsverzeichnis. Schanzzeug: Spaten, Schaufeln, Krampen, Pickel, Hacken und meterlange Nägel (Geißenfuß, Brecheisen). Ein Einachsdreiseitenkipper (genannt Scheibtruhe).

Beim Verladen der Befehl »An die Last!«, analog zu »An den Mann!« und »Zu den Waffen!« (»all'arme!«).

Truppenübungsplatz Felixdorf: eine steppige Ebene, der Wilde Osten. »Die erste und die letzte Stunde ist die Stunde des Versorgers«, heißt es. Langsam lasse ich den LKW über das leere Feld rollen, bis der Nachschubunteroffizier neben mir »Halt!« sagt. (Was im zivilen Leben »Beifahrer« heißt, ist hier der »Fahrzeugkommandant«.) Motor abstellen, die Plane hochrollen, Ladefläche öffnen, eine Treppe anbringen, die blaue Flagge hinaushängen, die den Wagen als Munitionsausgabestelle kennzeichnet. Blick über die Laderampe hinaus: großer Himmel (*The Big Sky*). Feldschreibtisch postieren, Munitionskisten öffnen, und für den Rest des Tages habe ich die Aufgabe, Gurte mit Patronen zu bestücken und Ausgabelisten zu führen, während die Mannschaft ihre Radpanzer in Stellung bringt und in die weite Ebene hinausfeuert (»ÜsMG-Schießübung«).

Sowie die Abenddämmerung einsetzt, wird die Übung zum visuellen Spektakel. Ein Feuerring, der eine dicke graue Rauchwand entfacht. Brandlöschübungen, Nebelgeschosse. Beim Nachtschießen stehen wir Zuschauer gebannt wie vor der Start- und Landepiste eines Flughafens, über die mit irrer Geschwindigkeit, dem das Auge kaum folgen kann, farbige Lichter aufsteigen und zu Boden gehen. (Gespräch über »Ballistik«.) Während das Gehör deutlich drei kurz hintereinander abgefeuerte Knalle erkennt, ist es für das Auge schwer, die Leuchtspuren der einzelnen Schüsse voneinander zu scheiden.

Um Mitternacht bringen wir das Material zurück ins Magazin. Als wir am Kompaniegebäude vorbeifahren, steht die Mannschaft schon bei der Befehlsausgabe, das heißt: Dienstschluss. Der NUO zu mir: »Am besten nicht hinsehen!«

Die große abschließende Verbandsübung im Feld. Drei Tage lang, ohne Unterbrechung während der Nacht, wird der Ernstfall geprobt, im Zusammenspiel aller Elemente. Die Szenarien sind fiktiv, der Exzess ist real. Am Ende der überlangen Ausbildungszeit wird man an die äußerste Leistungsgrenze geführt. Pünktlich, wie bestellt, gibt es nasskaltes, trübes Wetter und Schnee. Schwerer Geruch nach feuchter Erde und zertretenem Gras. Die Farben sind aus der Landschaft gespült. Was dem Auge sich zeigt, ist in Schwarz, mattes Grau und Militärgrün diverser Schattierungen gehüllt.

In dem Moment, wo wir mit der Essensausgabe an die Mannschaft beginnen, kommt ein Funkspruch. Ein Demonstrationszug bewegt sich in Richtung Stützpunkt … CRC-Einsatz, womöglich mit ABC-Schutzmaske, Dauer nicht unter zwei Stunden.

Am zweiten Tag, im Morgengrauen, erbricht ein Dutzend Soldaten den schwarzen Frühstückstee; auch Korporal Dinbauer, der dennoch euphorisiert ist vom Leben im nassen Felde. Dem aufkommenden Murren entgegnet er: »Es hat keiner gesagt, dass es einfach wird.« (»I beg your pardon / I never promised you a rose garden«, sang Lynn Anderson.)

Verpflegung (»Essensausgabe«, »Essen fassen«) ist beim Militär eine rein logistische Aufgabe, anders als im Gastronomiegewerbe, wo hinter jedem Detail – von der Ausstattung des Lokals bis zum Lächeln des Servierpersonals – die alles bestimmende Erwerbsabsicht erkennbar ist. Dennoch wirkt der Vorgang wie ein Akt der Fürsorge. Die Mahlzeit wird barmherzigkeitsselig gereicht und demütig in Empfang genommen. Dabei ist das Mahl – es gibt Grenadiermarsch, ein Recyclingprodukt – eine ziemlich traurige Angelegenheit. Der Kompaniekommandant stochert mit stoischer Miene in den Kartoffeln herum. Am Ende heißt es: »Ausgezeichnet war's!« (Als ob wir, die Versorgungsgruppe, den Fraß gekocht hätten.)

Es ist Nachmittag und wir sind nach einer schlafarmen Nacht von den ständigen Übungseinlagen ermüdet. Rekrut Mayer klettert auf das Bett über mir und kichert vergnügt, wie man sich eine verbotene Freude gönnt: »Oh, ist das fein!«

Die gleich den Jüngern am Ölberg über ihrem Auftrag eingeschlafenen Wachsoldaten. Delikt »Schlafmützigkeit«. Wachvergehen werden »disziplinär gewürdigt«.

Exzessende am Abend des dritten Tages. Der Kompaniekommandant lobt in gewohnt trockener Art: »Der Auftrag wurde erfüllt. Das allein zählt.«

Oberstabswachtmeister Neuner, ein so erfahrener wie schweigsamer Mensch: »Ich sag lieber nichts, denn es könnte zu viel sein.«

Die Beförderung der Rekruten zu Gefreiten, die aus dienstrechtlichen Gründen erfolgt (das Österreichische Bundesheer darf keine Rekruten in Auslandseinsätze schicken), wird mit einem Augenzwinkern, aber doch mit allem Anstand durchgeführt. Ein Ritual wie eine Massenfirmung, nur dass kein Sakrament, sondern ein Dienstgrad, ein weißer Stern gespendet wird.

Aus dem Radio im Soldatenheim tönt ein Schlager aus den Siebzigerjahren: »Kisses for me / Save all your kisses for me / Bye bye, baby, bye bye« (die Gruppe Brotherhood of Man). Das Thema betrifft fast alle Auslandseinsatzgeher. Aber »save your kisses for me« ist natürlich Quatsch, man kann die Libido nicht aufbewahren. »Enthaltsamkeit ist keine Potenzsparkasse«, schreibt Heimito von Doderer.

Den Angehörigen daheim bietet das Bundesheer die Möglichkeit, an einer Informationsveranstaltung über unseren Einsatz teilzunehmen, inklusive Abendessen, bei dem es traditionellerweise Gulasch gibt. Das Programm nennt sich »Familienbetreuung« (analog zur »Kinderbetreuung«, während der man arbeiten oder shoppen geht). »Das ist ein kostenloses Serviceangebot für Ihre Familien und Lebensgefährten«, erklärt die Dame vom Heerespersonalamt. »Wir empfehlen die Teilnahme mit Nachdruck.« Warum das? »Ihre Angehörigen werden Sie dann besser verstehen, wenn Sie zurückkommen.«

Das verlängerte Wochenende vor der Rotation, d.h. vor der Truppenverlegung in den Einsatzraum, wird in schriftlichen Unterlagen als »Kuschelwochenende« bezeichnet.

»Nun zum logistischen Teil. Die Hercules ist ein reines Transportflugzeug. Sie sitzen da ziemlich eng aneinander. Erwarten Sie kein Entertainment! Bordservice negativ. Und gehen Sie vorher noch auf die Toilette!« Das WC an Bord sei nämlich nicht mehr als ein Kübel hinter einem Vorhang. Wer auf die »große Seite« gehen wolle, müsse den Kübel nach Ankunft selber ausleeren.

In der Pressemitteilung des Bundesheeres heißt es: »301 österreichische Soldat(inn)en des 16. KFOR-Kontingents wurden am 23. März 2007 in Götzendorf verabschiedet und in mehreren Lifts mit der Hercules C-130 in den Kosovo rotiert: 89 aus dem Aktivstand, 140 aus der Miliz und 72 aus Kaderpräsenzeinheiten.«

(Jänner–März 2007)

Rotation

Nicht nur Gestirne, auch Soldaten rotieren, genauer gesagt: sie *werden* rotiert. Rotation bezeichnet die Drehbewegung eines Körpers, einen Kreislauf als zyklische Bewegung. Nach diesem Schema funktioniert auch der regelmäßige Austausch oder Wechsel von militärischem Personal.

Die Rotation gewährleistet, dass – während ein jeder von uns fortlaufend altert – die Mannschaft im Schnitt immer gleich jung bleibt. Das Durchschnittsalter der Soldaten ist von Einsatz zu Einsatz, von Kontingent zu Kontingent, stets annähernd gleich. Rotation ist also das Prinzip einer permanenten Erneuerung, um das zirkulierende Blut im Systemkreislauf frisch zu halten.

Es ist ein natürliches, doch gnadenloses Verfahren. Ein Zyklus niemals versiegender Vitalität, während *wir* – im unerbittlich linearen Zeitablauf – vergehen. Ein Gedanke, den man besser nicht weiter ausbrüten sollte. »Weil wir abtreten und die Schönheit bleibt. Weil wir uns in Richtung Zukunft bewegen, während die Schönheit die ewige Gegenwart ist«, schreibt Joseph Brodsky (*Ufer der Verlorenen*).

*

Der Rekrut, der 1987 meinen Namen und meine Erkennungsmarke trug, sodass Zweifel an seiner Identität nicht zulässig sind, war als Schreiber im Kommando des Heeresspitals Wien-Stammersdorf eingesetzt (eine

Funktion, die als »Systemerhalter« bezeichnet wird). Wir trugen Spitalskleidung wie die Sanitäter: weiße Hose, weißes Leibchen, weißes Hemd, darüber ein Jackett, schwarze Halbschuhe. Dass in einem hinteren Teil des Kasernengeländes österreichische UN-Soldaten auf ihre Einsatztauglichkeit getestet wurden, war bekannt. Man sah sie in dem langen Korridor vor den Ambulanzen sitzen, durch den ich immer wieder preschte, um diverse Schriftstücke zu überbringen, aber wir beachteten die da Wartenden kaum, wir waren viel mehr mit uns selbst beschäftigt.

Neunzehn Jahre später, in einem anderen Leben, fand ich mich in demselben Ambiente wieder, als ich zum Eignungstest für den Auslandseinsatz geladen war. Ich hatte wohl erwartet, das eine oder andere in dem Gebäude wiederzuerkennen. Womit ich nicht gerechnet hatte, war der Anblick der jungen Präsenzdiener von heute: Sanitäter und Systemerhalter in weißer Spitalskleidung und in speckigen schwarzen Halbschuhen, blutjung; miteinander scherzend oder mit Papieren durch die Gänge preschend, schienen sie uns Einsatzkandidaten kaum zu beachten. Und ich saß in dem Korridor vor den Ambulanzen und wartete darauf, zur Untersuchung aufgerufen zu werden. Sonst hatte sich nichts verändert. – Mit einem Mal sah ich mich da in die Geschichte gestellt, als Teil eines Kreislaufs. Als kleiner, kleinster Teil von Militärgeschichte.

*

Es scheint, dass es Kriege und also Männer, die diese führen, zu allen Zeiten der Menschheit gegeben hat. Unlängst wurde auf dem Gebiet des heutigen Syrien, an der Grenze zum Irak, von Archäologen eine Siedlung freigelegt, die als das älteste bekannte Zeugnis eines Eroberungskrieges gelten kann. Vor 6000 Jahren wurde diese Siedlung belagert und u. a. durch den Einsatz von zentnerschweren Wurfgeschossen (Kugeln aus Lehm) zu Fall gebracht. Kriege und Armeen dürfen daher als eine anthropologische Konstante angesehen werden. Und zu allen Zeiten hat es Menschen gegeben, die Kriegsdienst geleistet haben, dafür ausgebildet wurden und sich durch den entsprechenden Sold ihren Lebensunterhalt verdient und ihr Fortkommen gesichert haben.

Während das Ziel von Militär seit jeher die Verteidigung des eigenen und die Eroberung eines fremden Herrschaftsgebiets war, ist die Idee einer Friedensarmee ein Novum aus der zweiten Hälfte des 20. Jahrhunderts. Auf Initiative von UN-Generalsekretär Dag Hammarskjöld wurde 1956, im Zuge der Suezkrise, erstmals eine Friedenstruppe der Vereinten Nationen entsandt.

Peacekeeping, so Dag Hammarskjöld, sei eine Aufgabe, die man nicht Soldaten überlassen sollte, aber nur Soldaten seien in der Lage, sie zu erfüllen.

(30. März 2007)

Casablanca

Von der Passstraße zwischen Priština und Prizren gesehen, schimmert das Camp Casablanca als eine weiße Fläche in der Ebene, am Stadtrand von Suva Reka, vor der schneebedeckten Bergkette gegen Mazedonien hin. Ein Containerdorf für rund 700 Mann (fast 500 österreichische und 220 Schweizer Soldaten), errichtet auf dem Areal einer ehemaligen Gummifabrik. Eine austrohelvetische Raumstation auf dem Balkan. Exterritoriale Heimat. Wir empfangen österreichisches und schweizerisches Radio und Fernsehen, lesen die mit der Feldpost nachgeschickten Zeitungen, wir telefonieren über einen Sendemast des Mobilfunkbetreibers A1. Was wir zu uns nehmen, wird eingeflogen und angekarrt, selbst das Trinkwasser (aus Griechenland und Italien). Samstagmittag, Punkt 12 Uhr: das Sirenengeheul, wie in Österreich üblich. Und sonntags, kurz vor 10: das Glockengeläut der Pummerin. (Nein, kein Läuten, kein sonores Schwingen, sondern ein Schrecken erregendes, unvermittelt hereinbrechendes Krachen und Dröhnen aus dem Lautsprecher.)

In den räumlichen Maßen, als infrastrukturelles Gebilde, ist das Camp leicht zu erfassen. Ein Läufer benötigt etwa 9 Minuten, um es auf der sogenannten »Ringstraße«, die an der Innenseite des stacheldrahtbezäunten Walls entlangführt, zu umrunden. Das Entscheidende aber, die soziale Dimension, wuchert nach innen.

Camp Casablanca: CCB (Charlie Charlie Bravo). Ein All-inclusive-Club mit Ausgangsverbot. Kein Fünf-Sterne-

Resort (1 Wohncontainer für 4 Mann. Dusche und WC nicht am Gang, sondern zwei Gebäude weiter). Es ist auf temporäre Dauer angelegt – solange KFOR-Truppen hier erwünscht und nötig sind. Irgendwann (in 10, in 20 Jahren?) werden die Container demontiert sein und nichts mehr wird an unser Leben hier erinnern.

Gegen Abend ist jeder Flecken im Camp, der eine Idee von Rückzugsmöglichkeit bietet, zuverlässig von handytelefonierenden Soldaten besetzt. Begehrtester Ort ist der durch ein Holzdach geschützte steinerne Feldaltar vor der Kapelle, beliebt auch der Bereich neben dem für die zugelaufenen Katzen gezimmerten Verschlag, das »Cat Camp Casablanca«. (Die Katzen selbst halten sich bevorzugt in der wohltemperierten Halle hinter der Küche auf: Es geht nichts über ein gepflegtes Versorgungswesen.) Aber Rückzug ist natürlich eine Fiktion. Kaum hat man einen ruhigen Platz für sich gefunden, taucht sogleich jemand auf, der nichts anderes sucht als man selbst und also hofft, man möge schleunigst das Feld räumen. So irrt man von einem untauglichen Ort zum nächsten.

Containerbehaglichkeit. Schon nach zwei, drei Wochen empfindet man das Kompaniegebäude als Daheim – so einfach funktioniert die Psyche. Auch einem Huhn in der Legebatterie ist die enge Zelle vermutlich ein Zuhause. »Der Mensch braucht ein Plätzchen, / und wär's noch so klein, / von dem er kann sagen: / Sieh hier, das ist mein! / Hier leb ich, hier lieb ich, / hier ruhe ich aus. / Hier ist meine Heimat. / Hier bin ich zu Haus.« (Unvergessen, aus der Sammlung *Gedichte zum Hausbau*.) Alles, ausnahmslos alles, besteht aus standardisierten Containern: Unterkunft, Toiletten, Lagerräume,

Büros, das Feldpostamt, der Speisesaal – alles in den Maßen der 20-Fuß-Einheit: 20 x 8 x 8,6 Fuß oder 6,10 x 2,44 x 2,60 Meter große Metallkisten, wenn nötig eben mehrfach aneinandergefügt. Der Container ist das Maß der Zukunft. Wahrscheinlich werden wir dereinst auch in einem Pflegeheim landen, das nach der Formel der globalen Transportschachtel errichtet ist.

In der Unterkunft die Pin-up-Girls, die von einem Kontingent zum nächsten weitergegeben werden. Poster von halb nackten Kletterboys, die mit angespannten Muskeln an Felswänden hängen: »Alltag raus, Österreich rein!« (Österreich-Werbung, Tirol). Olivfarbene Trennvorhänge in den Wohncontainern. In manchen Zimmern steht in allen vier Kojen ein Fernsehapparat und alle Bewohner sehen das gleiche Programm, ein jeder mit Kopfhörern hinter seinem Vorhang verborgen: synchrones Fernschauen. Man erkennt es daran, dass immer im selben Moment gelacht wird.

Die erogene Zone des Gebäudes, am Ende des langen Korridors: Ort für Gespräche und gemeinsames Zigarettenrauchen, nie süßer als bei Regen. Miteinander dasitzen, schweigen und hinausschauen, Stiefel putzen, herumbalgen vor der Unterkunft.

Gegen Abend aus den geöffneten Fenstern das Niesen der Pollenallergiker.

Einer, der immer wieder nachts an meiner Bettkante steht: Gefreiter M., von plötzlich akutem Harndrang aufgeschreckt, auf der Suche nach dem Ausgang. (Heftiges Flüstern: »Die Tür!« und »Licht! Ein Licht! Gib her!«) Nicht immer schafft er es rechtzeitig, sich den Weg durch das Vorhanglabyrinth zu bahnen, und es pritschelt, meistens in der eigenen, manchmal auch in einer anderen Koje. Notdürftig wischt er die Lache mit einem Poloshirt auf, das dann vor der Zimmertür über eine Stuhllehne gehängt wird. Auch daran gewöhnt man sich, als eine Normalität unter vielen.

Was uns von anderen, die schon einmal im KFOR-Einsatz waren, berichtet wurde, hielten wir anfangs für Schauermärchen: dass man sechs Monate lang eingesperrt sei, das Camp nur im dienstlichen Auftrag verlassen dürfe und man rund um die Uhr Einsatzbereitschaft habe (Prinzip 24/7). »Sechs Monate Freiheitsentzug bei einem Stundenlohn von 2 Euro!« So arg werde es schon nicht sein, dachten wir, der Kosovo ist nicht Afghanistan und nicht der Irak. Inzwischen aber ist uns klar: Wir sitzen tatsächlich in der Falle. Ins Camp hinein kommt man leichter als wieder hinaus. In der KFOR-Mission ist Ausgang nicht vorgesehen, wir haben nicht die Spur eines zivilen Lebens hier.

Wer seinen Einsatz vorzeitig beenden möchte, muss sich ungefähr zwei Wochen gedulden. Nur wer sich krasse Dinge zu Schulden kommen lässt, wird – so lautet das Versprechen – am nächsten Tag nach Haus geflogen. Psychologisch ist es nicht unwichtig, eine solche Option zu haben.

»Durch seine geografische Nähe hat Österreich besonderes Interesse daran, dass sich der gesamte Balkan friedlich und stabil entwickeln kann. Um den Menschen im Kosovo zu helfen, hat die Bundesregierung deshalb im Juni 1999 beschlossen, ein Bundesheer-Kontingent mit bis zu 500 Soldaten zu entsenden, die beim Wiederaufbau der Region helfen. Die österreichischen Soldaten gehören zur ›Multinationalen Brigade Süd‹.« (www.bundesheer.at)

Zwei Mal das Wort »helfen« in nur einem Satz, dazu ein Begriff wie »Brigade«, und schon hat man das Bild von Entwicklungshelfern vor Augen, die tatkräftig, mit hochgekrempelten Ärmeln, den Wiederaufbau von zerstörten Häusern unterstützen. (In Österreich ist man's gewohnt, Soldaten vornehmlich als Arbeitstiere im Schutz gegen Hochwasser zu sehen.) Militärische Friedenssicherung aber ist etwas anderes. In Wirklichkeit haben wir vor allem Wach- und Patrouillendienste zu versehen.

Den österreichischen KFOR-Soldaten sind drei »Fixtasks« überantwortet. Zum einen ist das serbisch-orthodoxe Kloster Zocište zu bewachen, das während der sogenannten »März-Unruhen« 2004 (ein Euphemismus für Pogrom) von Albanern niedergebrannt wurde und nun mit internationaler Hilfe wiederaufgebaut wird; zum anderen haben wir, ein paar Kilometer weiter, das Dorf Velika Hoča, eine serbische Enklave in einem von Kosovoalbanern bevölkerten Gebiet, im Auge zu behalten (der Wachposten heißt auch so: »Auge«), um sie vor Übergriffen zu schützen.

Die Mannschaft ist während dieser Aufträge auf zwei Stützpunkten (Außenposten von Camp Casablanca) stationiert. Der kleinere, mit Namen »Falke«, befindet sich direkt neben dem Kloster Zocište und bietet Platz für etwa 20 Mann. Der größere, genannt »Adler«, beherbergt bis zu 100 Mann und liegt auf einer Anhöhe über Velika Hoča, von der aus man das gesamte Dorf überblickt, ein geschlossenes Ensemble in einer von sanften Hängen umgebenen Bachsenke. Im skalierten Fadenkreuz des Wärmebildgeräts erkennt man in stockdunkler Nacht ein jedes Gebäude und Lebewesen im Dorf als weißes Objekt im grünen Filterglas.

Von »Adler« aus wird auch der dritte Fixtask koordiniert: die Dauerpräsenz in der nahen Ortschaft Orahovac, deren 20 000 Einwohner sich aus drei Ethnien zusammensetzen (mehrheitlich Kosovoalbanern, neben Kosovoserben und Roma), die freilich in getrennten Stadtvierteln leben. Im KFOR-Jargon spricht man von »Upper« und »Lower Orahovac«. In der Oberstadt, auf dem »Serbenplatz«, ist rund um die Uhr ein österreichischer Pandur-Radpanzer postiert. Unterhalb, auf dem »Albanerplatz«, sind ebenfalls bei Tag und Nacht zwei Soldaten als »stehender Spähtrupp« eingesetzt, unterstützt von einer motorisierten Patrouille. Im Falle akuter ethnischer Spannungen können die Soldaten den Zugang zum Serbenviertel, der nur über den »Albanerplatz« möglich ist, sofort abriegeln.

»Wie ist die Lage?« Der Stehsatz, seit Jahren unverändert: »Ruhig, aber nicht stabil.«

Alle sechs Tage wechselt die Mannschaft auf den Außenposten: drei Kompanien in einem triadischen Dienstrad (zwei österreichische und eine schweizerische Infanteriekompanie, die »Swisscoy«). Schwarzes Dienstrad bedeutet sechs Tage »Falke« oder »Adler«. Geschlafen und gegessen wird auf beiden Stützpunkten in Mannschaftszelten. Blaues Dienstrad heißt Ausfahrtbereitschaft, CRC-Training und anderes im Camp Casablanca, sowie »kontrolliertes Relaxen«. Rotes

Dienstrad bedeutet sechs Tage »Camp Security« im 24-Stunden-Rhythmus.

Wenn die Mannschaft die Außenposten bezieht, bleibt die »Vers-Gruppe« im Camp zurück. Es ist die größte Vergünstigung, die uns gewährt ist. Das Kompaniegebäude halb verwaist, die Rollläden der Fenster geschlossen, eine ungeheure Stille im Korridor. Drei Mal am Tag bringen jeweils zwei Mann von uns die Verpflegung hinaus, die Frühstücksfahrt startet um 05.30 Uhr. In der Campküche holt man die portionengenau vorbereiteten Warmhalteboxen ab, nach der Rückkehr bringt man das gebrauchte Geschirr vom Vortag zurück.

Die Straße vom Camp zu den Stützpunkten führt über einen Eseltreiberpfad, den »Eselspass« von Suva Reka Richtung Orahovac. Die Strecke ist bloß 15 Kilometer lang, aber in so miserablem Zustand, dass man sie stellenweise nur mit Schrittgeschwindigkeit befahren kann. Wer zur Versorgungsfahrt eingeteilt ist, fährt diesen Weg sechs Mal am Tag, manchmal auch öfter.

Entlang des Wegs viele kosovoalbanische Kinder, die uns zuwinken. Solange sie winken, heißt es, sei alles in Ordnung; das Verhalten der Kinder spiegle die Stimmung in der Bevölkerung gegenüber den KFOR-Truppen wider. In den Dörfern hängt hundertfach die rote Fahne Albaniens aus den Fenstern. Neben manchen Häusern stehen pompöse Grabanlagen für gefallene UÇK-Kämpfer, mit hoch aufragenden Fahnenmasten. In der Landschaft monumentale UÇK-Friedhöfe, die Treppenanlagen so breit wie in Odessa. (Jeder von uns fragt sich: Woher kommt das Geld für diesen Protz in einer so verarmten Gegend? Keiner weiß.)

Kosova (mit albanischer Endung -a), das sind, augenscheinlich, die vielen Kinder und vor allem die unverputzten Häuser, die, längst bewohnt, aus steuerlichen Gründen weiter unverputzt bleiben.

Der Fahrtenschreiber (Tachograf) in den Lastkraftwagen dokumentiert den Verlauf jeder Fahrt, unbestechlich, im Detail: jede Pause, jede Geschwindigkeitsüberschreitung, jede Straßenkreuzung, bei der abgebremst werden muss. Die Charakteristika der Strecke sind auf der Tachoscheibe präzise abzulesen.

Jeder KFOR-Soldat ist mit Sturmgewehr und Pistole ausgestattet (»Doppelbewaffnung«). Sobald wir das Camp verlassen, haben wir eine halbgeladene Waffe zu tragen, Kugelschutzweste und Helm sind im Fahrzeug griffbereit zu halten. Innerhalb von Camps müssen die Waffen entladen sein. Gleich hinter der Einfahrt zu jedem Camp stehen Entladeboxen: mit Sand gefüllte Holzkisten, in die hinein man den Lauf richtet, während man das Magazin abnimmt und eine Sicherheitsüberprüfung durchführt (»weapon clearing«). Was nicht vorkommen darf, in größeren Zeitabständen aber doch passiert, ist, dass beim Abdrücken eine Patrone im Lauf steckt ... Auch eine Wahrscheinlichkeit von 0,001 Prozent ist eindeutig zu viel: Wenn täglich 1 000 Mal bei der Campeinfahrt eine Waffe entladen wird, hieße das, dass alle 100 Tage sich unbeabsichtigt ein Schuss löst. Ein Soldat unserer Kompanie schoss am Morgen nach seinem ersten Camp-Security-Dienst beim Entladen versehentlich in die Box. Ein anderer, der unlängst nach einer Patrouillenfahrt die Waffe im Fahrzeug entladen wollte, schoss von der Ladefläche nach vorne in den Motorblock. (*Shit happens.*)

Einer der ersten Spezialaufträge unseres KFOR-Kontingents war die »Operation Hand«. Jeder spezifische Militäreinsatz bekommt bereits in der Planungsphase einen Codenamen, so war z. B. eine auf den Tag des Frühlingsbeginns angesetzte Aktion die »Operation Verdi«, ein Einsatz in Orahovac (kurz »Ora«) hieß »Operation Ora et labora«, und die »Operation Hand« bezeichnete den diskreten Begleitschutz für Peter Handke und Claus Peymann, die während der Osterfeiertage die kosovoserbische Enklave Velika Hoča besuchten. Dieser verschlüsselte Militärsprech eignet sich im Übrigen hervorragend für sprachspielerischen Zeitvertreib, man kann schließlich allem und jedem einen militärischen Codenamen verpassen.

Unter »Operation Hand« stand auf dem Einsatzplan: »österreichische Delegation in Velika Hoča«. Peter Handke (»delegiert«, abgeordnet von sich selbst?) kam, um der Enklave 50.000 Euro zu überbringen, das Preisgeld des Berliner Heinrich-Heine-Preises, das er nicht für sich persönlich annehmen, sondern übermitteln wollte, »an Dörfer, die, allseits umzingelt, im Elendstrichter von Europa vegetieren müssen, beschützt und bewacht von jenen Staaten, den westeuropäischen, die ihnen mit Bombengewalt den eigenen Staat = Jugoslawien geraubt, geraubschatzt haben«.

Beim täglichen Morgenbriefing der Kompanie wurde uns mitgeteilt, wie das Besuchsprogramm von Peter Handke im Detail aussehen würde, wann er wo eintreffen, wo er übernachten, wo zu Mittag essen würde und so weiter. Der Auftrag an die patrouillierenden Soldaten lautete, Anzahl der Personen und Kennzeichen des Fahrzeuges festzustellen, »aber nur, wenn wir dabei selbst nicht gesehen werden«. Ein zum Vizeleutnant aufgeblasener junger Stabswachtmeister erklärte vor versammelter Runde, Handke sei ein österreichischer Schriftsteller, eine linke Bazille, die sich hier wichtig machen wolle.

Es war also unklar, ob der zu Beschattende primär beschützt oder als Misstrauensobjekt observiert werden sollte. Die »Zielperson« wurde permanent beobachtet, wenn auch immer wieder aus den Augen verloren. Während ich mit dem »Pinzgauer« und der darauf geladenen Verpflegung auf den Stützpunkt »Adler« zufuhr, ein paar hundert Meter vom Ortskern der Enklave entfernt, und darauf hoffen konnte, Peter Handke wenigstens im Binokular zu erspähen, krachte aus dem Funkgerät die Stimme des Kompaniekommandanten: »Zielperson scheint Velika Hoča bereits verlassen zu haben.«

Korporal Werner erzählte mir später, er habe im Dorf bei einer regulären Patrouille überraschend Handke und Peymann getroffen. Er sei mit dem »Puch G« im Ortszentrum gewesen, als plötzlich ein Bus angehalten habe und der ehemalige Burgtheaterdirektor ausgestiegen sei. Er, Korporal Werner, sei auf ihn zugegangen und habe begeistert ausgerufen: »Ja, grüß Gott, Herr Peymann!« Der wiederum war entzückt, dass ein gewesener Burgtheaterdirektor bei österreichischen Soldaten offenbar eine solide Basis habe. Dass er viel schneller erkannt wurde als Handke, habe seiner Eitelkeit gut getan. »Aber es war ja schon immer so in Österreich, dass die Schauspieler, die Sänger und die Dirigenten einen höheren sozialen Status hatten als die Originalgenies, die Komponisten und die Dichter«, so Peymann zu einer NEWS-Reporterin. »Dabei stimmt das gar nicht«, sagt Werner, »ich hab von Peter Handke einiges gelesen und mag ihn sehr!« Der Korporal stammt aus Jennersdorf im Südburgenland, jenem Ort, in dem Handkes Erzählung *Die Angst des Tormanns beim Elfmeter* entstand und auch verfilmt wurde. – Eine Woche nach dem Besuch der »Delegation« sieht man den KFOR-Soldaten zusammen mit Claus Peymann auf einem Foto in der Zeitschrift NEWS.

»Und die Journalistin war auch recht nett«, berichtet Werner, »die hat sich glaubhaft interessiert für den Roman, den ich im Bosnien-Einsatz geschrieben hab.«

Die kosovarischen Straßen wurden von der KFOR mit durchwegs englischsprachigen Bezeichnungen versehen. Die Hauptverkehrsachsen sind nach Tieren benannt (z.B. Cat Road, Fish Road, Horse, Rat, Snake Road), weitere Verbindungsstraßen heißen nach Metallen (wie Chrome, Platinium, Tin Road usw.) oder nach Getränken (Coffee, Cream, Milk, Tonic, Water Road etc.). Es macht Lust, die Karte zu studieren. »Deckname« kann man es nicht nennen, denn die Tiersymbole stehen – schwarz auf knallgelbem Schild – für jedermann sichtbar am Straßenrand. Ente, Löwe, Pinguin, Stier, die gesamte Bandbreite eines Zoos, einschließlich Koala, Schwan und Spinne. Warum diese Bildersprache? Manche spotten, dass unter den Amerikanern eben viele Analphabeten seien. Nicht minder glaubwürdig aber scheint, dass viele Soldaten anderer Nationen des Englischen nicht mächtig sind. Im Norden des Kosovo, wo französische Soldaten stationiert sind, tragen die Straßen übrigens Namen berühmter Schriftsteller, wie Balzac, Baudelaire, Flaubert, Gide, Hugo, Rimbaud, Zola. Am äußersten Rand im Norden findet sich, wie ein

Wurmfortsatz, überraschend auch eine Mozart Road. (Amadeus als Schattenriss würden die meisten von uns wohl erkennen, aber Baudelaire, Rimbaud, Zola?)

Siebenunddreißig fremde Armeen bewegen sich seit 1999 auf dem Territorium des Kosovo, das völkerrechtlich ein Teil von Serbien ist. Siebenunddreißig fremde Armeen. Der Kosovo wird daher oft als der größte Truppenübungsplatz Europas bezeichnet.

Begegnet man einem anderen KFOR-Fahrzeug, hebt man zum Gruß leger die Hand. Auf der Straße zwischen dem Camp Casablanca und dem deutschen Feldlager Prizren vergeht keine Minute, ohne dass einem ein militärgrünes KFOR-Fahrzeug entgegenkommt, sodass man also ständig grüßt. Es erinnert an Zeiten, da die Motorisierung der Gesellschaft noch nicht so weit fortgeschritten war und Fahrer derselben Automarke einander grüßten. Wir KFOR-Soldaten aus siebenunddreißig Ländern, die wir auf den Straßen des Kosovo wuseln, wir geben einander Zeichen, als müssten wir uns der Zusammengehörigkeit als »one mission, one team« (so die Parole) immer aufs Neue versichern: »the KFOR family«, wie die Oberkommandierenden sagen, verstreut über ein ganzes Land (in dem alles im Besitz von ein paar wenigen Familienclans ist).

Die Nähe zum deutschen Feldlager Prizren bringt einen bedeutenden Vorteil mit sich. Wir empfangen *Radio Andernach*, einen Sender der deutschen Bundeswehr, der überall dort gehört werden kann, wo Bundeswehrsoldaten im Ausland stationiert sind. Das Programm wird ausschließlich von Soldaten für Soldaten gestaltet und moderiert: »dein Einsatzradio« (der Hörer wird prinzipiell geduzt und, erstaunlich genug, nicht im Kollektiv angesprochen), »deine Zeit, deine Schlagzeilen, dein Wetter« (»und in Prizren kannst du in der kommenden Nacht bei lauschigen 26 Grad den Sternenhimmel betrachten«). Der Musikmix kommt ohne die für kommerzielle Sender typischen Kuschelpopsongs aus, die Rhythmen sind kantiger und eignen sich ideal zum Unterwegssein auf den Straßen. Manche Sendungen werden im Studio in Deutschland produziert, jeden Tag aber werden auch einige Stunden live aus dem Feldlager im Kosovo gesendet. Unverzichtbar ist die tägliche Grußsendung »meet & greet«. »Gegrüßt wird der in Kabul, Afghanistan, stationierte Oberfeldwebel Rico B. mit Gloria Gaynor und *I Will Survive.*« Und der Stabsgefreite Thorsten M. wünscht seinem schwermütigen Zimmerkollegen ein trauriges Lied von Hank Williams, *I'll Never Get Out of This World Alive.*

Die vielen KFOR-Fahrzeuge auf den Straßen müssen natürlich ständig gereinigt werden, man kennt den Putzfimmel des Militärs. Das Wageninnere darf nur in den Camps, von den Soldaten selbst, gereinigt werden, die Außenreinigung darf man aber auch an öffentlichen Waschplätzen vornehmen lassen. So wurde aus den Kosovaren seit 1999 ein Volk von Autowäschern. Das erste albanische Wort, das ein KFOR-Soldat lernt, ist »Auto Larje«. Es ist ein florierender Erwerbszweig. Sie waschen die Fahrzeuge mit einer Präzision, wie gute Schuhputzer ihr Handwerk ausüben. Der Waschplatz in Suva Reka heißt »Auto Larje Tip Top« und wird von drei Taubstummen betrieben. Ihre Dienstfertigkeit, die einen fast beschämt, ihre wortlose Verständigung während des emsigen Tuns, ist ein ebenso bewegendes Schauspiel wie die Herzlichkeit der Gesten, mit denen sie sich für Trinkgeld bedanken: Hand auf die Brust, Verbeugung, begleitet vom liebenswürdigsten Lächeln.

Die meisten Autowaschplätze entwickeln sich dynamisch zu kleinen Einkaufszentren mit angeschlossener Bar, wo man schamlos Raubkopien von CDs zu 1 Euro erwerben kann (DVDs kosten 1,50 Euro). Oft bekommt man sofort beim Betreten des Shops *Coca-Cola* und *Red Bull* angeboten, die Grundnahrungsmittel des modernen Soldaten. Was tun? Ein jeder weiß, dass die CDs illegale Ware sind und man mit dem Kauf mafiöse Strukturen unterstützt. Andererseits, sagen viele, sei diese Schattenwirtschaft das Einzige, was hier, in einem Land mit kolportierten 90 % Arbeitslosigkeit, halbwegs funktioniere. Solle man auch das noch unterbinden?

Die Haltung des Bundesheers in dieser Frage ist zwiespältig: Einerseits wurden wir pflichtgemäß belehrt, dass das Geschäft mit Raubkopien ein schwerwiegendes Eigentumsdelikt darstellt, es ist uns aber nicht verboten, an den Waschplätzen solche CDs zu kaufen, wir dürfen sie nur nicht mit heim nach Österreich nehmen. So lädt man sich die Audiofiles auf externe Festplatten und hinterlässt die Silberscheiben den nachfolgenden Kameraden »zur freien Entnahme«.

Jede Kompanie hat ihre eigene »Betreuungseinrichtung« (die militärische Bezeichnung für Bar). Bardienst (Getränkeausschank, Verkauf von Zigaretten und Süßigkeiten) ist Aufgabe der jeweiligen Versorgungsgruppe. Laut Campordnung dienen die Betreuungseinrichtungen vorrangig der »Kameradschaftspflege«, tagsüber finden hier aber auch dienstliche Besprechungen statt. Die 1. Kompanie, deren Wappentier der Skorpion ist, hat eine »Skorpionbar«; die 2. Kompanie, mit einem Hai im Emblem, betreibt die »Haifischbar«; die Stabskompanie wird von einem gerupften Geier symbolisiert, die Bar heißt »No Name Bar« und wird abends zur Disco; und die Betreuungseinrichtung der Schweizer Kompanie ist das »Pulverfass«. Naturgemäß handelt es sich um fast reine Männerbars, in denen ausgiebig geherzt, gestreichelt und bei Festtagslaune auch geküsst wird. Über den Gastgärten hängen Tarnnetze, auf den Tischen tanzen die Schatten (manchmal, spätabends, auch Soldaten).

Zudem gibt es den »Österreicher-Hof«, eine Art Container-Lounge, in der man auch Pizza und Baguette essen kann. Viele kommen nur zum Kaffeetrinken, Billardspielen und zum Chillen auf den Kunstlederfauteuils. An der Theke dient ein Panzerrohr als Fußstütze. Wirklich anders ist das »Swiss Chalet« im authentischen Ambiente einer schweizerischen Alphütte (an der Decke hängen unvermeidlich die Kantonsflaggen). Als Spezialität gibt es Käsefondue und Raclette. Jeden Freitag ist unüberhörbar Schlagerstammtisch.

Wie rasch nachts die Ruhe einkehrt, nachdem zuvor noch in voller Intensität gefeiert wurde! Punkt 23 Uhr: die Betreuungseinrichtungen schließen – Luke dicht! (Wie in Spanien, nachmittags, der urplötzliche Wechsel von Betriebsamkeit zu Stille am Beginn der Siesta.)

Die verordnete Nachtruhe ist die Lösung eines Lebensproblems. Die Schwierigkeit ist ja nicht, aufzustehen. Dass jemand verschläft, kommt äußerst selten vor. Die wahre Schwierigkeit ist, zu Bett zu gehen, obwohl der Körper einen noch weiter durch die Nacht trüge. (Man weiß aus genügend Experimenten in Bunkern, dass die innere Uhr des Menschen auf mehr als 24 Stunden eingerichtet ist, sodass man, wenn man nur auf den Körper achtete, Nacht für Nacht jeweils ein Stück länger wach bliebe.) Indem einem aber im Camp jede Möglichkeit einer Beschäftigung nachts, außerhalb der eigenen Unterkunft, entzogen ist, geht man tatsächlich gegen Mitternacht zu Bett.

Eine Gruppe von türkischstämmigen Kameraden, deren Familien meist schon in dritter Generation in Österreich leben, trifft sich regelmäßig zu einer Saunarunde. Aus unserer Kompanie ist der Gefreite Türkmen dabei (kein Kosename, er heißt wirklich so). Jeden Mittwoch ist »türkische Sauna«. Unter sich reden sie türkisch. Sobald aber auch nur ein Nichttürke in der Saunakammer sitzt, halten sie sich gegenseitig zum Deutschsprechen an, um bei niemandem Misstrauen zu wecken. Türkischsprechen, sagt Volkan Türkmen, sei für ihn eine Chance auf Privatheit, ein Refugium aus Sprache in einem 24-Stunden-Dienstbetrieb, der eigentlich keine Privatheit kennt.

Der Gefreite Oliver Cruz, der philippinischer Abstammung ist: ein Altruist wie nur je einer, hilfsbereit ist gar kein Ausdruck, er übernimmt jede Knochenarbeit und opfert sich auf für jeden Beliebigen. Oliver beherrscht die auf den Philippinen weit verbreitete Kampfsportart Kali. Wer es zur Meisterschaft gebracht habe, sagt er, dürfe den Namen »Kali« als Ehrentitel tragen. Er heiße also »Cruz Kali«. »Wenn es dich interessiert, kann ich dir ein paar Grundstiche und Grundschnitte zeigen.«

Körperpflege, Körpertraining (in der Schule hieß es »Leibesübungen«, LÜK und LÜM). Der Körper als

Waffe. Die Verletzbarkeit des Soldatenkörpers als zentrales Problem. Sport und Rekreation als Mittel der Kampfkrafterhaltung.

Im Fitnessraum die von Schweiß und Testosteron gesättigte Luft. Die Trainierenden an den Maschinen: äußerste Kraftanstrengung im zunehmend heftigen Kampf des Körpers mit den Gewichten. Wiederholung einer jeden Übung bis zur lokalen Erschöpfung, zitternd, mit von Schmerz verzerrtem Gesicht. Unter Ächzen winden sich die Körper auf der Matte, an den Geräten, auf der Trainingsbank, wie verwundet (Schuss- oder Stichwunde), um dann liegen zu bleiben und die Muskeln sich entspannen zu fühlen. Der Blick in diesem Moment, mit zur Seite gewendetem Kopf …

In der Sauna, eines Abends, in der dunklen Dampfkammer (das Licht ist ausgefallen), führe ich ein überraschend bekenntnisreiches Gespräch mit einem mir Unbekannten aus einer anderen Kompanie. Er betritt die Kammer nach mir, verlässt sie wieder vor mir – nie werde ich erfahren, mit wem ich da gesprochen habe. Die Offenheit, zu der man im Dunkeln, nackt und unerkannt, fähig ist! Idee eines Gesprächsdarkrooms als einer besonderen Art von Beichtstuhl.

Ein andermal in der Sauna, als ich beim Entkleiden das vom Laufen durchschwitzte Leibchen kaum über den Kopf ziehen kann, werde ich, nackter Torso, von den anderen dennoch als der, der ich bin, erkannt. Und wir stellen fest, dass wir, Soldaten der 1. Jägerkompanie, einander inzwischen auch bei verdecktem Gesicht erkennen. »So bin am ganzen Leibe ich, so bin ich und so bleibe ich, yes Sir!« (Zarah Leander)

Gerade in der Uniform tritt die Individualität ihres Trägers am deutlichsten zu Tage – seine Physis, die Art, sich zu bewegen, die Art, wie jeder seine Kappe trägt –, weil jeder kleine Unterschied zu einem sprechenden Unterschied wird. Auch akustisch hat jeder, dem gebotenen »militärischen Auftreten« zum Trotz, einen unverwechselbaren Gang. Je länger man in der Gleichheit lebt, desto feiner wird der Sinn für die Details. Zivilkleidung hingegen ist Tarnung und Täuschung.

Casa blanca (weißes Haus). Sitzt man vor dem Kompaniegebäude, blickt man auf den Fuhrpark, oliv und weiß, auf Schotter, eine meterhohe Mauer und riesige kreisrunde Speicher. Die Weiß-Blau-Grau-Töne des Betons, der Metallabdeckungen, des Dämmerungshimmels über dem Kosovo. Alles hier ist in ein unterkühltes Farbspektrum getaucht. Aber wie reich und lebendig sind das verwaschene Schwarz, Grau, Weiß, das metallische Blau, die Erdfarben! Je länger das Auge diesen Tönen ausgesetzt ist, umso nuancierter nimmt es sie wahr – so wie man beim genauen Betrachten einer weißen Wand feststellen wird, dass diese nicht einfach nur weiß ist.

Erste Sterne erscheinen am dunkler werdenden Himmel. Der Läufer, der abends auf der Ringstraße seine Bahnen dreht, erfährt, wie sich mit jeder Runde zunehmend Grau in alles Sichtbare mischt. Und er erkennt am Schimmer auf den grauweißen Dächern im letzten Dämmerungslicht, dass Schwarz eine dumpfe Schattierung von Weiß ist.

Nach zwei Wochen im Camp wieder die erste Ausfahrt zu den Stützpunkten: am Wegrand der mohnblumenrote Klatschmohn. (Pleonastische Farbwahrnehmung.)

Die Nationalflaggen von Österreich und der Schweiz sind beinah identisch – hier ein Rechteck, da ein Quadrat. Entscheidend ist aber: Die Schweiz hat ein Plus, Österreich ein Minus.

Besuch des österreichischen Verteidigungsministers im Camp Casablanca. Die ungeheure Stille, in der das angetretene Bataillon am Tegetthoffplatz auf das Eintreffen des Gastes wartet. (Dass so viel Mann gemeinsam so lange in äußerster Stille verharren können!) Etwa zehn Minuten lang ist nichts zu hören, nicht die geringste Brise Wind in den Sträuchern, nur dann und wann ein leises Knirschen von Stiefelleder, während das Verfließen von Zeit in der nackten Sommerhitze sich am Fließen des Schweißes unter der Kampfanzugsjacke bemisst. Dann: Helikopterlärm vom Flugfeld, das Starten und Näherkommen von Fahrzeugen – etcetera.

Am selben Tag, dem 22. Juni 2007, kommt ein Schweizer Kamerad, ein Kraftfahrer: Wachtmeister Thomas Blatter, 22 Jahre, bei einer Patrouillenfahrt in der Nähe der Stadt Mališevo zu Tode. Der Panzer, heißt es, sei zu weit auf das Bankett hinausgeraten, ein Teil der Fahrbahn habe sich gelöst und sei abgerutscht, der Panzer sei daraufhin umgekippt. Der Fahrer habe Genickbruch erlitten. Ein tragischer Verkehrsunfall wie so viele im zivilen Leben auch, aber doch unter dem besonderen Umstand eines Lebens fernab von daheim, im militärischen Verband.

»Betroffenheit«: ein Wort, das jeder benutzt. Wie äußert die sich? Wo immer Leute beisammensitzen, wird nicht mehr gescherzt. Alles, worüber man sprechen kann, ist freilich erbärmlich, zum Beispiel die kursierende Frage:

Wo ist der Tote, wo wird er aufbewahrt, gelagert – oder wie soll man sagen? Es hat eine Gluthitze. Es ist kaum möglich, darüber zu reden, ohne ungewollt in schwarzen Humor abzugleiten. Ein Sanitäter meint, der Tote sei in einem Kühlcontainer neben dem »Pulverfass«, der schweizerischen Bar, gelagert worden. Ein anderes Gerücht besagt, dass der Sarg im Hallenbereich hinter der Küche kühl gestellt wurde, einfach bei eingeschalteter Klimaanlage.

Die »Verabschiedung«, drei Tage später, erfolgt nach militärischem Ritual, mit Ehrenzug und Aufgebot des gesamten Bataillons. Eine Zeremonie von massivem Pathos, das zugleich durch die strenge Form vehement gebändigt wird. Ein jeder von uns weiß, dass dieses Zeremoniell auch ihm zuteil wird für den Fall, dass er ins Gras beißt. Und man möchte doch ganz gerne wissen, was man dann, wenn es soweit ist, eben nicht mehr erfahren wird.

Der Sarg wird auf einem abgeplanten, weiß lackierten »Pinzgauer«, unserem Transportfahrzeug, auf den Tegetthoffplatz gefahren. Die Mutter und die Schwester des Verstorbenen folgen dem langsam rollenden Wagen. Der Moment, an dem die beiden Frauen in schwarzen sommerlichen Trauerkleidern den von unserem Ensemble – einer salutierenden, habtacht stehenden Männergemeinschaft – gesäumten Platz betreten, ist schwer erträglich. Die Ehrenformation »präsentiert« das Gewehr. Es schnürt das Herz zu, es würgt einen.

Der Kommandant der »Swisscoy« zitiert Antoine de Saint-Exupéry: »Man muss die Menschen, die man befehligt, lieben, aber man darf es ihnen nicht sagen.«

Die Mutter des verunglückten Kameraden umarmt den Kommandanten ihres Sohnes. –

»Wachtmeister Blatter wird immer Teil dieser Gemeinschaft sein«, sagt der Bataillonskommandant. Das meint: die Ewigkeit des Gewesenen.

Nachdem der Sarg vom Platz zum Helikopter-Pad gebracht ist, taumeln wir benommen, schweigend, hinterblieben, zurück zu unserem Dienst.

»Abgezählt // Der Tag, an dem du / ohne Schuhe ins Eis kamst, / der Tag, an dem / die beiden Kälber / zum Schlachten getrieben wurden, / der Tag, an dem ich / mir das linke Auge durchschoss, / aber nicht mehr, / der Tag, an dem / in der Fleischerzeitung stand, / das Leben geht weiter, / der Tag, an dem es weiterging.« (Ilse Aichinger)

Camp Security. Wachdienst im sogenannten »Krähennest«, dem Beobachtungsturm über der Campeinfahrt und der daran vorbeiführenden Hauptverkehrsachse zwischen Priština und Prizren. Auf der »Duck Road« fährt die halbe kosovarische Welt vorbei. Wie auf einer Bühne, deren Betrachter ich bin, ziehen das motorisierte Volk und, immer wieder, auch Pferdefuhrwerke über die Magistrale.

In den Nachtstunden ist in unregelmäßigen Abständen der Bereich vor der Campumzäunung mit dem Scheinwerferkegel auszuleuchten. Wache halten: wachen über den Schlaf der anderen.

5 Uhr früh. Gerne hätte ich in den stündlich fortzuschreibenden Wachreport unter »Besondere Vorkommnisse« eingetragen: Morgendämmerung, das zusehends, mit jedem Lidschlag stärker werdende Licht, jetzt!, und jetzt!, und jetzt!, Hähne krähen – carpe diem. Fügte dann aber doch das übliche »o. V.« ein und behielt den Rest für mich.

(April–Juni 2007)

Kollektive Träume und gemeinsame Frequenz

Im Musée d'Orsay in Paris hängt ein Gemälde mit dem Titel *Le Rêve* (Der Traum), von Édouard Detaille (1848-1912), dem bedeutendsten Schlachtenmaler der französischen Armee, es zeigt eine im Feld, unter dem weiten Himmel biwakierende Kompanie und ihr kollektiv geträumtes Vorwärtsstürmen. – Wie weit muss der Einzelne im Sozialverband aufgehen, dass seine Träume kollektiver Art sind?

Der sehr junge Gefreite Prohaska, der in Minuten, da er sich langweilt, die Formation unserer Kompanie aus »M&M«-Bonbons nachstellt: drei Züge, dazu die kleinere »Kommando- und Versorgungsgruppe« und zwei bunte Pillen voran als Kommandant und Kommandantstellvertreter beim Morgenappell.

Teil von etwas sein, im Unterschied zum bloßen Mitwirken und Beitragen.

Unser tägliches Spiel. Der Kompaniekommandant entrichtet mit feister Stimme den Gruß an seine Vasallen: »Guten Morgen, Kompanie!«, und die Erwiderung aus hundert Kehlen: »Guten Morgen, Herr Hauptmann!«

Zur Orchestermusik gehöre die kontinuierliche Verschiebung von einer Hauptstimme zur Nebenstimme, die zuhöre, sagt Daniel Barenboim: »Du lernst zu verstehen, was der andere spielt, auch wenn er momentan dein Ego unterdrückt.« Das Wesen der Musik sei Dialog. Doch in einem echten Gespräch werde nacheinander geredet, in der Musik gleichzeitig. Und wenn man etwas gleichzeitig mache, müsse man nicht zustimmen. »Musik lehrt einen, sich darüber einig zu werden, dass man nicht einig ist, und trotzdem weiterzumachen.«

Was bei uns gespielt wird, unterdrückt jedermanns Ego. Auch vermeintliche Hauptstimmen sind im großen Orchester nur Nebenstimmen. Worüber man einig ist: Es muss gespielt werden, *for better or for worse*, und jeder will, dass gespielt wird.

Am Ostersonntag bekam jeder Soldat einen Schokoladeosterhasen zum Geschenk. Auf einem Tisch im Speisesaal stand das Schokohasenbataillon in Reih und Glied.

Jeder Aushang, selbst der auf der Toilette (»Toilettenspülung nur einmal, dafür richtig betätigen! Für das kleine Geschäft Pissoir benützen!«), wird mit Aktenzahl versehen und von einem Offizier unterschrieben. Vermerk: »KFOR/NATO unclassified«.

Der Architekt Frank Gehry über Gefühle und Häuser: »Was mich an einer Moschee reizen würde, wäre der Gegensatz zu den christlichen Kirchen. Die haben eine Hierarchie des Bauens mit einem Kirchenschiff, mit einer Kanzel, Altar usw. Eine Moschee bietet mehr Zutritt von allen Seiten. Der Imam sitzt dort, aber das kann sich ändern, es muss nur nach Mekka ausgerichtet sein. Das scheint mir demokratischer als die anderen Gotteshäuser.« Woran er als Architekt interessiert sei, sagt Gehry, seien »Bauten, die spirituell oder emotional Gefühle erzeugen«; er wolle »Räume erschaffen, die ein gewisses Gefühl für Transzendenz haben«.

Militärgebäude haben mehr vom Prinzip einer Moschee als dem einer Kirche: so einfach, so offen, so demokratisch wie möglich, auf den Menschen und das soziale Zusammenspiel ausgerichtet, auch so unhierarchisch wie möglich, denn der Kommandant muss bei der Truppe sein, anders als bei großen Wirtschaftsunternehmen mit ihren Top-Etagen und gepolsterten Türen. Die Transzendenz von Latrinen. Wie nirgends sonst zeigt sich die Gestalt des Kollektiven architektonisch im Sanitärbereich. Die Wasserhähne in der Hygieneschleuse, die Stiefelwaschanlage (wie eine Tränke), die Pissmuscheln. Undichte Wasserhähne, die in unterschiedlichen Intervallen in dieselbe Rinne tropfen: Wie sollte man das nicht als Chiffre für Gesellschaft sehen, in der ein jeder im eigenen Rhythmus dahinstolpert?

Die Dämmerung bricht herein. »Blue transcends the solemn geography of human limits.« (Derek Jarman) Blau transzendiert die feierliche Geographie menschlicher Beschränkungen. Scheinwerfer gehen an. Licht dringt aus Räumen, wo gewohnt und gearbeitet wird.

Wann habe ich zuletzt (wann habe ich je) eine Gruppe von Menschen erlebt, die so im Einklang mit ihrer gegenwärtigen Lage ist? Viele der Soldaten scheinen nie eine bessere Zeit gehabt zu haben als in ihrem aktuellen Tun. Oft gehörter Satz: »Da herunten fehlt einem nichts.« (So selten im Zivilleben: die Abwesenheit von jedem Mangelgefühl.)

Im Fernmeldebunker hängt ein Plakat der »Österreich-Werbung« an der Wand (»Servus in Österreich«): DER LUNGAU. »Grüß Gott! / Ich komme heim und sehe all die Blumen.« Das letzte Wort mit einem gelben Post-it-Zettel überklebt, auf dem geschrieben steht: »Deppen«.

Sonntagvormittag, wieder das Glockengedröhn. Der Lautsprecher speit die Pummerin. Die kosovarische Bardame fragt: »Geht ihr gar nicht in die Messe?« Der eine sagt: »Ich hab Dienst.« Der andere: »Ich hab frei.«

Einmal in 18 Tagen, wenn alles gut geht, hat man einen freizeitähnlichen »Tag ohne geplante dienstliche Inanspruchnahme (TogdI)«. Man bleibt dennoch auf Abruf, um zu Sonderaufträgen eingeteilt zu werden. Mögliche Freizeitbeschäftigungen ließen sich taxativ aufzählen. Die einzige Chance, das Camp außerdienstlich zu verlassen, ist der Besuch von anderen KFOR-Camps; das gilt als »Kaderfortbildung«. Es ist die beste Option, man ist einigermaßen außer Reichweite (auch wenn Funkgerät und Bewaffnung immer mitzuführen sind, einer elektronischen Fußfessel gleich), und man kann dort, immerhin, essen gehen oder einkaufen.

Jedes Camp ist eine interessante Abweichung vom Einheitsschema. Trotz der universellen Militärästhetik, die man in allen Feldlagern findet, bleibt viel an nationalspezifischem Kolorit erkennbar. Die Betreuungseinrichtung »Oase« im deutschen Feldlager Prizren, zum Beispiel, hat die idealtypische Atmosphäre einer Autobahnraststätte, auch das Heißgetränk namens »Tasse Kaffee« entspricht deutschem Standard. Die Truppenküche im finnischen Camp bietet oft Rentierfleisch und Lachssuppe, im Shop gibt es Unmengen an Bonbons mit Lakritze.

Kulminationspunkt dieser Schattierungen ist das KFOR-Hauptquartier in Priština, in dem alle siebenunddreißig an der Mission beteiligten Nationen vertreten sind. Das Camp heißt »Film City«. (Zu jugoslawischen Zeiten befand sich auf dem Areal ein Filmstudio.) Für die meisten von uns ist »Film City« gleichbedeutend mit Shoppingmeile. Einen Straßenzug lang reiht sich ein Laden an den anderen, und die da mit Einkaufstüten auf und ab flanieren, sind ausschließlich Soldaten in verschiedensten Uniformen. Kulinarische Spezialitäten aus aller Herren Länder werden steuerfrei, knapp über dem Einkaufspreis, angeboten. Korsische Aniskekse im französischen Shop, Rioja-Weine und Oliven aus Spanien, Mineralwasser der Marke *Ramlösa* (Hoflieferant des dänischen und des schwedischen Königshauses), Hi-Fi-Geräte von *Bose*, Zigaretten, Parfums und so weiter.

Noch eindrücklicher ist nur Camp Bondsteel, das auf einem Hügel südlich der Stadt Uroševac liegt: das größte US-amerikanische Militärcamp außerhalb der USA, so groß, dass innerhalb des Lagers Greyhound-Busse zirkulieren. Schon die Sicherheitsvorkehrungen bei der Campeinfahrt machen deutlich, dass man sich in den Wirkungsbereich einer militärischen Weltmacht begibt. Besucher werden direkt am Flugfeld vorbeigeleitet, wo *Apache*- und *Black Hawk*-Hubschrauber bereitstehen. Bondsteel ist quasi eine amerikanische Kleinstadt für rund 5 000 Soldaten. Als Büros und Unterkünfte dienen 250 Holzbaracken, die in langen parallelen Straßenzeilen auf Pfählen errichtet sind; in der feuchten Jahreszeit ist das Gelände ein einziger Sumpf. Was kein anderes KFOR-Camp zu bieten hat: Es gibt hier ein Kino, einen Pizzaladen (»proud to serve those who serve: *Anthony's pizza*«), eine Cappuccino-Bar, *Burger King* und *Taco Bell*. In einem nach Laura Bush benannten Bildungszentrum können Kurse der University of Maryland und der University of Chicago belegt werden. Und AAFES, der *Army and Air Force Exchange Service*, unterhält in einer riesigen Wellblechhalle einen Supermarkt auf zwei Etagen, in dem man alles bekommt, worauf der amerikanische Soldat auch im Auslandseinsatz nicht verzichten möchte, von *Arizona Beer* und Aspirin (die kleine Dose enthält 300 Tabletten) bis zu ganzen Kübeln an Nahrungsergänzungsmitteln. Das Motto von AAFES: »We go where you go!«

Das Brettspiel *Monopoly* ist in einer Spezialausgabe als »United States Army Edition« erhältlich. Statt der üblichen bunten Kegel werden aus Metall gegossene Miniaturen als Spielsteine verwendet: ein *Apache*-Helikopter, ein Panzer, ein Jeep, ein LKW, ein Stiefel und der Hut eines Drill Instructors. Auf dem Brett stehen anstelle von Straßenbezeichnungen die Namen amerikanischer Camps, statt Häuser und Hotels gilt es, Bataillone und Divisionen zu erwerben. Es ist ein abendfüllendes Spiel, bei dem man keinen Augenblick lang vergisst, welcher Sozietät man angehört.

Vor allem aber gibt es in Bondsteel militärisches Equipment zu kaufen. Viele Soldaten haben einen Ausrüstungsfetisch. Die Zauberwörter heißen *Magnum*-Stiefel, *Camelbak*, *SureFire*, *Maglite*, *Leatherman* usw. Reizvolles Accessoire für alle Schreibenden ist die »Military Pocket Pen, made especially for the Armed Forces & selected by NASA«, ein gasdruckgesteuerter Tintenfüller, der bei Temperaturen zwischen –34 ° und +149 °C, in jedem Winkel, auf allen Materialien, auf Fett, unter Wasser und auch in der Schwerelosigkeit schreibt (und deshalb bei allen bemannten Weltraumflügen eingesetzt wird). Oder: die »Kampftasse« aus geschliffenem Edelstahl mit angeschraubtem Karabiner als Henkel, sodass man den Kaffeebecher jederzeit am Hosenbund oder an der Kampfweste mit sich tragen kann. Größter Verkaufsschlager ist die Sportbekleidung der US-Armee: schwarze Shorts mit silbergrauen Lettern, dazu ein graues Leibchen mit schwarzer Aufschrift »ARMY« in Brusthöhe.

Auch im Camp Casablanca tragen die Trainierenden im Kraftraum häufig solche »ARMY«-Muskelshirts – als genügte es nicht, nur im Dienst Soldat zu sein; als dürfte man nie einen Zweifel aufkommen lassen, welchem Leben man sich »sonder Vorbehalt« verschrieben hat. Bunte T-Shirts sind tabu. Das Freizeitoutfit der meisten: Bundesheer-Leibchen und Trainingshose; wenn Zivilklamotten, dann Vintage, Military-Design. Dabei gibt es in unserem Alltag ohnehin keinen Bereich, wo nicht Militärrequisiten zu sehen wären. Selbst auf der Liegewiese beim Swimmingpool stehen die Feldstiefel im Gras, liegt das Sturmgewehr neben dem Frotteetuch, wird die Tarnfleckuniform zum Kopfkissen gefaltet.

Deutsche Soldaten aus Prizren kommen eigens zum Schwimmen in unser Camp, in dessen Mitte ein langgestrecktes Becken als »Löschteich« dient. (Eine Brandschutzeinrichtung mit Zusatznutzen.) Vor allem Besitzer eines gut trainierten Körpers liegen gerne auf der Wiese und lassen ihren Sixpack sehen, andere zeigen sich gänzlich desinteressiert (»Zu wenig Mädels!«). Die Sonnenanbeter liegen verstreut, aber parallel zueinander, viele in amerikanischen »ARMY«-Sporthosen. Tätowierte Bodybuilder, die sich gegenseitig eincremen. Freude an Synchronitäten. Gemeinsames Hechten in den kühlen Löschteich. Eine Pooldurchquerung zu dritt, im Handstand unter Wasser. Herumbalgen im Rudel, fließende Grenze zwischen Fight und Bacchanal. Fest der nackten Körperlichkeit. *What's The Frequency, Kenneth?*, ein Song von R.E.M., dröhnt aus dem Lautsprecher beim Badewärterhäuschen.

Wer nicht auf unsere Frequenz getuned ist, wird das Programm nicht empfangen. *La vie en camouflage*.

Ein kahlgeschorener Bursche (Typ Jarhead) hat sich im Schulterbereich »HEERESEIGENTUM« auf den Rücken tätowieren lassen. Unten an den Beinen: die Wörter »FUSS« und »ENDE«. Fast jeder Soldat hat wenigstens ein Tattoo, manche lassen sich die Erkennungsmarke oder den Bundesadler auf die Brust stechen. Einer hat vertikal auf den Unterarmen stehen: »NO PAIN« (rechts) – »NO GAIN« (links).

Der kosovarische Campfrisör spricht weder Deutsch noch Englisch, er versteht nur zwei Wörter: »short« (das sind 6 mm, oben) und »very short« (2 mm, seitlich). So haben fast alle den gleichen Haarschnitt.

Ein Kamerad meines Alters, im Zivilberuf zuletzt Betreiber eines Nachtclubs, ist stolz auf sein zu Berge stehendes, volles schwarzes Haar; die strenge Schnittform erinnert an die geometrischen Hecken französischer Parks. Eine Barockfrisur.

Sorgsam gepflegte Oberflächlichkeit. (Soldaten sind Ästheten.) Nicht nur die Substanz, auch die Oberflächen sind wichtig. Die Form enthüllt den Inhalt. Nur seichte Charaktere urteilen nicht nach der äußeren Erscheinung, sagt Oscar Wilde: »It is only shallow people who do not judge by appearances. The true mystery of the world is the visible, not the invisible.«

Das Gesicht in der Menge, an dem das Auge hängen bleibt: Schönheit ist, wo aus einem Blicken ein Anblicken wird.

Mein Liebling, der Gefreite Kral, zeigt mir ein neues Duschgel, das er im Feldlager Prizren gekauft habe: »AXE Thai Massage – entspannendes Duschgel mit Tigergras-Öl und Bali-Meersalz. Massier die Anspannung aus deinen Muskeln und lass dir ruhig beim Einmassieren von jemandem helfen – das entspannt noch besser.«

20 Jahre Altersunterschied, das ist eine Generation. Im zivilen Leben würde ich auf die zwischen uns liegenden Dekaden ständig hingewiesen. Beim Militär aber ist Alter kein Distinktionsmittel.

Woran männliche und weibliche Erziehung deutlich wird: am Beispiel des Textilarmbands meiner Uhr, das gekürzt werden musste. Ich erledigte dies durch Umschlagen und Vernähen des überschüssigen Teils. Kral, dessen Vater Offizier ist, meint: »Was hast du denn da gemacht? Das geht ja viel einfacher!«, und zeigt mir seine Uhr (das gleiche Modell), deren Armband er einfach abschnitt und vor dem Ausfransen sicherte, indem er es kurz unter die Flamme eines Feuerzeugs hielt.

Zwei Wörter aus dem zivilen Sprachschatz, die bei allen sehr rasch durch Heereswortschatz ersetzt wurden und aus dem Campalltag verschwunden sind: »hallo« und »okay«. Die gängigen Grußformeln lauten »Servus!«

und »Dere!« (Habe die Ehre). Statt »Okay!« wird das einsilbige »Passt!« verwendet. (Kaum ein Dialog kommt ohne diese Affirmationspartikel aus.)

Militärsprech: eine Alternative als »Plan B« zu bezeichnen. Ja und Nein heißen »positiv« und »negativ«. (»Etwas gefunden?« – »Negativ.«) Man informiert nicht, man teilt nicht mit, man »meldet«.

Sinn jeder militärischen Sprachregelung ist natürlich, die Eindeutigkeit einer Nachricht zu gewährleisten – in Situationen, die zwischen Leben und Tod entscheiden können. Die grammatische Grundregel, dass ein deutscher Satz aus Subjekt, Prädikat und Objekt besteht, ist außer Kraft gesetzt. Den meisten Sätzen fehlt das Verb, gestammelt wird vornehmlich in Substantiven. System gewordener Sprachdefekt. »Abfahrt morgen, nullachthundert, vor dem Kompaniegebäude.« 5 Uhr Nachmittag heißt »siebzehnhundert«.

Militärische Verwaltungssprache kennzeichnet sich durch Ausdrücke wie »obliegt«, »in Bezug auf«, »sicherstellen«, »somit«, »sowie« etcetera. »Sicherstellen« ist überhaupt *das* Schlüsselwort.

Alltagsjargon: »behirnen« (statt bedenken), »aufschlagen« (statt eintreffen, sich einfinden). Der Begriff »soldatensicher« (jede falsche Handhabe ausgeschlossen).

Der Zugskommandant: »Was ist mit den anderen? Kommen die bald?« Der Wachtmeister: »Das kann ich nicht beurteilen, Herr Leutnant, denn Kommen ist, wie Sie wissen, eine private Angelegenheit. Aber ich denke, dass sie in Kürze hier erscheinen werden.«

Grammatikalisch weibliche Soldaten: die Ordonnanz, die Wache (Schildwache).

Unser Kfz-Mechaniker ist ein Raser. Wachtmeister Kurz, in Österreich Fahrlehrer in einer Heeresfahrschule, ist mit 16 km/h über die menschenleere Ringstraße geflitzt und wurde dabei von einer gut getarnten, fies postierten Radaranlage der Militärpolizei erfasst. Erlaubt sind nur 10 km/h. Die Tachoanzeige des »Puch G« beginnt erst bei 20 km/h, aber was soll's – die erlaubte Höchstgeschwindigkeit wurde um 60 % überschritten. Geldstrafe: 20 Euro.

In der »Skorpionbar« treffen sich regelmäßig die Spieler. Schon nach wenigen Wochen haben sich konstante Pokerrunden gebildet. Als auf der CD-Anlage einmal Billie Holiday läuft, reklamiert einer der Kartenspieler, ich solle doch bitte etwas anderes auflegen, bei dieser Musik sei es so schwer, ein Pokerface aufzusetzen. »Rammstein oder so« wäre gut geeignet.

Korporal Kogelbauer, im Zivilberuf Straßen- und Bauarbeiter, ist ein muskulöser, dennoch feingliedriger junger Mann mit intellektueller Brille. Seine Welt sind »Asphalt und Bitumen«, sein Hobby Aktienhandel. (Gerade darin, dass jemand sich von Stereotypen unterscheidet, liegt seine verwirrende Anziehungskraft.) In seiner Heimatgemeinde, auf der Bank, wo jeder ihn kenne, habe man anfangs versucht, ihm Aktiengeschäfte auszureden: »Das ist nix für dich.« Er habe das empört zurückgewiesen: »Ich will von dieser Firma Aktien, basta!« Sparbuch und Bausparvertrag kämen nicht in Frage. Sparen heiße, der Wirtschaft Geld vorzuenthalten, statt in sie zu investieren. »Das Geld muss immer in

Bewegung bleiben!« Geld sei dazu da, um konsumiert und investiert zu werden.

Korporal Werner hingegen, aus Jennersdorf im Südburgenland (jener Werner, der in Velika Hoča Claus Peymann und Peter Handke traf), ist erklärter Kommunist, mithin Vertreter einer seltenen Spezies, die beim Österreichischen Bundesheer unter Artenschutz gestellt werden sollte. Er teilt gerne, ist freigiebig. Man könnte auch sagen, dass er beim Spielen meistens verliert. In Wirklichkeit lässt er uns wohl insgeheim gewinnen.

Zärtliche Anrede unter uns Spielern: »Drecksau«.

Kogelbauer und Werner beim Würfelpokern: »Und jetzt pass auf, Freund der Blasmusik! Hast du gelesen, was in deinem Horoskop unter ›Finanzen‹ steht? Der mächtige Saturn schiebt sich in dein achtes Haus!« Nach einem miserablen Wurf erkennt Werner die prekäre Lage: »Oh Maria, hilf!«

Zugsführer Jauk, der manchmal dabeisitzt und zusieht, aber nie mitspielt: »Ich versteh nicht, wie man weiter um Geld spielen kann, wenn man kein Geld mehr flüssig hat.« Während man in Wirklichkeit doch gerade dann spielen *muss.* (Wir bekommen pro Monat maximal 500 Euro Vorschuss ausbezahlt.)

An den Wänden der »Skorpionbar« hängen unzählige Namenslisten, in Holz gebrannt und auf Metall graviert: alle zuerst nach Dienstgrad, weiters nach Alphabet geordnet. Gedenktafeln, die an die Errichtung diverser Zubauten durch unsere Vorgänger erinnern sollen. Dieser eigenartige Drang, sich zu verewigen.

Der melancholisch dreinschauende Otto Sander auf einem Werbeplakat der Zigarettenmarke NIL über meinem Bett (WAS WOLLEN SIE WIRKLICH), und darauf ein Gedichtzitat von Gottfried Benn: »Was ist der Mensch? // Die Nacht vielleicht geschlafen, / doch vom Rasieren wieder schon so müd' – / noch eh' ihn Post und Telefone trafen, / ist die Substanz schon leer und ausgeglüht …«

In der Campordnung ist festgelegt: »Die Übernachtung eines jeden Soldaten hat ausschließlich im eigenen Container zu erfolgen. Austausch von Zärtlichkeiten ist untersagt.« Wie kompensiert man das? »I am human and I need to be loved / Just like everybody else does« (The Smiths, *How Soon Is Now?*)

In der langen Warteschlange vor der Essensausgabe legt einer der deutschen Soldaten in Tarnfleck seinen Kopf auf die Schulter des Kameraden.

Die Bundeswehrsoldaten tragen das Sturmgewehr mittig auf den Rücken geschnallt. Wer sich nach vorne beugt, hat das Metallgehäuse zwischen den Arschbacken; der Lauf, darüber hinausragend, ist ein stählerner Schwanz.

Seit Tagen die Außentemperatur von 43 °C im Schatten. Das Leder unserer Stiefel ist nass vom Schweiß. Das Material der Uniform: Polyester-Trash, ohne Herkunftsbezeichnung (made in nowhere), vom Billigstbieter – was sich rächt.

Der Löschteich im Camp wurde für den Badebetrieb gesperrt, infolge von Algenbewuchs. Das Wasser ist innerhalb einer Nacht gekippt. In den Wohncontainern werden indische Räucherstäbchen ausprobiert, als Mittel gegen olfaktorische Probleme.

Fahrt mit dem Pandur-Radpanzer in der drückenden Hitze. Die Kommandoluke befindet sich direkt hinter dem Motorraum. Keine Spur von kühlendem Fahrtwind. Als stünde man in einem Heißluftzylinder.

Was zunächst als Abendrot erscheint, erweist sich als aufquellende Rauchschlieren: Waldbrände am Horizont. Eintrübung des Himmels. (So stellt man sich den Grauen Star vor.) Dunst und Brandgeruch liegen über dem Land.

»Heimaturlaub«. Sogar den muss man im Dienstanzug antreten, obwohl wir in einer zivilen Passagiermaschine von Priština nach Wien geflogen werden. Die Flugbegleiterin der *Austrian Airlines*: »Ein herzliches Grüß Gott und Servus an Bord unserer AUA Boeing 737 …« Und ohne dass es abgesprochen war, brummen ein paar Dutzend Soldaten, über die ganze Kabine verstreut, daraufhin im Chor: »Dere!«

Nichts ist einfacher, als im Blick nach vorne, über die Kopfstützen hinweg, einen Kameraden von einem Zivilisten zu unterscheiden: all die rasierten Schädel …

Die verlängerte Schuhspitze an dem ausgestreckten Fuß meines Nebenmanns im Business-Anzug. Schnabelschuhe, latente Aggression. Wir halten dem entgegen: den Geruch von Schuhpaste auf den frisch gewichsten Boots.

Acht Tage später, das Wiedersehen am Flughafen Wien-Schwechat. Was sollen wir einander über den Urlaub erzählen? Wir haben kaum je etwas Privates, über den gemeinsamen Alltag Hinausgehendes miteinander besprochen. Unser ziviles Leben blenden wir weitgehend aus. (Christoph Ransmayr schreibt Ähnliches im Roman *Der fliegende Berg* über die Gespräche bei extremen Bergtouren. Es werde da in der Gruppe immer nur über Gegenwärtiges geredet.) Fast jeder erwähnt den Stress, den er zu Hause gehabt habe, und den Widerwillen, mit dem er zum Flughafen gefahren sei. Nun aber, da wir zusammen sind, scheinen alle gelöst und bei Laune. Jetzt wieder: das einfachere Leben.

Die Sicherheitskontrolle am Gate: Der Kamerad vor mir, Gefreiter Patzak, kramt in den Taschen seiner Hose und seiner Feldjacke und legt drei Mobiltelefone, eine Packung Zigaretten mit Feuerzeug, zwei Schlüsselbunde, die Erkennungsmarke, einen Rosenkranz, ein Verbandpäckchen, Taschentücher, eine *Maglite*-Taschenlampe, eine Bussole, einen Handheld-Organizer, einen mp3-Player, Spielkarten, Kaugummi und Schreibmaterial in die Kiste. Die Flughafenbedienstete: »Es ist unglaublich, was Männer alles so mit sich tragen!« Patzak korrigiert: »Was Soldaten so mit sich tragen!« Da wir knapp 50 Mann sind, zieht der Security-Check sich hin und die Maschine fliegt verspätet ab.

Auf dem Stützpunkt »Adler« gibt es zwei Hunde, genannt Kaiser und Rommel: Nachkommen eines Rüden, der sich früher hier herumtrieb. (Wachtmeister Hofer, der schon im KFOR-Kontingent 7 dabei war, kannte ihn.) Kaiser und Rommel sind auf »Adler« aufgewachsen, und sie sind die seltsamen grün gewandeten Menschen um sie herum gewohnt, die ständig wechselnden Herren. Hunde sind freilich weder orts-, noch personen-, sondern rudelbezogene Tiere, es scheint ihnen überaus zu behagen, wenn Tag und Nacht eine Meute junger Männer um sie herum ist. Die beiden bewegen sich nie wirklich fort vom Stützpunkt, schlüpfen nur dann und wann durch den Stacheldrahtverhau, laufen nebeneinander her und beißen im Spiel einander in den Nacken.

So sind Kaiser und Rommel im Wortsinn herrenlose Hunde, aber (einzig fester) Teil der »KFOR-Familie« mit rotierender Besetzung. Der Vater der beiden? Ist nicht mehr da. Aber die zwei sähen ihm absolut ähnlich, sagt Hofer. Es ist wie in der Schlussszene von Leoš Janáčeks Märchenoper *Das schlaue Füchslein*, wo der Förster nach dem Tod der Füchsin über Gedanken von Älterwerden und Vergänglichkeit grübelt, dabei einnickt und, sowie er aufwacht, ein Füchslein erblickt, das »der Mutter ganz aus dem Gesicht geschnitten ist«; gleich darauf taucht ein Frosch auf, wie schon zu Beginn des Stücks; der Förster grüßt ihn mit Namen, doch der Frosch klärt ihn auf: »Das bin nicht ich, das war mein Großvater.« Dann kein Wort mehr, nur noch der große Schlussakkord.

Generationen- und Kontingentabfolge, Rotation hier wie da, nur – wer ist wer? Sind nicht Kaiser und Rommel die Förster und wir das Getier?

Dämmerungsglück auf dem Stützpunkt »Adler«, Panorama 360 Grad. Wenn ich nur die Fähigkeit besäße mitzuschreiben, wie das Licht und die Farben sich stetig ändern, wie das dunkle Olivgrün der Zelte sich in helles

Türkis verwandelt, während westwärts die Sonne im gelborange-blaugrünen Himmel untergeht – am Horizont die Berge gegen Albanien und Montenegro hin. Der Wachsoldat sitzt lesend am Torposten vor der staubigen Zufahrtsstraße. Wenn man sich Schritt für Schritt um die eigene Achse dreht, zeigt sich in jedem Gesichtsfeldausschnitt ein anderes Bild, eine andere Stimmung, und alles zusammen ergibt: ein Glückspanoptikum, und Vollständigkeit als Vollkommenheit.

Helikopter blitzen als Sterne über Velika Hoča auf. »Evening's civil twilight«: Das ist jene Zeit des zu Ende gehenden Tages, die in der Sprache des Militärs den Moment bezeichnet, wo die Sonne so weit gesunken ist (6 Grad hinter den Horizont), dass kein ausreichendes Licht mehr vorhanden ist, um Dinge mit freiem Auge zu erkennen.

Begrüßungs- und Verabschiedungszeremonien, immer wieder. Ehrengarde beim »Change of Command«. Alle »verfügbaren Elemente« haben am Tegetthoffplatz anzutreten. Korporal Koppensteiner, von Natur aus blass, wird während des langen reglosen Stehens in der Hitze weiß im Gesicht, schafft es aber, im letzten Moment vor dem Umkippen auszutreten. Wie heißt der Song von Procul Harum? *A Whiter Shade of Pale* (eine weißere Schattierung von Blässe).

»Alles Fleisch verdirbt vom Stehen.« (Georg Büchner, *Leonce und Lena*)

Die Vers-Gruppe unserer Kompanie wird als Rollenspieler (»Feinddarsteller«) für eine Übung der Militärpolizei eingesetzt. Trainiert wird u. a. Häuserkampf, wir liefern uns Gefechte mit der MP, die uns ziemlich realitätsnah behandelt: Wir werden mit dem Gesicht auf den staubigen Betonboden gedrückt. Ein jeder von uns trägt Schürfwunden auf Armen und Wangen davon, Gefreiter Schabl zieht sich eine Rippenprellung zu.

KPE-Soldaten in der Sauna. (KPE heißt Kaderpräsenzeinheiten, das sind Soldaten, die sich für eine Dauer von drei Jahren beim Bundesheer verpflichten und während dieser Zeit permanent zur Verfügung stehen, ein weiterer Verbleib beim Heer ist aber ausgeschlossen.) Sie reden unaufhörlich über Geld, Besoldungsfragen, über Rückzahlungen bei vorzeitigem Ausstieg. Sooft man sie auch antreffen mag in der Sauna, das Thema bleibt dasselbe, *the one and only.* Bis dato ist uns noch keiner begegnet, der nicht argwöhnte, dass er einen schlechten Deal gemacht hat.

Einer von diesen KPE-Soldaten erzählt, der Spieß habe ihnen am Nachmittag, als sonst nichts zu tun war, eineinhalb Stunden Sport befohlen. Er sehe nicht ein, warum er befohlenen Sport treiben solle, er brauche beim Heer doch ohnehin nur den Test über 2400-m-Laufen und 25 Liegestützen zu bestehen, und dafür reiche es, wenn er einen Monat vorher zu trainieren beginne.

Ein Spezialbereich der KFOR-Mission ist die zivilmilitärische Zusammenarbeit, genannt CIMIC (Civil-Military Cooperation). CIMIC unterstützt Maßnahmen im humanitären Berereich, oft sind das unmittelbare Hilfsleistungen an die Bevölkerung, wie Reparaturen in Schulen oder Krankenhäusern, das Errichten von Brunnen und Wasserleitungen oder das Verteilen von Schulheften und Nahrungsmitteln. Das CIMIC-Center im

Camp Casablanca, eine Holzbaracke, in der ein halbes Dutzend Soldaten arbeitet, steht symbolträchtig abseits der übrigen Campeinrichtungen, gleich hinter der Wache, an der Umzäunung. Das Bundesheer stellt bei Bedarf technisches Gerät oder Material, teilweise auch Personal zur Verfügung. Diese Zusammenarbeit mit zivilen Behörden und Institutionen ist auch für die KFOR selbst von Bedeutung, da auf diese Weise sicherheitsrelevante Informationen gewonnen werden über die lokalen Entscheidungsträger, die ethnische Struktur in der Region, über schwelende Konflikte usw. CIMIC-Soldaten erstellen also ein »ziviles Lagebild« und beraten die Kommandanten bei ihren Entscheidungen.

Eine Akteurin besonderen Kalibers, die das österreichische CIMIC-Team regelmäßig auf Trab hält, ist »Schwester Johanna«, eine 73-jährige Nonne aus Tirol, die seit vielen Jahren, und immer mit logistischer Unterstützung des Bundesheers, Hilfsprojekte im Kosovo verwirklicht. Fast monatlich fliegt sie mit der Hercules hierher, oft mit Ladungen an gespendeten Hilfsgütern und Geschenken für Schulkinder an Bord, eine »Mutter Teresa des Kosovo«, die mit Hartnäckigkeit, mit der Autorität ihrer Nonnentracht und im Vertrauen auf die »himmlische Regie« tatsächlich Erstaunliches zuwege bringt. Ihre Mailadresse »himmel_regie@hotmail.com«, zu finden auf ihrer persönlichen Website, zeugt von Sendungsbewusstsein. Wenn nötig, setzt sie sich über militärische Sicherheitsgebote hinweg, zückt ihr Mobiltelefon und ruft – so geschehen im vergangenen Jahr – den Minister persönlich an: »Du, Günther, wir haben da ein Problem …«, reicht das Handy an den neben ihr stehenden Bataillonskommandanten weiter, der daraufhin nur noch mit »Jawohl« zu antworten weiß. Die Subversion einer Nonne. Was, bitte, ist ein Bundesheeroffizier, was ist ein Minister, verglichen mit dem HERRN?! (Anderswo nennt man das Fundamentalismus.)

Schwester Johanna hat eine multiethnische Sportwoche, genannt »Olympiade«, mit kosovarischen Kindern ins Leben gerufen. Unser Bataillon unterstützt diese Aktion logistisch und im Security-Bereich. Gesucht werden Freiwillige, die sich drei Tage lang als Kraftfahrer, Wachsoldaten und Organisationskräfte zur Verfügung stellen. Der Offizier vom CIMIC-Center appelliert, wir sollten die Gelegenheit doch nützen, einmal etwas anderes zu erleben als den normalen Dienstbetrieb. »Schließlich wollen wir alle als Helden nach Hause kommen, nicht als Kasemattenbären.«

Einer der Programmpunkte ist ein Schwimmwettbewerb in einem öffentlichen Freibad in der Nähe von Prizren. Nachdem sich aber herausstellt, dass von den 50 Kindern (im Alter von 8 bis 10 Jahren) gerade nur fünf schwimmen können, wird aus dem Schwimmwettbewerb kurzerhand ein Schwimmunterricht. Der Auftrag an uns Soldaten lautet, das Freibadgelände zu bewachen, und so sitzen wir zu dritt, in Uniform und mit Waffe, unter einem Sonnenschirm auf der Liegewiese. Kurz darauf meint der Kommandant, dass jeweils einer von uns, abwechselnd, sich als Bademeister am Beckenrand aufhalten solle. Eine halbe Stunde später wird erkannt, dass zu wenige Schwimmlehrer da sind; wir sollten doch mithelfen, den Kindern das Schwimmen beizubringen.

Es ist eine Sternstunde unserer Mission: Im Freibad des Dorfs Selogražde im Kosovo erteilen wir KFOR-

Soldaten einen Schwimmkurs. Zugsführer Simsa unterstützt ein 10-jähriges Mädchen in den Beinbewegungen, als würde er eine Betonmischmaschine bedienen. Die Faszination, die wir auf die Kinder ausüben, und wir schwimmen gar mit ihnen! Sie stoßen sich vom Beckenrand ab und lassen sich auf unsere ausgestreckten Arme zutreiben. Leuchtende Augen und breites Lächeln. Reines Entzücken. Der Sanitäter, Wachtmeister Zvachula im Badedress, der mit seinem athletischen, aufgeblasenen Körper und darauf sitzendem Fliegenkopf aussieht wie eine Gestalt aus den Cartoons von *Tom of Finland*, verarztet den großen Zeh eines Jungen. »Sie kommen wegen jedem kleinen Scheiß«, klagt der Sani, »dabei sollte man meinen, dass die Kinder hier abgehärteter sind.« Er hat Entscheidendes nicht erfasst. So mancher würde sich wohl eigens Wunden zufügen, um von so einem Sanitäter verarztet zu werden.

Zugsführer Simsa: »Gibt's hier irgendwo ein Klo?« – »Ja, gleich da vorne. Rechts Männer, links Frauen – was dir lieber ist.«

Korporal Werner fragt mich während des Würfelpokerspiels, was für mich Glück sei, und ich zögere keinen Augenblick mit der Antwort, deren Bestimmtheit und Präzision mich sogleich selber überrascht. Sieh an! Jetzt kann ich sagen, was Glück ist: Übereinstimmung mit sich und mit der Umgebung. »Glück ist demnach nichts, was einem nur zufiele«, sage ich, »sondern Resultat einer Anpassungsleistung, die ebenso notwendig ist wie Selbstbestimmung, wie Wahlfreiheit. Das eine bedarf des anderen. Glück ist nicht die Annehmlichkeit, die gewählt wird, sondern jene, die man erringt.«

Korporal Kogelbauer kommt hinzu und fragt: »Was tut sich?« – Ja, was tut sich? Die Erde dreht sich, alles fließt, man wird laufend älter, und eigentlich ist das alles recht schön.

Mit einem Mal wird mir klar: Ich träume nicht mehr. Keine verstörenden Bilder beim Aufwachen, keine Bedrängnis. Weiß der Kuckuck, warum. Vielleicht ist es der Einklang von äußerem Geschehen und innerem Erleben, dass ich nichts mehr im Schlaf verarbeite und ganz einfach nicht mehr träume. »Mir scheint, deine neurologische Rehab ist erfolgreich«, sagt Werner. – »Oh, durchaus!«

Und da sitzt Gefreiter Hrabinek, der in sein Notizbuch kritzelt – Pathos im freien Fall: »Nie habe ich seliger geschlafen als in den Nächten im Mannschaftsschlafsaal (für 48 Mann), angekommen in einer neuen Gemeinschaft, einem neuen Orden, meines Besitzes entledigt bis auf das Hab und Gut, das im metallenen Spind Platz fand – in jenen stillen Nächten, als über den zarten Banden unserer Kameradschaft der Zauber des Möglichen als Verheißung lag.« Er schlägt das Buch zu und lächelt inwendig, ein Lächeln, das ihm selber gilt.

(Juli–August 2007)

Im Takt der Teiltagesportionen

Die Attraktivität eines Dienstes ist ablesbar an der Zahl und Qualität von Kritzeleien auf hölzernem Inventar (Tische, Türen und Fensterrahmen). Eindrückliches Beispiel dafür ist der Meal-List-Dienst, der beim Eingang zum Speisesaal, in der sogenannten »Hygieneschleuse«, zu versehen ist. Es ist ein Meer von Symbolen und dicken Lettern, das sich über den Holzverschlag – den Arbeitsort des Diensthabenden – ergießt, in Form von Statements wie »MEAL-DIENST SUCKS!«, »ARSCHLOCH HOCKN«, »I NED BLED / I NED FAD / HAB MIR'S / ÜBER D'NUDEL ZAHT« oder, weniger reim- und spielfreudig, »Warum nur Österreicher zum Meal-Dienst? WARUM!«

Wir wollen nichts beschönigen. »Meal-List« ist unter allen Aufträgen das Worst-case-Szenario. Der Diensthabende ist verantwortlich für die Sauberkeit im Eingangsbereich des Speisesaals, er hat zu überwachen, dass alle in richtiger Adjustierung und mit gewaschenen Händen den Speisesaal betreten, dass KFOR-Soldaten anderer Nationen sich in die Verpflegungslisten eintragen und dass alle übrigen Gäste (Nicht-KFOR-Personal) für die Verpflegung bezahlen. (Für diesen relativ seltenen Fall steht die Münzschatulle auf dem Tischchen.)

Und da nichts existiert, was nicht auch in schönstem Verwaltungsdeutsch geregelt wäre, gibt es eine Speisesaal-Benutzungsordnung, die festlegt, wie »die Verabreichung der jeweiligen Teiltagesportion (TTP) durchzuführen« ist, und zwar dreimal täglich: »von 0545 bis

0830, von 1100 bis 1400 und von 1730 bis 2000«. So bestimmt der Takt der Teiltagesportionen (TTP) den Arbeitstag des Meal-List-Diensthabenden.

Arbeitsmediziner haben es längst erkannt: Die Gefahr, die bei solcher Tätigkeit lauert, nennt sich »Boreout« und ist ein Vetter des populär gewordenen »Burnout«. Während das Burnout-Syndrom bekanntlich nach lang anhaltender Stressbelastung auftritt, ist »Boreout« die Geißel aller von akuter Langeweile und permanenter Unterforderung geplagten Arbeitnehmer. Eine zentrale Herausforderung auch in unseren Reihen.

Und dennoch: Es gibt eine Wahrnehmungsfreiheit, die auch dem ödesten Job interessante Facetten abzugewinnen weiß, eine Möglichkeit, selbst den Meal-List-Dienst in einer bestürzenden Fülle an sinnlichen (visuellen und akustischen) Eindrücken zu erleben.

Man stelle sich z.B. folgendes Setting vor: Der Meal-List-Diensthabende ist Regisseur eines zu drehenden Films und sitzt auf einem podestartig erhöhten Regiesessel hinter dem Holzverschlag. Die Bataillonsangehörigen sind Kandidaten beim strengen Ausleseverfahren des Castings. Die Akteure, alle annähernd gleich gekleidet, haben in nicht vorgegebenem Tempo und individueller Körperhaltung in der Hygieneschleuse um die Ecke zu kommen und einen Gruß zu entrichten … Drei amüsante und kurzweilige Castingstunden sind garantiert.

Oder: Man studiere die zahllosen praktizierten Arten, das Papier zum Händetrocknen von der Trommel zu reißen, zu zupfen, zu lösen, zu schlagen (in etwa so, wie

Alexander der Große den Gordischen Knoten zerschlug oder buddhistische Mönche Ziegelsteine handkant zerteilen). Oder man konzentriere sich auf den Lärmpegel und höre die Geräuschkurve im Verlauf des dreistündigen Dienstes als musikalische Komposition (oszillierend zwischen Stille und teils abrupten Pegelspitzen von beethovenschem Format), in der es gegen Ende immer ruhiger wird. Nur dann und wann noch ein Aufflackern. »Eine fast gespenstische Stille«, konstatierte einer der nachzügelnden Essensgeher.

Oder man achte darauf, wie der eigene Gruß vom Gegenüber, dem gerade da Eintretenden, erwidert wird. »Das Lächeln, das du aussendest, kehrt zu dir zurück«, ist ein beliebter Spruch fürs Stammbuch oder Poesiealbum. Aber auch das Pokerface, der mürrische, der überraschte Blick, das blöde G'schau – sie kehren zu dir zurück.

Andere Möglichkeiten, sich beobachtend die Zeit zu vertreiben, wären: Verteilungskurven erstellen über den Zeitpunkt des Erscheinens, über die Häufigkeit des Benutzens der rechten und linken Papierrolle, über das Händewaschen mit oder ohne Seife, über die Benutzerfrequenz der Stiefelwaschanlage – am besten als vergleichende Studie einen ganzen Wochenzyklus hindurch.

Apropos Vergleich: Über den Wasserhähnen in der Hygieneschleuse des Camp Casablanca hängt ein Schild, das uns in einer trockenen Feststellung, aber mit der Vehemenz von drei Rufzeichen an die Einhaltung der Speisesaal-Benutzungsordung gemahnt: »Vor dem Essen Hände waschen ist Pflicht!!!« Im finnischen Camp gibt sich die Hinweistafel am Speisesaaleingang noch eine Spur ruppiger: »Did you wash your hands!!!!!«, wobei die gezählten fünf Rufzeichen vermutlich als wenig freundliche Anrede zu übersetzen sind.

Frühstück, 07.12 Uhr: Eine Schweizer Kameradin flitzt mit erhobenen, wedelnden Händen durch die Hygieneschleuse, vorbei an den Wasserhähnen, und ruft: »Ich habe mir vor einer Minute die Hände gewaschen und ich spare Wasser!« Manche der Gesichter am Morgen: wie noch vom Schlafen wund. Der Gutenmorgengruß in allen regionalen Varietäten und Stimm- und Stimmungslagen. Und auch Schweigen, die Grußverweigerung. Nach einiger Zeit erkennt ein Meal-List-Diensthabender auch bei den Schweizern die entscheidenden Nuancen, um einen Bündner von einem Berner, einen Zürcher von einem Basler oder Walliser zu unterscheiden.

So vieles ist hier im Detail zu entdecken. Und dennoch ist jeder von uns glücklich, abends nach 20 Uhr die kostbare Schatulle in einer angemessen feierlichen Zeremonie an den Meal-List-Diensthabenden des nächsten Tages zu übergeben.

(August 2007)

September

Deklination. (Absteigender Ast.) In der Vorwoche noch Brandgeruch in der Luft, dramatische Waldbrände in Griechenland, auf dem Peloponnes; dazu die vielen Brände auf Feldern in unserer Region. Nun der Temperatursturz, Regen.

Ein »Sommernachtsfest« am Abend des 1. September: müder Auftakt zu einer Serie von »Auschecker«-Feiern; wenige Tage später eine »Beachparty«, und so weiter. Das Ende des Kontingents ist abzusehen. Das Interesse am sozialen Spiel in der Kompanie hat sich erschöpft; die meisten, unabhängig vom Dienstgrad, betrinken sich abends. Das verschärft auch das bekannte Blasenproblem beim Zimmerkameraden M. (Kurz nach Mitternacht: die Pisslache des Zellenmitbewohners in der Koje.)

Manche Soldaten versuchen Wände hochzusteigen, andere balancieren auf Zurrgurten, die sie zwischen Masten spannen. Nein, es ist nicht »das wahre Gesicht« eines Menschen, das sich zeigt, wenn man lange genug unter extremen Umständen zusammenlebt, sondern ein deformiertes Gesicht.

Militärische Begründung, vier Buchstaben: »ISSO«.

Die Verwendungshäufigkeit dieses von Untergebenen gehassten »Is' so!« steht in proportionalem Verhältnis zur Einsatzdauer. Es häufen sich aber auch die Fragen, die mit solcher Antwort zu quittieren sind.

»Vergeht ein Tag schnell oder langsam?« Auf diesem paraphilosophischen Niveau sind die Gespräche mittlerweile angelangt. In der Sauna wird diskutiert, ob die letzten fünfeinhalb Monate schnell oder langsam vergangen seien: An und für sich vergehe hier ein Tag ja langsam, aber die Monate seien trotzdem schnell vergangen, obwohl – die Einsatzvorbereitung liege doch schon sehr lange zurück, etcetera.

»Abgefeuert«: die gängige Beschreibung für jemandes psychische Verfassung.

Ausfahrt mit dem Kraftfahroffizier des Bataillons, der ein etwas steif wirkender Herr mit sprödem Charme ist. »Was darf ich im Fahrtenbuch eintragen, Herr Major?« »CCB – Adler – CCB.« »Und unter ›Zweck der Fahrt‹?« »Schreiben Sie: Erkundung Eselspass.« (Altbekannte Strecke, jetzt neu! Auf dem Eselspass wurden von türkischen KFOR-Soldaten Asphaltierungsarbeiten vorgenommen.) Nach einer Viertelstunde bemerkt Major B.: »Ja, ich muss sagen, das gefällt mir bis jetzt ganz gut!« (Der Kommentar bezieht sich auf meine Fahrkünste, nicht auf den Straßenbelag.) »Wo haben Sie gelernt?« Danach fragt er mich nach dem Anhalteweg und der Formel für den Bremsweg, als befänden wir uns in einer Führerscheinprüfung. Auf dem Stützpunkt »Adler« angekommen, der Befehl: »10 Minuten Fahrkrafterhaltung!« (d. h. Kaffee trinken).

Bei der Rückfahrt, gegen Mittag, ein Spalier winkender Kinder entlang der Straße, kilometerlang (Schulbeginn im Kosovo). Manche betteln um Naschereien, indem sie die Hand ostentativ zum Mund führen. Ein kleiner Junge wirft uns Kusshändchen zu. Der Major: »Öha!

Was war das?!« Ein Teenager, der an einer Straßenlaterne lehnt und uns beiläufig, aber sehr lasziv winkt: das Handgelenk an die Hüfte gelehnt, die Finger nur leicht zum Gruß erhoben.

Ein im Umgang mit Videosoftware versierter Kamerad hat aus seinen Fotosammlungen und Videoclips einen Film über den Einsatz gebastelt, ein Kondensat aus fünfeinhalb Monaten Dienst im Kosovo, und er lädt für den Abend zu einer Premierenvorführung. Das Werk mit dem atemberaubenden Titel »KFOR 16 – 1. Kp, III. Zug, 2. Halbzug – Die Elite« bietet einen selektiven Blick auf Alltagssituationen in martialischen Posen (Fahrzeugkontrollen an Checkpoints, Abwehr von angreifenden Feinddarstellern im CRC-Training, Blick durch Visiereinrichtungen mit Fadenkreuz, die Silhouette von fünf Mann in Kampfweste, mit Pistolentasche am Schenkel, von einem Hügel zu Tal blickend, bei Gegenlicht). Die Wirkung des Films ist verblüffend. Genau jene, die all die Monate hindurch maulten, in diesem Einsatz ginge es ja um nichts, es sei nichts los, es sei langweilig usw. (»Geht eh um nix« ist der meistgehörte Satzfetzen im Camp Casablanca), genau jene verspüren in dem Moment, wo sie das Video über ihre tägliche Arbeit sehen, augenblicklich wieder Lust darauf, in so einen Einsatz zu gehen, weil sie in dem filmischen Extrakt jenes Bild vermittelt bekommen, das sie von sich selbst als Kämpfer haben, im eigenen Alltag aber nicht wahrnehmen.

Zwei, drei Wochen vor dem Heimflug: Die Frisuren werden markant ziviler (das Haar länger und wildwüchsiger), der Umgangston rauer. Die Notwendigkeit, miteinander auszukommen, schwindet. (»Die meisten siehst du eh nie wieder.«) Anzeichen der planmäßigen Auflösung eines sozialen Verbands. Die Standardfrage in ausgeleierten Gesprächen: »Und du? Gehst du wieder zurück … (zu deiner Firma, auf den Bau, in die Tischlerei etc.)?« »You will go back to your homeland now?«, fragt am Ende des Films *I Hired a Contract Killer* von Aki Kaurismäki der schwer melancholische französische Protagonist seine englische Geliebte. Die antwortet mit einem Karl-Marx-Zitat: »The working class has no homeland.«

Zuvor aber erhalten wir noch einen Orden.

Der Festakt heißt »Medal Parade«, die Medaille ist ein NATO-Orden. (Der Einsatz von Friedenssoldaten im Kosovo basiert zwar auf einem Mandat der Vereinten Nationen, erfolgt aber unter Leitung des NATO-Bündnisses, obwohl etliche Teilnehmerstaaten nicht der NATO angehören.) Der Bienenwachsgeruch allerorts: exzellenter Schuhputz am Tag der Parade. Nach so vielen Zeremonien, zu denen wir als Ehrengarde oder gemeine Fußsoldaten abkommandiert wurden, nun endlich ein militärischer Festakt, der uns selbst, einem jeden von uns, gilt.

Auch die Eltern des verunglückten Wachtmeister Blatter sind gekommen, schwarz gekleidet. Was sich zu uns durchspricht: Sie wollen, um den Verlust ihres Sohnes zu verarbeiten, drei Tage in dem Umfeld verbringen, in dem Thomas zuletzt gelebt hat.

All das Brauchtum, militärische Brimborium und eine Formensprache, wie die Zivilgesellschaft sie nicht mehr versteht: Antreten in Reih und Glied, Einmarschieren des Fahnentrupps mit Feldzeichen (Standarte), Meldung an den »militärisch Höchstanwesenden« (der türkische Brigadegeneral Tarçin), Abschreiten der Front, Flaggenparade. Einem außenstehenden Betrachter, der zur Empathie nicht fähig ist, wird der Verständnishorizont fehlen. Er bräuchte einen Ethnologen, der ihm diese Riten deutete.

Es folgen Ansprachen, in denen – dies eine Mal – nur gewürdigt wird: »die besonderen Leistungen des Bataillons«, »hohe Einsatzbereitschaft und Professionalität bei der Auftragserfüllung« und so weiter. Wenig überraschend, dennoch wohltuend. Auch das Lob, das der Schweizer Kommandant uns in einer kraftvollen Rede entgegenschmettert, während er mit der Pranke aufs Rednerpult klopft: »Soldatinnen und Soldaten von AUCON 16 und SWISSCOY 16, ich bin stolz auf Sie!« – es wird gern gehört. Der türkische General wendet sich explizit auch an die Eltern des »Swiss soldier Thomas«, als er vom Preis spricht, den jeder auf die eine und andere Weise bezahlt, und schließt mit einem Satz, der an Pauschalität nicht zu überbieten ist: »You have all our wishes, wherever you go.« (Das enthält buchstäblich alles, good and bad ones, auch »Fahr zur Hölle!«.)

Der Tag neigt sich, General Tarçin verleiht die »NON ARTICLE 5«-Medaille an den Bataillonskommandanten. Der wiederum zeichnet die Kommandanten der ihm unterstellten Kompanien aus, die daraufhin ihren Zugskommandanten den Orden an die Brust heften – das Protokoll sieht eine strikt hierarchische Vergabe vor. Dann der Befehl: »Ordensverleihung durchführen!« Aus den Lautsprechern Musik, die das starre Zeremoniell in augenzwinkernder Leichtigkeit aufhebt: Louis

Armstrong, *We Have All the Time in the World*, Peter Gabriel und *Don't Give Up* (das ja ein Lied über Arbeitslosigkeit ist, die wohl manchen von uns nach dem Einsatz erwartet, und die beschwörende Stimme der Kate Bush aus dem Hintergrund: »don't give up / you're not beaten yet / don't give up / you still have us«). Und in dem Moment, als der Schweizer Kommandant veranlasst, dass auch die Eltern von Wachtmeister Blatter mit je einer Medaille ausgezeichnet werden, ertönt der Song *Ich liebe dieses Leben* von Juli. Suggestionen eines Militär-DJs.

Zuletzt überfliegt eine Hubschrauberstaffel den Tegetthoffplatz. Die beiden Maschinen, die auf Seilen unsere Nationalflaggen (Plus und Minus) über den Himmel ziehen, werden von den um mich Stehenden augenblicklich identifiziert als eine österreichische »AB-212« und ein »Superpuma« der Schweizer Armee, begleitet von zwei weiteren Helikoptern. Staunendes Lächeln auf allen Gesichtern. Dann: Ausmarschieren im Gleichschritt über den Platz, die Befehlsausgabe durch den plärrenden Kompaniekommandanten: »Mit einem kurzen und kräftigen Hurra vom Dienst abtreten!«, und unser markerschütternd donnerndes »Hur-ra!«. Es wird der glücklichste Tag in unserem Einsatz gewesen sein.

Den Orden tragen wir den ganzen Abend an der Brust, und wir feiern ein Fest, bei dem alle sichtlich gelöst und in bester Stimmung sind. Die Medaille ist eine Anerkennung, auch wenn man einiges hätte anstellen müssen, um sie nicht verliehen zu bekommen. Wer es bis hierher geschafft hat, hat sie in jedem Fall verdient. Heute keine Misstöne, bitte! Für Livemusik sorgt eine österreichisch-schweizerische »One Night Band«. Einer nimmt den Begriff der »ordengeschmückten Brust« allzu wörtlich und steckt sich die Medaillennadel durch die gepiercte Brustwarze.

Einen Spielverderber gibt es schließlich doch: Ein österreichischer Berufssoldat (Unteroffizier niederen Ranges) fragt empört, wie es sein könne, dass die Eltern des verunglückten Schweizer Kameraden einen Orden erhalten haben. Sie seien ja nicht im Einsatz gewesen. Unsereins müsse sich die Knochen brechen, um eine Auszeichnung oder eine Beförderung zu bekommen, und den Zivilisten schmeiße man alles nach.

Für Ende September ist ein »Benefizschießen« mit dem legendären Sturmgewehr »Kalaschnikow AK-47« und der MP 40 »Schmeisser« angesetzt. An drei Terminen sollen Spendengelder gesammelt werden, um einer notleidenden kosovarischen Familie noch vor Wintereinbruch ein Dach über dem Kopf zu finanzieren. Auf dem Einladungsplakat heißt es: »Pro Termin stehen 900 Stk. S-Patr. 7,62 x 39 mm und 900 Stk. S-Patr. 9 x 15 mm zur Verfügung. Der gesamte Erlös des Schießens (Entgelt von € 2,– je Magazin mit 15 Schuss) wird an CIMIC für Hilfsprojekte gespendet!« Wir errechnen: 3 Termine mit jeweils 2 x 900 Patronen bedeuten 5 400 Schuss, das sind 360 Magazine, somit 720 Euro Spendengeld.

So bizarr wie die Idee ist auch die Szenerie: ein wildromantischer Abend bei Vollmondlicht, in rasch eindunkelnder Kulisse. Der Erdtrabant steht süßlich weiß direkt über der Schießplatzgrube. Munition wird kurz »Mun« genannt; wer »Mun« braucht, geht zur »Mun-Ausgabe«. Ich denke bei dem Wort immer an Blau (*Blue Moon*) und an Opium, das aus Mohn gewonnen wird. Mein inneres Bild zu »Mun« sind blaue Opiumschwaden.

Schon nach Minuten liegt der Geruch von Schießpulver in der Luft. Wir verpulvern Bestände, die von UNMIK (der UN-Mission im Kosovo) und KPS (Kosovo Police Service) beschlagnahmt wurden und die ohnehin vernichtet werden müssen. Wir verschießen Munition aus illegalem Besitz, die für anderes – für bewaffneten Kampf, d.h. für das Töten von Menschen – bestimmt war.

Der Sound einer Kalaschnikow: das Rasseln der ausgeworfenen Patronenhülsen, die Schüsse wie Trommelschläge auf ein bespanntes Tamburin (wenn man es mit Gehörschutz hört), ohne Ohrstöpsel klingen die Schläge metallen. Bei Dauerfeuer starker Rückstoß. Mich haben Waffen nie interessiert, nicht im Geringsten. Warum also stehe ich da, freiwillig, in dieser Schießgrube? Erfahrungsdurst? Ein Motiv wie jenes, mit dem Goethe sein Interesse an Kriegsgeschehen rechtfertigte: »Ich hatte so viel Kanonenfieber gehört und wünschte zu wissen, wie es eigentlich damit beschaffen sei.«

»Was sagst du zur Kalaschnikow?«, fragt jemand. Was sagt man, was empfindet man, wenn man einen Mythos in der Hand hält? »Ein rustikales Schießeisen, liegt gut in der Hand.« Die Linke umfasst den Lauf an einem runden Holzstück.

Der allgemeine Favorit des Abends ist aber die MP 40: eine Maschinenpistole, die nur für Dauerfeuer vorgesehen ist. Es bedarf eines geübten Schützen, um gezieltes Einzelfeuer abzugeben. Das trompetenförmige Funkensprühen aus dem Lauf ähnelt dem von Wunderkerzen am Weihnachtsbaum. Als hätte man nicht mehr als einen Staubwedel in der Hand, so locker steht man da – die linke Faust am langen, schlanken Metallmagazin, der rechte Zeigefinger am Abzug, in der bescheuerten Pose eines Killerkommandos aus einem Hollywoodstreifen. (Die MP 40 ist ja vor allem durch Hollywood zur Legende geworden.) Man weiß es wohl, doch man spürt es nicht, was dieses so leichthändig bediente Ding anrichten kann. Und wie um uns dieser unfassbaren Leichtigkeit noch einmal zu vergewissern, laufen wir zurück zur Munitionsausgabestelle und kaufen noch einmal ein Magazin um 2 Euro für den guten Zweck … und verpulvern so auch das letzte Geld, das uns für den Monat noch geblieben ist.

(September 2007)

Departure Lounge

Nachts auf dem Weg zu den Sanitärcontainern: Nacktschnecken auf den Betonplatten rund um die Gebäude. Und am Morgen die zerquetschten, glitschigen, dunkelbraunen Streifen ebenda.

Diese zwei Minuten Weg, die man täglich zwei Mal hin und zurück geht und die sehr bald ritualhaft wurden (ein ritueller Gang zur Körperreinigung), sie waren während all der Monate im Camp die einzigen Momente, da man außerhalb der eigenen Koje in sich versunken sein konnte.

Wie verabschiedet man sich in der »KFOR family« von seinesgleichen? Die bewährte Phrase lautet: »See you in another mission.« Das lässt keine Wehmut aufkommen. Ob man in der nächsten Mission tatsächlich diesen einen Kameraden wiedersieht oder andere kennenlernt, tut nichts zur Sache. Man wird diese Brüderlichkeit wiederfinden, darum geht's.

Wenige Tage vor dem Heimflug wird das Großgepäck verladen: pro Mann zwei Metallkisten (»Soldierboxen«) mit rund 60 kg militärischer Ausrüstung, auf dem Verladeplatz werden sie reihenweise aufgestellt, mit hochgeklapptem Deckel, um von Spürhunden auf Suchtgift und Sprengmittel hin beschnuppert und von der Militärpolizei durchsucht zu werden. Zuvor erfolgt eine letzte zollrechtliche Belehrung. Streng verboten sei es, Patronen, Munitionsteile oder andere Explosivkörper auszuführen. »Da komm ich aber nie von hier weg!«, sagt Wachtmeister Paschik. »Wenn niemand mehr etwas zu entnehmen hat, dann muss ich Sie jetzt bitten, auf die andere Straßenseite zu wechseln«, von wo man besorgt zu seinem Gepäck hinüberblickt, während die Hunde schnüffelnd durch die Reihen wedeln. Ein jeder rümpft die Nase, sobald ein Köter mit geifernder Schnauze in seiner Kiste wühlt.

Und während dies geschieht, fahren vier Busse mit unseren Schweizer Kameraden in Schrittgeschwindigkeit die Ringstraße entlang zur Campausfahrt. Farewell, farewell! Es wird gewunken und salutiert, eine österreichische Soldatin aus der Sanitätsabteilung weint. Massiver Emotionsausbruch. »In jeder großen Trennung liegt ein Kern von Wahnsinn«, schrieb Johann Wolfgang G., »man muss sich hüten, ihn nachdenklich auszubrüten und zu pflegen.« Besser, mit angehobenen Mundwinkeln zu sagen: »See you in another mission.« Manch einer gibt mit skeptischem Blick zurück: »Na ja, nicht so bald wieder.«

Stunden später kommen dieselben Busse mit den Schweizer Soldaten von KFOR 17 ins Camp gefahren. Einer von uns ruft: »Frischfleisch!« Durch die Scheiben sieht man gespannte Blicke, verhaltenes Lächeln, ein Kopfnicken als dezenten Gruß, während wir sprachlos dastehen oder dasitzen auf der Bordsteinkante der Ringstraße und augenblicklich den Moment erinnern, da wir selber vor mehr als sechs Monaten ins Camp gebracht wurden und etwas bange durch die Scheibe hinaussahen. Die da vor unseren Augen zeitlupenlangsam ins Camp Casablanca gefahren werden, das waren vor sechs Monaten wir, die wir jetzt, »abgefeuert«, dem zyklischen Schauspiel der Rotation beiwohnen. Und plötzlich versteht man diesen Satz, den einmal ein österreichischer Verteidigungsminister geäußert haben soll: »Der Soldat ist ein Verschleißteil.«

Meine letzte Ausfahrt auf »Adler« (die Waffe muss ich mir bereits ausleihen): grauer Himmel, Oktoberfeuchte; bei der Rückfahrt Einbruch der Dunkelheit, Lichter auf den Hängen am Horizont. Grün- und Brauntöne, wie damals im März. Mein Einsatz endet bei abnehmendem Licht. Die Landschaft verdimmt.

Knapp vor dem Kontingentswechsel werden noch Lebensmittelreserven aufgebraucht, um die Lagerbestände zu erneuern. Es gibt »combat ration«, das sind Fertiggerichte aus Pulver, die nur mit Wasser anzurühren sind. Deren spezifischen Geschmack erkennt man auch 20 Jahre nach dem Grundwehrdienst zweifelsfrei wieder, zum Beispiel »Curryhuhn«, pappiges Essen mit kleinsten Fetzen von Hühnerfleisch, reichlich gewürzt. Als Dessert »Vanillecreme mit Himbeeren«. Manche meinen, es sei ein Vorgeschmack auf die Küche von KFOR 17.

Ich räume die Koje. »Tout passe, tout casse, tout lasse, / Un autre aura ma place …« – wie es in einem alten Schlager von Jean Sablon heißt. Ein anderer wird meine Ecke bewohnen, ein anderer nimmt meine Stelle ein, und es wird vielleicht manches anders sein als bisher, aber doch nicht viel. Otto Sander und Gottfried Benn über dem Bett werden hängen bleiben oder auch nicht.

Im »motorisierten Marsch« (MotMarsch) geht es Richtung Flughafen. Einem alten Ritual gemäß werden die Busse zum Abschied von der Campfeuerwehr unter

Wasserbeschuss genommen, eskortiert von der Militärpolizei fahren wir in einem Konvoi unter Sirenengeheul zum Camptor hinaus. Keiner vergießt eine Träne. Trauer ist das Terrain der Zurückbleibenden, nie der Aufbrechenden.

Am Flughafen wird man durch die Sicherheitskontrolle geschleust und findet sich dann in einer »Departure Lounge« wieder. Es empfiehlt sich freilich, alle Vorstellungen von Lounge beiseite zu lassen, wir befinden uns auf einem Militärflughafen, und die Lounge ist eine Wartehalle mit längst verschwunden geglaubtem Ostblock-Charme. Eine verschmutzte Glasfront auf der einen Seite, der Blick geht auf die Start- und Landepiste, auf der während fünf Stunden, die wir hier verbringen, nichts geschieht; auf der gegenüberliegenden Seite eine schlichte Kaffeebar, immerhin eine Gelegenheit zum Zeitvertreib. Bemerkenswert ist, dass die Bar auf zwei Seiten hin geöffnet ist, auch nach hinten zur Eingangshalle.

Um 18 Uhr endlich landet die olivgrüne Hercules des Österreichischen Bundesheers. Korporal Mikesch sagt: »Ich hab noch nie so ein schönes Flugzeug gesehen. Die schönste Maschine, die ich je gesehen hab. Sie könnte verrostet sein und wäre trotzdem die schönste Maschine der Welt, einfach weil sie mich aus diesem gottverlassenen Land bringt.« Alle treten an die Glasfront und wollen die Neuankömmlinge sehen; wieder ruft jemand: »Frischfleisch!« Kurz danach steht man sich an der Kaffeebar gegenüber: auf der einen Seite, wortkarg, wir Abflieger, auf der anderen, sehr lebhaft, unsere Nachfolger. Die Flughafenbar als Nahtstelle der Rotation. Über drei Meter Abstand hinweg werden ein paar Worte gewechselt: »Und? Wie ist es? Wie war's?« – »Die einen sagen so, die anderen so. Find's selber raus!« – Es ist elend, was den noch nichts Ahnenden in den nächsten Stunden bevorsteht: Verteilungskämpfe um Zimmerkojen, Vorhänge, bepisste und nicht bepisste Matratzen, Regalbretter, Tischchen usw. Ein Bettgestell mit ausreichend Holzlatten ist keine Selbstverständlichkeit, alles will erkämpft werden, »wir sind schließlich beim Bundesheer« (so der Kompaniekommandant).

Es ist ein kalter Oktoberabend bei leichtem Regen. In Zweierreihe marschieren wir über die nass glänzende Piste zu dem bereitstehenden Transportflugzeug. Nach und nach werden wir über die Vordertür in die Propellermaschine eingelassen und platziert, eingezwängt wie in einer Sardinenbüchse. Man sitzt seitlich zur Flugrichtung, einander gegenüber, in einem Gurtennetz, das zwischen Stangen gespannt ist, ein Knie zwischen den Oberschenkeln des Kameraden vis-à-vis. Noch einmal, ein letztes Mal: Schulter an Schulter, Schenkel an Schenkel. Von oben ein warmer Luftstrom, der ins kurze Haar bläst. Das Licht wird nach wenigen Minuten gedimmt. Mit eingestöpselten Hörschutzpfropfen hängen wir in dem schummrigen, fensterlosen Bauch der Maschine in den Netzen, ein jeder in sich zusammengesackt. Balanceakte beim Klettern über Beine, wenn einer auf die Toilette muss. Nach zwei Stunden des Dösens spürbar der Sinkflug. Keine Ahnung, in welcher Höhe wir uns befinden. Und irgendwann, ganz plötzlich, setzt die Maschine auf der Piste auf. Ausbrechender Jubel. Schon ein, zwei Minuten später öffnet sich surrend die hintere Luke, die Laderampe am Arsch der Hercules fährt nieder, und der von feuchtem Schimmerstreulicht erhellte Nachthimmel über dem Asphalt des Flughafens

Wien-Schwechat wird sichtbar. Freudenrufe, Glückseligkeit. Alle stehen auf, die Arme um die Schultern der nächstbesten Kameraden, so schütteln wir einander und johlen und schauen hinaus durch die offene Klappe, in die zivile Welt, die hinter der Laderampe der Hercules beginnt. – Ende.

(Oktober 2007)

II

Offizium. Ein Journal

Barettblauer Himmel

Prolog

I

Eine neue Mission und doch eher das Gefühl einer Rückkehr aus dem Urlaub zur Truppe. Männer in Zivil treffen in der Kaserne Götzendorf ein. Erste Offenbarung, mit wem man nun für lange Zeit zusammenleben wird (müssen).

Wieder betrete ich ein mir zugewiesenes Zimmer, in dem bereits jemand auf einem Stockbett liegt. Nach einem knappen »Servus!« sagt er: »He, du warst letztes Jahr im Kosovo, stimmt's?« – »Stimmt! Du etwa auch?« – »Ich war in der zweiten Kompanie, du in der ersten, aber ich hab dich öfters beim Meal-List-Dienst gesehen.« – »Das klingt plausibel.« – »Ich bin der Tristan. Hi!«

Ausfassen von Bekleidung und Ausrüstung. Spätabends in den erleuchteten Zimmern – manche Tür einen Spalt weit offen – geheimnisvolles Kramen und Anprobieren. Bei der neuen Heeresunterwäsche ist kaum zu erkennen, was innen und was außen ist, die Nähte sind zu beiden Seiten sichtbar. Man berät im Kollektiv (»Ziemlich heiße Pants!«) und kommt zu dem Schluss, dass das Etikett (»HEERESEIGENTUM«) wie bei Dolce&Gabbana außen getragen wird, und zwar vorne.

Am nächsten Morgen die Verwandlung: aus Zivilisten wird Militär. Stiefelabdrücke auf dem Trampelpfad. Zusammenrottung von Friedenssoldaten. Die feldgrüne

Fleecejacke, genannt »Pezi-Bär«. Das olivgrüne Haarband der Soldatin. (»I don't need riches to make me care / Just a ribbon for my hair«, sang Nana Mouskouri.) Die mit Kreide geschriebene Schuhgrößenziffer auf der Stiefelspitze ist durch Putzen nicht wegzukriegen, nur dickes Auftragen von Paste würde helfen.

Mit dem unförmigen blauen Barett, einem kanadischen Fabrikat, wirkt man lachhaft wie ein Possenreißer. Der Mann aus der Bekleidungskammer meint bedauernd: »Der Kanadier will die Palatschinke so.« Aber Soldaten sind Ästheten und sie bearbeiten den Stoff wenn nötig so lange, bis das Ding gut aussieht, das heißt, bis das Barett wie Wasser den Schädel hinunterfließt.

Sanitätsbelehrung über »spezifische Gefahren im Einsatzraum«, zum Beispiel die Übertragung von Geschlechtskrankheiten »durch GV mit infiziertem Partner«. Inwieweit diese Gefahr einsatzraumspezifisch ist, bleibt offen. Schlangen, heißt es, seien während der Häutungszeit sehr aggressiv. Skolopender (Hundertfüßer) kämen häufig in die Unterkunft; sie gelten als »nachtaktiv und sehr scheu«. »Bei Belästigung ziehen sie sich nicht wie andere Wildtiere zurück, sondern verteidigen sich aktiv mit einem Giftbiss, der extrem schmerzhaft ist«. Die Schwarze Witwe, eine gefürchtete Spinne, sitze gerne unter Klobrillen.

In den Korridoren des Mannschaftsgebäudes hängt der Geruch von Schweiß und »LE MALE«, Jean Paul Gaultier: offenbar *das* Soldatenduftwasser. »Ein Eau de Toilette, das ein doppeltes Spiel mit Tradition und Wagemut, mit Frische und Zärtlichkeit, mit Kraft und Sinnlichkeit spielt.« (www.jeanpaulgaultier.com)

Poster mit Aquarellen von militärischen Motiven und Fotos von kühnen Operationen diverser Spezialeinheiten an der Wand im Treppenhaus.

Auf der Info-Tafel vor dem Speisesaal sind die aktuellen Gerichte zweisprachig angegeben. Daneben hängt ein »Spruch des Tages«, nicht selten mit leicht subversivem Touch wie: »Schreien verstärkt die Stimme, nicht die Argumente.« Heute gibt es Riebeli Suppe und Buchteln mit Vanillesauce (»Brioche squares Austrian style«), gestern standen Rahmkümmelsuppe und Süßer Auflauf (»Sweet soufflé«) auf dem Programm. Dazu der Spruch: »Und in dem Wie liegt der ganze Unterschied.« – Selbstironie der Truppenküche?

(4. Mai 2008)

II

Frisch geschorene Häupter: Montagmorgen.

Während wir UN-Soldaten den Dienst antreten, ist eine Kompanie von Grundwehrdienern schon beim Morgensport und läuft in Viererreihe über das Kasernengelände. »Schau, schau, schau!« – *Recruitment flavour.*

Die noch unbeschriebenen Gesichter der Grundwehrdiener.

Vertrautwerden (Familiarisation): gemeinsam vor dem Gebäudeblock stehen, während man Zigaretten raucht und Kaffee vom Automaten trinkt. Der Geräuschpegel der Pausengespräche steigt von Mal zu Mal, von Tag zu Tag.

»Auf dem Weg zum Speisesaal«, erzählt Tristan, »habe ich einen älteren Kameraden überholt und bin in eine angeregte Konversation mit ihm geraten. Erst an dem, dass mir alle Entgegenkommenden, auch die Offiziere, beim Salutieren zuvorgekommen sind, habe ich erkannt, dass der freundliche ältere Herr neben mir ein ranghohes Tier sein muss.«

Vor der Unterrichtsstunde befiehlt Hauptmann Z.: »Lehrsaal von vorne befüllen! Nur im Kino und im Krieg sind die besten Plätze hinten.«

Der Vortragende in der Mine-Awareness-Belehrung: »Der Soldat ist ein Jäger und Sammler. Alte Panzer und Eisenteile ziehen uns magnetisch an.« (Kollektives Wesensmerkmal: magnetisch, nicht magisch.)

»Somit danke ich für die Aufmerksamkeit und wünsche viel Spaß mit dem Heereskraftfahrdienst.« Ein Zwischenrufer: »Ist das auch ein UN-Soldat?«

Oberst W. gibt eine Einführung in den Nahostkonflikt, leicht gekürzt auf 90 Minuten, beginnend beim Urvater Abraham, der für die Araber Ibrahim heißt. Die gesamte Entwicklung schildert er in groben Zügen, dem Publikum angepasst. Eine Mischung aus Hugo Portisch und Sepp Forcher. So erzählt er etwa, zu Beginn des 20. Jahrhunderts hätten eingewanderte Juden sich in Palästina Land gekauft und dadurch sei es in manchen Regionen zu Verschiebungen in der Bevölkerungsstruktur gekommen. »Und da haben sich die Araber g'sagt: is aber wurscht, Hauptsach', wir haben die Marie [= die Kohle] ...« – Nach diesem reizenden Vortrag beginnen manche, sich für Geschichte zu interessieren.

Mittwochabend fährt ein Großteil der Kompanie ins Nachbardorf zum Heurigen, man nennt es »Icebreaker-Party«. Ob in Zivilkleidung oder Uniform, ist freigestellt. Kurze Umfrage: »Was ziehst du an?« – Vizeleutnant R.: »Uniform, natürlich! In der sterb ich noch.«

Ein alter Mann spendiert uns ein paar Flaschen Wein, mit den Worten: »Ihr seid's klasse Burschen!« Die Sympathiebezeugung gilt nicht uns persönlich, sondern dem Berufsstand, unserem Tun. »Eigentlich müssten wir alle das machen, was ihr macht.«

Ein als Stützpunktkommandant eingeteilter Unteroffizier bekennt zu aller Überraschung, er habe vergangenen Freitag überlegt, aus Frust alles hinzuschmeißen und die Einsatzvorbereitung abzubrechen, und habe dies nur durch gutes Zureden seitens des Dienstführenden nicht getan. – Dass die Labilität eines Menschen irgendwann kenntlich wird, ist klar; dass es aber so schnell geht, erstaunt doch.

»Pass auf, dass du nicht runterfällst!«, neckt jemand Vizeleutnant R., der mit zwei Aktenordnern unterm Arm eine Leiter hinuntersteigt. Der antwortet: »Bevor ich da runterfalle, fließt der Jordan stromauf.«

Der Vortrag eines Cholerikers. Auch die einfachsten Mitteilungssätze werden mit bedeutungsvollen Pausen und mit solchem Nachdruck gesprochen, dass man sich vorkommt wie bei einer Standpauke nach einer schweren moralischen Verfehlung. Der Sprecher schreitet hallenden Schritts durch den Lehrsaal, die Kreide wandert von einer Hand in die andere, der einschüchternde Blick fordert die volle Konzentration der Hörer.

Er benutzt Großbuchstaben, wo Kleinbuchstaben zu setzen wären. Am Ende jeder Zeile das mehrfache Ausrufezeichen: »!!!« Eine schriftliche Definition: »Unbewaffnete Gewaltanwendung / Ist die Anwendung von Gewalt / Ohne Bewaffnete Gewalt.« Und die mündliche Erläuterung: »Das ist eindeutig und unumstritten. Da brauchen wir keine Privatkriege darüber zu führen. Das ist ganz klar definiert, da muss man aufpassen!« (Erhobener Zeigefinger.) – Adorno nannte das Ausrufezeichen den »Usurpator der Aufmerksamkeit«.

Waffen- und Schießdienst: Die Sicherheitsüberprüfung an den Gewehren wird ohne Munition geübt, so oft, bis man meint, es auch im Schlaf zu beherrschen, und dennoch ist die Aufmerksamkeit nie gespielt. Ein jeder blickt so konzentriert in den Lauf, als könnte tatsächlich eine Patrone darin stecken. Der junge, türkischstämmige Kamerad (Akin D.), der in der Handhabung der Pistole unsicher ist und damit herumfuchtelt, fragt den Ausbildner: »Wie schießt man mit zwei Pistolen?«

Die eigentliche Auftragsdurchführung der UN-Mission auf dem Golan obliegt den Wachsoldaten, der untersten Schicht in der militärischen Hierarchie. Alles andere Personal ist Einsatzunterstützung oder Einsatzführung. Der Auftrag lautet: »Beobachten und melden.« Alles, was sich im zugewiesenen Beobachtungsraum verändert, muss gemeldet werden; weiter reichende Befugnisse hat man nicht. Die Aufgabe ist im Kern also das »Tätigen von Wahrnehmungen« (Militärsprech).

Zu den elementaren Fertigkeiten eines Wachsoldaten zählt das Funken. Gefunkt wird auf Englisch, buchstabiert wird nach dem ICAO-Alphabet, das im internationalen Flugfunksprechverkehr, aber auch bei den meisten westlichen Streitkräften Verwendung findet und deshalb unter der Bezeichnung »NATO-Alphabet« bekannt ist: *Alpha, Bravo, Charlie, Delta, Echo, Foxtrot, Golf, Hotel, India, Juliett, Kilo, Lima, Mike, November, Oscar, Papa, Quebec, Romeo, Sierra, Tango, Uniform, Victor, Whiskey, X-ray, Yankee, Zulu.* Das Österreichische Bundesheer kürzt sich demnach mit »Bravo Hotel« ab.

Der umfangreichste Funkspruch ist der sogenannte »Warning Report«. Wann immer ein Flugzeug oder ein Helikopter in der Nähe der Truppentrennungszone zwischen Israel und Syrien auftaucht, ist über Funk ein Warning Report abzusetzen, damit alle Posten ihre Aufmerksamkcit auf eine mögliche Verletzung des Luftraums lenken können. Ein Beispiel: »All stations, all stations, this is Position Two-seven – attention, warning report – one Delta jet along Alpha line, from North to South, high, outside AOS, distance unknown – I say again – all stations, all stations, this is Position Two-seven – attention, warning report – one Delta jet …«

Auf den Übungsstützpunkten, die knapp außerhalb der Kaserne liegen, wird der Dienstbetrieb auf dem Golan annähernd authentisch simuliert. Der Haken dabei: Götzendorf liegt im Bereich der Einflugschneise zum Flughafen Wien-Schwechat. Der Himmel über der Kaserne dröhnt von den unzähligen Maschinen, die sich im Landeanflug auf Wien befinden. »All stations, all stations, this is Position Two-seven …« Hat der Wachsoldat einen Warning Report beendet, muss auch schon der nächste abgesetzt werden, denn zu Stoßzeiten landen die Flugzeuge im 60- bis 90-Sekunden-Takt. Nach 10 Minuten Dienst im Wachhäuschen beherrscht auch der untalentierteste Funker die Meldung fehlerfrei. Den Dienst muss man trotzdem eine ganze Stunde lang versehen.

Telefon heißt im Englischen »land line«, abgekürzt LL, militärisch daher »Lima Lima«. Der Funkspruch für »Ruf mich an!« lautet: »Call me via Lima Lima.«

Im Notfall, wenn zu erwarten ist, dass man keine weitere Meldung mehr absetzen kann, pustet man den ultimativen Albtraum-Code ins Funkgerät: »MAYDAY MAYDAY MAYDAY« (eine englische Verballhornung des französischen »m'aidez!«, d. h. »helft mir!«).

Vom Communication Center befohlene Funkstille: »SILENCE SILENCE SILENCE«.

(11. Mai 2008)

III

Wenn du dich wirklich einlässt auf etwas, wenn du es zulässt, dass eine Idee in dir sich entfaltet, und du alles um sie herum anlegst – das könnte ein neues, ein anderes Leben sein.

Jede Rückkehr in die Kaserne, sonntagnachts, bringt einen Schub an Zusammengehörigkeitsgefühl mit sich: spürbar in dem Moment, da man – nach dem Unterwegssein unter anderen anonymen Passagieren – die bekannten Gesichter wiedersieht.

Manch einer hat auf der Stiefelspitze immer noch die mit Kreide geschriebene Schuhgröße stehen.

Der Dienstführende unserer Kompanie hält uns dazu an, gemeinschaftlich zu denken, anstatt durch buchstabengläubige Auslegung von Paragraphen das Maximum für sich selbst herauszuschlagen, denn dies mache letztlich nur weitere Vorschriften – eben zur Verhinderung von Missbrauch – nötig. »Nicht unsere Vorgesetzten sind schuld an den Verboten, wir selbst.« (Rhetorischer Kunstgriff: an die anderen zu appellieren, indem man sich selbst einschließt.) Und er zitiert Gandhi: »Wir müssen der Wandel sein, den wir in der Welt zu sehen wünschen.«

Unentwegt die Frage, ob es Fragen gebe. Kalmierender Umgangston. Appeasement ohne vorherige Aufregung. Ein Grundwehrdiener mäht den Rasen. »Heute Dolce Vita, und have a nice week!«

Ein Bild wie von Vermeer: Der Soldat vor dem offenen Fenster stehend. Keinen Brief, auch keine Waffe in den erleuchteten Händen. Die muskulösen Arme vor der Brust überkreuzt. (Keine Transzendenz; die Kraft ist der Körper selbst.)

Spruch des Tages auf der Informationstafel beim Speisesaal: »Das Beginnen wird nicht belohnt, einzig und allein das Durchhalten.«

Es schneit Blüten von den Kastanienbäumen, wie Konfettiregen über dem Kasernengelände. Haufen von Pappelsamen als luftiger Schnee auf den Stufen hinab zum Waffenmagazin.

Der von Kondensstreifen zerfurchte barettblaue Himmel über Götzendorf. Der weiße Mond als Emblem.

Ein Soldat weist an der Wache, beim Betreten des Kaserne, statt des Wehrdienstausweises seine »Möbel Leiner«-Kundenkarte (von täuschend ähnlichem Grün) vor.

Der »in den Wachdienst gestellte Soldat« (Charge). Der Mann hat bodenlos blaue Augen.

Militärsprech: jemanden »unverzüglich einer ärztlichen Versorgung zuführen«. Schlafen (ruhen), das ist »Augenlider auf innere Verletzungen überprüfen«.

(18. Mai 2008)

IV

Hellgrauer Himmel, schwerer Geruch nach feuchter Erde, Nieselregen, als wir am Montagmorgen zum Übungsstützpunkt ausrücken. Geduldiges, schweigsames Marschieren in der Reihe – eine Pilgerschar. Die in den Rucksack gesteckte blaue UN-Fahne weht dem Kameraden als eine Stola über die Schulter.

Mittagessen in einem Unterstand, einer Abwehrstellung des Stützpunkts: improvisiertes Feldrestaurant, ein Open-Air-Stehimbiss. Wild wucherndes Gras, Brennnesseln und Disteln als Tischschmuck. Die Verpflegung ist »Götzendorf at its best«: Penne mit Hühnerragout. Die gulaschähnliche Pasta ist farblich von der rostigen Öltonne, auf die manche ihren Plastikteller stellen, nicht zu unterscheiden. Man akzeptiert das festliche Mahl mit amüsiertem Ekel.

Der Instruktor: »H., in welchem Fach hast du eigentlich deinen Magister gemacht?«

H.: »In Publizistik.«
Instruktor: »Und dir gefällt es da, beim Heer?«
H.: »Ich liebe es! Halleluja.«
Instruktor: »Was macht man beruflich mit Publizistik?«
H.: »Man wird Funker.«

In einem Pinzgauer, auf den seitlichen Bänken hinten im Laderaum sitzend, werden wir nach dem Essen zum Gefechtsschießen gefahren. Die Müdigkeit, die uns alle mit einem Mal überkommt: wie in einem Zaubermärchen von Ferdinand Raimund, wo die Fee mit einer sachten Handbewegung die Akteure in einen traumreichen Schlaf schickt. Dicht nebeneinander sitzend, sinkt ein jeder in sich ein, das Gewehr zwischen den Beinen, die rechte Hand umfasst den Lauf.

Auf dem Truppenübungsplatz: ein transportabler Feldschreibtisch (mein äußerstes Ideal). Dutzende olivgrüne Rucksäcke um den Stamm eines frei stehenden Kastanienbaums herum, wie ein Erdhügel, ein großer Haufen Kompost, aus dem solitär der Baum aufragt. (»Landschaft mit Kastanienbaum und Rucksäcken.«)

Die Munitionsausgabe ähnelt der Kommunion in der christlichen Liturgie. Der Soldat tritt mit offenen Händen, zur Schale geformt, vor den NUO, meldet sich zum Munitionsempfang, und die »Mun« wird gereicht wie »der Leib Christi«. Schweigsam zieht man von dannen, um – ein jeder für sich in stiller Konzentration – die Patronen ins Magazin zu stecken.

Der Gefreite K. kniet bei der Schussabgabe wie auf einem Beichtstuhl.

Mein Buddy (Patrick L.) liegt während der langen Wartezeit zwischen zwei Schießübungen am Wegrand, mit angezogener Splitterschutzweste, das Sturmgewehr unter seinem Rücken. (Keine Prinzessin auf der Erbse.)

Der Patronengurt eines Maschinengewehrs ist eine Kette aus ineinandergehängten Gliedern, ähnlich der Spitze meiner Füllfeder. Sie lässt sich wie eine Ziehharmonika auseinander- und zusammenschieben, unter metallischem Rasseln. Ein Perkussionsinstrument. So schlage ich mit der leeren Gliederkette auf dem hölzernen Tisch den Takt: ritsch-ratsch. Korporal S. fragt: »Brauchst du Musik?«, und holt aus seiner Schenkeltasche ein Verbandpäckchen, in dessen passgenauer Hülle sich aber keine Mullbinde, sondern ein aufklappbarer mp3-Player mit integrierten Lautsprecherboxen verbirgt. Ich hänge die beiden Enden des Patronengurts ineinander und meine: »Schau mal, das wäre ein hübscher Schmuck, ein Armband.« S. wendet die Kette von innen nach außen und legt sie sich um die geballte Faust: »Oder ein Schlagring.«

Abwehrfeuer aus Stellungen heraus. Alte Öltonnen und Sandsäcke. Feuchter Boden, tiefe Furchen auf der Piste, die über das Gelände führt. Simuliert wird der Beschuss eines Patrouillenfahrzeugs. Die Besatzung springt aus dem Wagen, lädt das Sturmgewehr hinter den geöffneten Fahrzeugtüren und erwidert (real) das (fiktive) Feuer. Schon nach der ersten Übung klebt Dreck an Hosenbeinen und Ellenbogen.

MG-Feuer von einem Panzer herab, der Patronengurt zählt 50 Schuss. Patrick zielt und eröffnet das Feuer, der Abzug aber bleibt hängen und das Gewehr pulvert weiterhin Salven hinaus. Adrenalinschock. Auch jene, die ihr Übungspensum erfüllt haben und bereits jenseits der Sicherheitslinie stehen, blicken noch einmal zurück auf die andere Seite des Pfostens, wo das Maschinengewehr unaufhörlich rattert. Eine wüste Szenerie. Am Ende sammeln wir auf dem Feld die leeren Patronenhülsen ein – es ist wie im »Erdbeerland«.

(25. Mai 2008)

V

Zum Abschluss der Einsatzvorbereitung: die Verbandsübung FIT (das Force Integration Training). »FIT« klingt nur erfreulicher als das zähe Wort »Verbandsübung«, das einen lähmt, noch bevor das Spiel begonnen hat. Drei Tage durchgehend Dienst unter einsatzähnlichen Bedingungen, aber gespickt mit zahlreichen Zwischenfällen. Geschlafen wird auf den Übungsstützpunkten, die Mahlzeiten werden »feldmäßig« eingenommen.

Mannschaftstransport auf dem LKW. Die Ladefläche ist stark verschmutzt. Der Kamerad, nach einem prüfenden Blick: »Die Sitzbank werden wir nicht saubermachen. Besser, sich nachher gegenseitig die Popos abklatschen.«

Zu Mittag gibt es Buchstabensuppe. Die Stützpunktmannschaft beschließt einhellig, dass heute der Literaturverleger die Essensausgabe übernimmt.

Rauchverbot in bestimmten Bereichen. Der Kommandant: »Wer raucht, hat Nachtdienst. Wer nicht raucht – hat auch Nachtdienst.«

Feldhasen auf den Patrouillenwegen. Rollenspieler im hohen Gras (mehr Show- als Übungseinlage). Exzessive Luftraumverletzungen durch Helikopter des Bundesheers.

Eine Stunde vergeblichen Wartens in der sengenden Sonne auf den angekündigten Besuch des Bataillonskommandanten. Ein gläubiger Mensch mag Trost finden in der Hoffnung, dass auch sie eines Tages vergolten werde (»Vergelt's Gott!«). Aber uns? Vergilt diese glühende Stunde niemand.

Vor dem Stützpunkttor: Überlagerungen von Abdrücken; keine anderen Spuren als die von Stiefelsohlen und Reifenprofilen.

Nachtschicht in der »WaPo-Box« (Wachhäuschen): Spinnen, Falter und Mücken. Mutmaßlich ein Vorgeschmack auf den Einsatzraum. Nachts wird jedes Fenster zum Spiegel. Kaum zu erkennen, was jenseits der Scheibe vor sich geht.

Ruhen in der Enge eines Containers. 4 Stockbetten, also 8 Matratzen, für 11 Mann, von denen während der Nacht jeweils 2 Dienst versehen. Mehr Soldaten als Matratzen. (Wir kennen es als Kinderspiel: die »Reise nach Jerusalem«.) Der Durchgang zwischen den Betten so schmal, dass, wer von der oberen Liege steigt, auf die Fläche schräg darunter tritt.

Schweres Atmen, das an das Geräusch von einströmender Luft in den Brustbereich einer Gummipuppe erinnert, wie sie zum Üben von Wiederbelebungstechniken verwendet wird. Langsam geht es über in Schnarchen.

»In the jungle, the mighty jungle, the lion sleeps tonight.« Gewiss, der Löwe schläft. Aber dieser hört sich an, als fresse er im Schlaf.

Zweimal Shelter-Alarm im Verlauf von drei Tagen. Man stürzt mit Splitterschutzweste, Helm, Waffe und Schutzmaske in die Bunkeranlage, hört die Detonationen, zählt die Einschläge, hält über Funk Verbindung zur Kompanie. Auf den Displays von Mobiltelefonen laufen Pornovideos. (Was sonst sollte laufen, wenn man im schummrigen Shelter über Stunden eng beieinander sitzt? »Pornovideos drehen!«, empfiehlt Matthias H.) »Come in, she said, I'll give you *Shelter From The Storm.*« (Bob Dylan)

Nach Abschluss der FIT werden auf dem Paradeplatz der Kaserne Beförderungen vorgenommen und Belobigungen ausgesprochen. Die auszuzeichnenden Soldaten treten einzeln vor den Kommandanten und ziehen nach Handshake und Salut mit einer zackigen Kehrtwendung und sauberem Appellschritt wieder davon. Kurz aufbrandender Applaus nach jedem Abgang, wie bei der Kür im Eiskunstlauf. Als gälte er den halb gedrehten Pirouetten und der makellosen Schrittsicherheit.

Die Verabschiedungsfeier unseres Kontingents findet in der benachbarten Gemeinde Hof/Leithaberge statt. Eine Zeremonie fürs militärische Gemüt, die bei der Landbevölkerung sehr willkommen ist. Aufstellung in Dreierreihe auf dem Hauptplatz. Befehl des Kommandanten: »Frauen in die erste Reihe!« Der zuerst ausgewählte Soldat mit tätowiertem Unterarm darf die Flagge doch nicht hissen. »Ich hab kein Problem damit. Das ist ein guter Mann, aber …« Der Öffentlichkeit kann ein

Tätowierter in so exponierter Position nicht zugemutet werden. Die Militärmusikkapelle spielt ein Ständchen. Ein Moderator am Mikrofon, der durch die Zeremonie führt, kündigt den jeweils nächsten Schritt im Festakt an. »Es kommt zum Abschreiten der Front« – und ein Dutzend Pressefotografen läuft aufgeregt vor dem »militärisch Höchstanwesenden« herum, um eines der immer gleichen Bilder zu erhaschen. Der in der Formation habtacht stehende Soldat erkennt das Näherkommen des Ranghöchsten an der im Zickzack rückwärtsstürmenden, mit schweren Kameras bewaffneten Vorhut.

Von der katholischen »Hohen Geistlichkeit« bekommen wir unvermeidlich Gottes Segen an den Kopf geknallt. Ein Soldat in der ersten Reihe wird ohnmächtig: Bleich und starr fällt er rückwärts, der hinter ihm Stehende stützt ihn an den Schultern, und sogleich wird er von zwei, drei Mann nach hinten geschleift, um von herbeigeeilten Sanitätern behandelt zu werden. Dann der Befehl: »Erste Reihe zwo Schritte, zwote Reihe einen Schritt vorwärts, marsch!« Kinder strömen in unsere Reihen und überreichen jedem UN-Soldaten einen Blumenstrauß in den Farben der Marktgemeinde. »Erste Reihe vier Schritte, zwote Reihe zwo Schritte rückwärts, marsch!« Danach die Ankündigung des Moderators: »Es kommt zum Erbitten weiterer Befehle.« Defilierung. Auszug der Ehrenformation »mit klingendem Spiel«.

Zu guter Letzt marschieren Traditionsverbände auf – Einheiten der K.u.K.-Armee in märchenhaften Uniformen. Dragonerregimente, Husaren mit schrägen Jäckchen und Quasten, teils sehr betagte Herren, und es ist schwer zu sagen, ob das Humpeln und Hinken von dem klobigen historischen Schuhwerk oder der

Gebrechlichkeit ihrer Träger herrührt. Der Moderator stellt die einzelnen Verbände vor: »Hoch- und Deutschmeister 1809 … das ungarische Husarenregiment No. 6 / 1912 …« Der Kamerad neben mir: »De Hawara san oba a von damals.«

(1. Juni 2008)

VI

Sechste Woche der Einsatzvorbereitung. Eine Hälfte des Kontingents, hauptsächlich Unteroffiziere, wird bereits in den Einsatzraum verlegt. Die andere Hälfte, hauptsächlich Chargen, versieht weiter in Götzendorf Dienst: »Mo–Fr 0740–1615, Nachbereitung UNDOF-Ausbildung, Reinigung von Waffen und Gerät, Herstellen Übungsraum«, 5 Tage lang, je 8 Stunden Nettoarbeitszeit.

Dienstplanbedingt ist diese Woche eine kurze Betrachtung über das Wohnen geboten. Das Bewohnen militärischer Einrichtungen. (Beherbergungsbetrieb »Bravo Hotel«, eine Hotelkette mit zahlreichen Filialen, einigen sogar im Ausland.)

Das Militärlager, in dem man lebt (Kaserne, Stützpunkt, Camp), ist nicht bloß der Ort, an den man zwischen den Diensten draußen im Gelände immer wieder zurückkehrt, um zu essen, zu schlafen, sich zu waschen oder sich aufzuwärmen in kalten Nächten oder in Wintertagen – man tritt nie in den Hof, ohne ihn anzuschauen, man geht nie durch das Gebäude, ohne sich seiner Struktur zu vergewissern. Es ist der Blick des Soldaten auf die Topografie seiner Existenz: verwoben mit Raum und Dingen, mehr als ein Zivilist mit seinem Heim je verwoben sein kann. Areale, ohne modischen Ehrgeiz eingerichtet, in denen man Lebensablagerungen nur als flüchtige Spuren hinterlässt. Der Raum definiert uns; der Raum widerspiegelt unsere Lebensform.

Gesteigertes räumliches Empfinden. Ich schlafe mit dem Kopf nach Norden.

Durchlässigkeit, Porosität. Wir gehen durch Orte hindurch, Orte gehen durch uns hindurch. »Wir gehen durch die Felder und freuen uns.« (Adalbert Stifter)

Marschieren von einhundert Soldaten durch hohes Gras: ein Rauschen wie das Regenprasseln auf Asphalt, wie ein Platzregen.

»… Heimweh nach der Sphäre: nach dem Blick, wie man aus dem Fenster schaut …« (Peter Handke)

Durchs Fenster dringen Exerzierkommandos. Das Bellen des Zugskommandanten (*His Master's Voice*). Und alle Hunde ringsumher bellen mit.

Zewa-Toilettenpapier mit Aufdruck: »Bildung macht frei (Conrad Ferdinand Meyer, 1825–1898)« und – wie passend zu dem Geschäft! – »Die Tat wird vergessen, doch das Ereignis bleibt bestehen. (Ovid)«.

Um 14 Uhr schallt plötzlich der Ruf durch den Korridor: »2. Kompanie austreten! Adjustierung egal.« Wachtmeister H. berichtet: »Ich habe mit Hauptmann A. gesprochen. Wir könnten Busse bekommen und nach Schönbrunn und dann zum Heurigen fahren. Heute oder morgen.« – Korporal L.: »Morgen! Heute ist es schon zu spät.« – »Nach Dienstschluss, natürlich!« – Allgemeines Gemurre: »Na, das kann net viel.«

Do not disturb! Hier wird gewohnt.

Ein Chat im Internet. »Was los, Soldat?« – »Es ist immer das los, was du dir vorstellst.« – »He, geil …«

Um ein Kasernengebäude zu betreten, steigt man die paar Stufen einer Freitreppe hoch und durch einen Torbogen hindurch. Das Erdgeschoss liegt für gewöhnlich über Straßenniveau (der Keller also nicht wirklich *sous terrain*). Effekt ist, dass, wer aus dem Gebäude tritt, einen veritablen Auftritt hat. Auch der zum Morgenappell zu spät Kommende muss über diese Bühne …

Eine letzte, denkwürdige Belehrung am Mittwochvormittag: über den »Umgang mit Medien«. Die Angst des Presseoffiziers (Hauptmann M.) vor Berichterstattung, die nicht dem Selbstbild des Heeres entspricht. Angst vor Verlust der Deutungshoheit. Journalisten seien leider immer die Ersten am Ort eines Geschehens und könnten dank ihrer perfekten technischen Ausstattung Berichte an die Medien übermitteln, noch ehe ein Presseoffizier überhaupt vor Ort sein könne. »Und dann stellen Sie sich vor: Sie kommen dort hin und müssen versuchen, die Journalisten in den Griff zu kriegen!« Uns Chargen legt er dringend nahe, im Fall, dass uns von einem Medienvertreter ein Mikrofon unter die Nase gehalten werde, sich mit folgender Phrase aus der Affäre zu ziehen: »Ich ersuche vielmals um Verständnis, wenn ich dazu keine Auskunft geben kann. Bitte wenden Sie sich an meinen Kommandanten oder an den Presseoffizier.« Die Angst, ein Charge könnte eigenmächtig eine Meinung äußern. In der Power-Point-Präsentation des Herrn Hauptmann steht es in Majuskeln: »NET VERPLAPPERN!«

Zur Illustration erwähnt er einen Fall vom vergangenen September. Im Internet war damals ein mit Handykamera gedrehtes Video aufgetaucht, das einen Grundwehrdiener in der Salzburger Schwarzenberg-Kaserne beim Hitler-Gruß zeigt. Der Fall erregte einiges an Aufsehen. Jener 20-jährige Bursche war, wie sich herausstellte, bereits als 10-Jähriger Mitglied einer rechtsextremen Gruppierung gewesen; der andere, der die Szenen filmte und an Kameraden weitergab, war einschlägig vorbestraft. Hauptmann M. sieht das Delikt freilich als Bagatelle: »So etwas kommt vor.« Und nach einem Atemzug, plötzlich heftig: »Aber doch nicht gleich auf YouTube hochladen!«

Der Herr Hauptmann hat es am Beginn seines Vortrags ausdrücklich erwähnt: »Ich bin für ein Jahr Ihr Presseoffizier …«

(8. Juni 2008)

1 Anfang

Ist die Aufbruchbereitschaft eines Menschen von außen erkennbar? Ablesbar woran? Am Licht, das ihn umgibt? An Gesichtszügen? »Alles Gute, Junge!«, ruft ein Unbekannter mir zu, als ich »last minute«, schon in Uniform, mit blauem UN-Barett, in der Stadt unterwegs bin. Es ist ein Abschied für lange Zeit. Für den Aufbrechenden aber überwiegt die Freude: etwas hinter sich zu lassen, eine leere Seite aufzuschlagen.

Truppenverlegung im Nachtflug nach Damaskus. Noch am Airport, in dunkler Morgenstunde, bevor man weiter Richtung Golan ins Camp Faouar gebracht wird, erhält man seine UN-Identitätskarte ausgehändigt, mit der man sich – ohne Visum, ohne Reisepass – in Syrien und Israel aufhalten kann.

In den Bussen ist die Mannschaft in Dämmerschlaf gesunken, während draußen die Landschaft in stärker werdendes Licht driftet und über den steinigen Feldern der Tag aufsteigt. Syrische Pampa. Lehmhäuser, Zelte, in denen offenbar Menschen hausen. Auf Seilen, die zwischen den dreckfarbenen Zelten gespannt sind, hängt Wäsche. Man muss mehrmals hinsehen, um dem Augenschein zu trauen. »Wo bin ich? Was mache ich hier?« Man hat in Militärstiefeln ein fremdes Stück Land betreten, ist aber in keiner Wirklichkeit angekommen. Die Landschaft zieht vorbei und man versteht nichts.

Eine Bergkette rückt in den Blick: das Mount-Hermon-Massiv. Obenauf funkeln Lichter: drei israelische Stützpunkte (»Frühwarnstationen«) als unverrückbares Sternbild am Himmel und, etwas weiter im Osten, der Berggipfel mit dem Licht von »Hermon Hotel«, dem höchsten permanent besetzten UN-Stützpunkt der Welt. (Acht österreichische Kameraden versehen dort Dienst.)

Der Golan: ein Landstrich, für den die Reiseführer üblicherweise nur die Worte »von herber Schönheit« übrig haben. Einen Stern vergeben Baedeker, Michelin & Co hier nicht.

Vor dem Camptor ist die Fire Brigade mit ihrem Löschwagen postiert und nimmt unter Blaulicht und Sirenengeheul die einfahrenden Busse der Neuankömmlinge mit einem massiven Wasserschlauchaufgebot unter Beschuss. Welcome! Auf dem Antreteplatz, gleich hinter der Campeinfahrt, wird jeder einzelne Soldat durch den Bataillonskommandanten per Handschlag begrüßt. Dazu dröhnt aus den Lautsprechern der Song *Beautiful Day* von U2.

Auf diesem Platz ist es auch, wo einige Kameraden erfahren, dass sie doch einem anderen Stützpunkt zugeteilt werden, als ursprünglich vorgesehen. Unmut, Empörung. Einer sagt resigniert: »Pech gehabt! Sechs Wochen lang mit den Falschen angefreundet …«

Es ist bemerkenswert, dass gerade Menschen im militärischen Milieu immer wieder darüber klagen, dass »in der heutigen Zeit Handschlagqualitäten nichts mehr zählen« würden. Das Bundesheer selbst bietet jede Menge Anlass zu dieser Verlustanzeige: Nix ist fix. Gesichert ist nur, was gestern war. Der Soldat ist der Prototyp des flexiblen Menschen. Er ist vielseitig einsetzbar und allzeit bereit, um »situationselastisch reagieren« zu können. Auch wenn man den Einberufungsbefehl in der Tasche und die Einsatzvorbereitung absolviert hat – man hat dennoch bis zu dem Tag, da man das Flugzeug besteigt, keinen Anspruch darauf, tatsächlich in den Auslandseinsatz geschickt zu werden. – »Das merken und nicht vergessen!« (Kaspar Hauser)

Dafür erhält man in Situationen, in denen kein Mensch mehr aufnahmefähig ist – so wie jetzt nach der Rotationsnacht –, Belehrungen und Vorträge in Serie, muss dafür auch unterschreiben, und Aufsichtspersonen versuchen in dem großen Saal, das Einschlafen der Übermüdeten zu verhindern. Es ist widerlich. Was das Militär am besten können sollte, weil es seine ureigenste Sache ist – Truppenverlegung –, gerät jedes Mal zu einer monströsen Strapaze. Vom Antreten in Götzendorf bis zum Eintreffen am Dienstort vergehen beinah 24 Stunden.

Die 20 UN-Stützpunkte auf dem Golan befinden sich sämtlich an den Rändern der Truppentrennungszone (Area of Separation). Mit einer Ausnahme (Position 22) liegen sie alle auf syrischem Verwaltungsgebiet. Stützpunkte sind ständig besetzte Basen, auf denen Soldaten ihre Unterkünfte vorfinden und von wo aus alle Einsätze in der Zone, wie z. B. Patrouillen, getätigt werden. Zusätzlich gibt es 10 kleine Außenposten, die von den Stützpunkten aus betrieben werden.

Die 2. Kompanie des österreichischen Bataillons verfügt auf ihrem Gebiet über vier Stützpunkte: zwei nahe der A-Linie (Position 27 und 37) und zwei an der B-Linie (Position 25 und 32).

Die A-Linie (sprich »Alpha-Linie / Alpha line«) ist der westliche Rand der Truppentrennungszone zwischen den Konfliktparteien Israel und Syrien; die eigentliche Waffenstillstandslinie. Sie darf nur von UN-Soldaten überschritten werden. Knapp westlich dieser durch Meldetonnen markierten und von UN-Patrouillen überwachten A-Linie hat die israelische Armee einen sogenannten »Technischen Zaun« mit dahinterliegendem

Sandstreifen als Sicherungsanlage errichtet, wodurch der Verlauf der A-Linie auch aus größerer Distanz relativ einfach zu erkennen ist.

Der östliche Rand der Truppentrennungszone ist die B-Linie (»Bravo-Linie / Bravo line«): eine auf der Karte gezogene Linie, die im Gelände nur durch die rot-weiß-rot lackierten Fässer auszumachen ist. Syrisches Militär darf sich nur bis zu dieser Linie bewegen. Es ist Aufgabe der UN-Stützpunkte, die sich an allen Zufahrtsstraßen in die Zone befinden, dies zu überwachen. Syrische Zivilisten aber können sich innerhalb der Pufferzone, die durchschnittlich sieben Kilometer breit ist, frei bewegen.

Einer der Stützpunkte an der B-Linie ist die am Rand der Stadt Khan Arnabeh gelegene Position 32. Der Kompaniefahrer setzt mich und zwei Kameraden vor dem Zufahrtstor ab, wir gehen über den Hof zur Baracke, stehen vor der Tür, eine korrekte militärische Meldung auf den Lippen. Mulmiges Gefühl. Dem Stützpunktkommandanten eilte ein bestimmter Ruf voraus. Umso erstaunter sind wir, als ein netter, geradezu lieb dreinblickender älterer Herr mit Brille uns empfängt, den Kopf leicht zur Seite geneigt, und uns einfach die Hand entgegenstreckt.

Auf den Begrüßungsdrink folgt ein erster Rundgang: Einweisung ins Gelände, in den Wachauftrag und, vor allem, in den Reinigungsdienst (wer was wann wie womit zu putzen hat: »die fünf W«). Der Vizeleutnant demonstriert uns, wie man vor der Kloschüssel im Stehen pinkelt (»ein wenig in die Hocke gehen, so …, aber – ihr seid ja erwachsene Leute«); wie man, was danebengeht, wegwischt; mit welchen Mitteln man den Boden aufnimmt; wie man die Kaffeemaschine säubert und frischen Kaffee aufsetzt etcetera.

Ein neues Daheim. Position 32 gilt allgemein als die heruntergekommenste »Bodega« auf dem Golan. Ein »abgefuckter« Schuppen auf einem elenden Flecken in devastierter Gegend. Andere Stützpunkte sind auf Hügeln erbaut, die eine gute Sicht auf die Umgebung gewähren, Position 32 aber steht da, weil an dieser Stelle eben der Verkehr zu kontrollieren ist, der in die AOS (Area of Separation) einfährt. Knapp hinter dem von Stacheldraht umzäunten Gehege befindet sich eine Mülldeponie, von wo der Wind dicke Rauchschwaden über den Stützpunkt treibt. Dafür aber, sagt man, sei der Auftrag ein Klacks, und Besuch von Höherrangigen sei äußerst selten, man habe also für gewöhnlich seine Ruhe. Wenn die Mannschaft »halbwegs passt«, könne man auf der 32er ein gemütliches Dasein fristen.

Zehn Männer verschiedener Generationen, die zusammen einen Haushalt führen. Auch die Mahlzeiten werden gemeinsam, zur täglich gleichen Zeit, an einem langgestreckten Tisch unter den Segen spendenden Fotoporträts dreier freundlicher Herren eingenommen: UHBP Dr. Heinz Fischer, Force Commander Generalmajor J. und UN-Generalsekretär Ban Ki-Moon. Der Stützpunktkommandant sitzt als Familienoberhaupt am Kopf des Tisches, der Stellvertreter zu seiner Rechten. Im Korridor hängen Fotos früherer Stützpunktbesatzungen.

Im Zimmer der Geruch trockener Hitze, wie von frisch gebügelten Laken. (Klimaanlage? Negativ.) Tristan P.

kam bereits in der Vorwoche her. Den knarrenden Spind dem später Ankommenden zu überlassen und sich selbst das neuere Modell unter den Nagel zu reißen, birgt ein immenses Risiko: Aus dem Schlaf geholt wird man allenfalls durch das Öffnen des Spinds eines anderen, nie des eigenen.

Wir leben nicht nur Tür an Tür, sondern diesseits und jenseits dünner Trennwände. Zu zweit in kleinen Kammern. Die Gespräche nebenan hört man, auch ohne zu lauschen, mit.

Fehlen von Zwischenräumen, Absenz von Schwellen. Jeder Quadratmeter des Areals wird genutzt, alles hat seine Funktion. Ein Plantschbecken (in missratener Herzform) dient als Löschteich, dicht neben einer mit Sandsäcken und Steinen befestigten Abwehrstellung. In der Hofmitte ein Bildstock (*engl.* memorial, *österr.* Marterl) als Kreisel, um den herum Fahrzeuge wenden können: die Spur eines österreichischen Idylls in der syrischen Ödnis.

Trockenheit, Wind. Staub in der Luft trübt die Sicht aufs Gelände. Während ich im Schatten einer Zeder in mein Notizbuch schreibe, fällt Staub auf die aufgeschlagenen Seiten.

Unser Jüngster, Emrah H. (21), erzählt, es sei ihm bisher immer alles gleichgültig gewesen, und er sei in diesen Einsatz gegangen, damit ihm endlich einmal etwas nicht egal sei.

Gegenüber, auf der anderen Seite der Straße, befindet sich eine Hühnerfarm, so wenig eine Augenweide wie der Stützpunkt. Die beiden Gebäude in syrischer Bauweise ähneln einander frappant. Höhe und Breite sind identisch. Nur sind die kleinen Fensteraussparungen bei uns quadratisch, während die Hühnerfarm horizontale Sichtschlitze hat. Und die Hühnerfarm ist doppelt so lang, somit doppelt so groß wie der UN-Stützpunkt. »Na ja, sind ja auch mehr Hühner als Soldaten«, sagt Emrah.

Ein Lied von der Band The Notwist liefert das Resümee der ersten Woche: »Prepare your shoes not to come back soon / Prepare your heart not to stop too soon«. Der Titel: *One Step Inside Doesn't Mean You Understand.* Wir sind zwar physisch, aber noch nicht wirklich da. Denken, Empfinden und Bewusstsein hinken immer nach. Nur die Wiederholung schafft Wirklichkeit. Nur das Wiederkehrende ist wirklich.

(15. Juni 2008)

2 Beobachten und melden

Sie ist das Herzstück des Dienstes auf Stützpunkt 32: die WaPo-Box – ein direkt an der Straße gelegenes Häuschen, in dem rund um die Uhr (im Militärsprech: »von Montag bis Sonntag 0000 bis 2400 LT«) ein Wachposten Dienst versieht. Daneben zeigt eine rot-weiß gestreifte Schranke als arg verbogener Finger in den Himmel. Der Schlagbaum steht hier rein symbolisch. Es gilt die Anweisung: Was immer passieren mag, die Schranke bleibt oben. Ein Dutzend weißer Betonsteine mit der Aufschrift »UN« in schwarzen Lettern, dazu eine Menge

Sperrigel und rot-weiß-roter Tonnen auf der Straße sollen die vorbeifahrenden Fahrzeuge einbremsen. Die meisten UN-Steine wurden schon mehrfach gerammt, die Tonnen sind grotesk verbeult. Bremsspuren auf dem Asphalt zeigen die Ideallinie der Raser. Über der WaPo-Box ragt ein neuer, weiß lackierter Wachturm auf; sieht militärisch aus, ist ansonst aber funktionslos. Es gibt nichts, was man nicht ebenso gut von der Straße aus erkennen könnte.

Position 32 hat den Auftrag, zu überwachen, dass kein syrisches Militär in die Truppentrennungszone (Area of Separation) einfährt. »Beobachten und melden« – und das ist es auch schon. Mehr Befugnisse haben wir nicht. Syrische Soldaten in Camouflage (im UN-Jargon »Bravo soldiers« genannt) sind beim Versuch, die AOS zu betreten, abzuweisen. Wer sich der Aufforderung widersetzt, kann daran freilich nicht gehindert werden. In diesem Fall ist ein Bericht, ein sogenannter »UNDOF-Report«, über die Verletzung des Genfer Abkommens zu verfassen, der die UN-Bürokratie durchläuft und im äußersten Fall bei den Vereinten Nationen in New York landet. Was dort mit dem Bericht geschieht, entzieht sich unserer Kenntnis. Bei uns heißt es: »Legt's zu den Akten!« Im Englischen spricht man von Records und Files.

Da solche »Violations« eher selten sind, besteht die Haupttätigkeit des Wachsoldaten darin, die Bewegung von UN-Fahrzeugen zu protokollieren, die Besatzung vorbeifahrender UN-Wagen militärisch zu grüßen und, im Fall eines Besuchs, das Eintreffen des Gastes durch einen raschen Anruf im Wohnblock zu melden. Wir, die UN-Truppen, registrieren und melden also vornehmlich unsere eigenen Bewegungen.

Das Notieren der Kennzeichen von allen vorbeifahrenden UN-Wagen im WaPo-Betriebsbuch ist eine buchhalterische Spezialleistung unseres Stützpunkts. (Der Straßenstützpunkt 25 notiert z. B. nur die Fahrzeuge von VIPs, das sind UN-Wagen mit Fähnchen auf dem rechten Kotflügel.) Das Durchblättern des großformatigen Journals gibt das seltsam beruhigende Gefühl, Geschehnisse und Zeit aufgehoben zu sehen, auch wenn sie unter einem so belanglosen Aspekt festgehalten sind, dass diese Aufzeichnungen für alle Zukunft entbehrlich sind. Ein Archiv von beeindruckender Totalität – und doch eines, das keiner braucht.

Offizierstellvertreter F. sagt: »50 % der Mission sind gelungen, wenn man UN-Fahrzeuge erkennt und eine ordentliche Meldung machen kann.«

Beobachten ist immer ein selektives Wahrnehmen. Beim ersten Dienst in der WaPo-Box, wenn Fahrzeuge in beiden Richtungen an einem vorbeiziehen, erfährt man zwangsläufig die Notwendigkeit, den Blick und das Gehör auf das zu fokussieren, was für den Auftrag relevant ist, und den großen Rest zu übergehen. In der Fülle des Sichtbaren und Vernehmbaren die entscheidenden Details erfassen. Filtereinstellungen der Wahrnehmung.

In aller Regel passiert – nichts. Vermutlich ist es einer der ereignislosesten Jobs dieser Erde. Der Wachsoldat wird auf sich selbst zurückgeworfen, auf seine eigene Fähigkeit, die Zeit verfließen zu sehen. Und darin liegt das Glück oder Unglück solcher Arbeit.

Unmittelbar im Blickfeld, auf der anderen Seite der Straße: die Hühnerfarm (spätabends und frühmorgens lautes Gegacker), ein Kornfeld, dahinter der Ort Khan Arnabeh und eine verbotene, aber geduldete Stellung der syrischen Armee mit dem rätselhaften Namen »PV Monica«, auf die man sein Fernglas noch so oft richten kann, es ist nie etwas zu sehen. (PV heißt »permanent violation«, aber who the hell is Monica?) Rechterhand, im Westen, keine 10 Kilometer entfernt: Hügel mit arabischen Namen, schon auf der israelischen Seite der Waffenstillstandslinie.

Ein iPod liefert den Soundtrack zum Landschaftskino. Musik aus digitalen Files, die sich auf einfachen Lautsprecherboxen bewähren muss, aber immerhin: sie füllt den Raum, und sie schwingt aus in die Landschaft jenseits der nach Süden gehenden Fensterscheibe. Klangraum, der sich auf die von Licht zerstörte Ebene hin öffnet. Dumpfe Beats in der flirrenden Hitze, so träge, wie die Zeit verfließt.

Syrische Polizisten fahren häufig auf Mopeds vorbei, ihre Pistole auf dem Rücken zwischen Gürtel und Hose eingeklemmt. (Nicht einer trägt einen Helm.) Männer in rot-grün-blau bestickten weißen Hemden (»Sonntagshemd«, denkt der Europäer, dabei ist heute Freitag). Rot-weiß karierte Tücher um den Kopf gewickelt. Auf dem Motorradsitz ein Teppich, manchmal ein blutgefärbtes Schaffell.

Kinder, in Bussen oder auf LKW-Ladeflächen sitzend, strecken einem grölend Pistolen und Gewehre entgegen. Dass es Spielzeugwaffen sind, bleibt zu hoffen. Viele der Vorbeifahrenden winken, Einzelne zeigen einem die Faust oder machen Halsabschneidegesten – Vereinzelte nur, gewiss, aber es würde genügen, wenn nur *einer* einen Molotow-Cocktail in unsere Richtung schmisse. Manche werfen ihre Zigarettenstummel aus dem Fahrzeugfenster direkt vor die WaPo-Box. »Nachdenken darf man darüber nicht«: so der Standardsatz auf dem Stützpunkt, wenn von derlei die Rede ist.

Tagsüber, von 6 bis 21 Uhr, ist in der WaPo-Box Lesen untersagt. Aber Beobachten ist der Auftrag, und das Bedenken und Notieren des Gesehenen kann niemand verbieten.

Eine Windhose wirbelt Staub als einen grauweißen Schleier in die Luft. Vier Jugendliche zusammen auf einem Moped: ein Balanceakt wie im Zirkus. Wild blinkende Lichterketten auf Lastkraftwagen. Im vorbeifahrenden Bus ein Junge mit Goldrandbrille in schwarzem, offenem Hemd, mit zwinkerndem Auge.

Der Nachtdienst, von 0 bis 6 Uhr, heißt aus nicht eruierbarem Grund schon seit Ewigkeit »Chicago«. Es ist die ruhigste Dienstzeit, man kann ungestört lesen und bekommt jeweils nur kurz Besuch vom »Beidienst«, der stündlich einen Stützpunktrundgang absolviert.

Nächtliche Geräusche: der unter den Stiefeltritten des Kameraden knirschende Schotter, Motorenlärm aus dem Aggregatehaus, kläffende Hunde hinter Hausumzäunungen, Lautsprecherdröhnen aus der nahen Stadt Khan Arnabeh, Tiere auf den Feldern, der Wind, der durch die Gräser weht.

Jedes Fahrzeug, das sich auf der langen geraden Straße nähert, erkennt man frühzeitig am Scheinwerferlicht. Allerdings weiß man hinter den Glasscheiben der WaPo-

Box sitzend nicht, von welcher Seite der Wagen wirklich kommt, da das Licht in den Seitenfenstern gespiegelt wird. Dass zufällig aus beiden Richtungen zugleich ein Auto aufkreuzt, kann man nie ausschließen, in der Regel aber ist eine der beiden Lichtquellen eine Täuschung.

An Funksprüchen fällt nachts kaum mehr an als der rituelle »Radiocheck« (Test der Funkverbindung) und »Weather Report« um 04.30 Uhr. Man übermittelt an die Kompanie: Temperatur, Windstärke, Windrichtung, Sicht, Zustand der Straßenoberfläche und »Driving Conditions« rund um den Stützpunkt. Weiß der Teufel, wozu. Vielleicht als Datenmaterial für einen künftigen Hundertjährigen Kalender der Golan-Mission? Wir werden's nicht mehr erfahren. (»Their's not to make reply, / Their's not to reason why, / Their's but to do and die«, heißt es in einem berühmten Gedicht von Alfred Lord Tennyson, das von Soldaten der untersten Ränge handelt.)

Jede Nacht ist eine Patrouille in der Zone unterwegs. Frage der Leitfunkstelle (Communication Center) an die Night Patrol, die sich im vereinbarten Zeitintervall nicht gemeldet hat: »Where is your present location?« Keine Antwort. The patrol is out in the streets and in the fields, celebrating the harvest moon, celebrating the midsummer night.

Verfolgen der Mondbahn über den gestirnten Himmel, der ungewöhnlichen Schräge der Sichel, der Veränderung ihres Teints. (Der türkische Mädchenname Ayten heiße »Mondhaut / Teint«, erklärt Emrah.) Der Mond versinkt, rinnt süßlich, sämig weiß hinter den Tall al Uram (Mount Bental).

04.15 Uhr, der erste Lichtstreif am Horizont über dem »Panzerberg« in Nordost. Kurz darauf beginnen die Vögel zu singen. Der Farbverlauf aufsteigend: UN-blau, blaugrau, sturmblau, nachtblau. Um 05.45 Uhr steigt die Sonne über den Hügel und überflutet das Gelände mit Licht. Lange Schatten.

Die Rufe der Muezzine von drei Minaretten verschiedener Moscheen aus Khan Arnabeh überlagern einander und bilden einen kanonartigen Gesang. Die neongrün leuchtenden Minarette heißen im Soldatenjargon – es ist natürlich liebevoll gemeint – »Gebetsraketen«.

6 Uhr früh, die Ablöse kommt. Es ist helllichter Tag und viel zu schön, um jetzt zu Bett zu gehen. Man tut es dennoch und versucht den Schlaf zu finden, der längst aus allen Rhythmen fiel.

(22. Juni 2008)

3 Sturz aus der Zeit

Nach durchwachten Nächten darf man bis 12 Uhr mittags ruhen. Man weckt den Kameraden, der in dem überhitzten Raum nackt daliegt wie der vom Kreuz genommene Christus, und legt sich danach selber hin, während draußen die Betriebsamkeit des Tages anschwillt. Wir wurden sanitätsdienstlich zwar belehrt über Spinnen, Skorpione und anderes Getier, das sich in Unterkünfte schleicht, nicht aber über akute Gereiztheit oder Apathie, die sich der Bettkante entlang bewegt. Das Bonmot vom Soldaten, der niemals schläft, nur ruht, wird hier zum Menetekel. Fünf Stunden sind genug, um wenigstens drei Mal aus dem Bett geholt zu werden. Blind wie ein neugeborener Hase tritt man in den Flur und wird beim ersten Augenaufschlag auch schon von der Digitalkamera eines stützpunktfremden Kameraden erfasst. In der Hoffnung auf eine rasche Tasse starken Kaffees platzt man in den Aufenthaltsraum und sieht sich sogleich genötigt, einem Besucher aus dem Camp zu erklären, warum man zu dieser Stunde Freizeitkleidung trägt. Nein, es gibt keine Privatsphäre hier, oder genauer: Wir leben im Zustand ihrer ständigen Verletzung (»permanent violation«). Es gibt keinen Schlaf. Und das ist, was einen misanthropisch werden lässt.

Andauernd werden bauliche Veränderungen vorgenommen, ohne dass jemand es befehlen müsste. Vielleicht können Soziologen oder Anthropologen erklären, warum erwachsene Männer, die als Soldaten zusammenleben, eine so übersteigerte Lust am Ausbau des eigenen Nests zeigen. Kaum sind fünf arbeitsfreie Minuten vergangen, kommt einer auf die Idee, irgendetwas zu erweitern oder zu erneuern. Arbeitswütig werden Dinge abgerissen und andere, kaum tauglichere aufgebaut. Eine abartige Emsigkeit erfasst das Team.

Korporal L. zimmert aus aufgefundenen Holzbrettern Sonnenliegen, die er selber nie benutzen wird. (Es geht ums Tun und nicht ums Liegen.) Nachts schimmert die sauber gesägte, polierte Liege unter dem Licht des Starkstrommonds.

Aber gewiss ist handwerken besser, als Geschwätz zu produzieren. Die nicht unsympathische Tumbheit mancher Kameraden wird unerträglich, wenn sie gepaart mit Redesucht zum Gequassel wird.

Schotterwege werden mit Sand bedeckt; wo Sand ist, werden Fliesen draufgeklatscht. Wahllos werden Hügel aufgeschüttet oder bestehende eingeplättet. Verstehe, wer kann.

Generationen von hier lebenden Soldaten haben versucht, sich durch Handwerksarbeiten zu verewigen, und dennoch (oder eben deshalb) wirkt der gesamte Stützpunkt wie eine Archivaufnahme aus den 1970er Jahren.

Militärdienst, so meine fixe Idee, heißt: aus der Zeit fallen. Aber wohin fällt man? Doch nur in eine andere Zeit? Ein Zeitsystem, in dem andere Maßstäbe gelten?

Meiner nebenbei geäußerten Bemerkung, es wäre doch fein, wenn jetzt auch eine Kameradin in unserer Runde sitzen würde, wenigstens *ein* weibliches Wesen in diesem Haus, wird unerwartet heftig und einstimmig widersprochen: »Bist du wahnsinnig? Auf keinen Fall! Und vor allem nicht jetzt schon!«

In dem Moment, da Korporal H. mit Besen und Schaufel den Aufenthaltsraum quert, kommt aus dem Werbefernsehen der Spruch: »Nur was man gern macht, macht man gut.« Kamerad G. liegt in der Nachmittagshitze (39 °C) im Bett und betrachtet meditativ das Drehen des Ventilators.

(29. Juni 2008)

4 Schäferspiele

Zu den oft unterschätzten Tugenden des Soldaten gehört es, bei Laune zu bleiben, »in the mood«. Was das Einsatzleben so schwer macht, ist nie der Job an sich (etwa ein fordernder Auftrag oder die Dienstbereitschaft rund um die Uhr), nur die enge Form des Zusammenseins in der Zwangsgemeinschaft. Durch Gesudere zieht man nicht nur sich selbst, sondern auch alle anderen mit hinab in einen Strudel an Überdruss. Vielleicht enden auch deshalb die Ansprachen von Funktionären in Peacekeeping Missions häufig mit dem Slogan »Keep peace!« im aufmunternden Ton eines »Keep swingin'!«. (Sich die Laune bewahren, um den Frieden zu wahren.)

Militärische Friedenssicherung ist eine höchst ehrenwerte Sache, doch die konkreten Details solcher Einsätze erscheinen häufig grotesk. Das hehre Peacekeeping verlangt im profanen Alltag unserer Golan-Mission, dass wir z. B. syrischen Schafhirten das Leben schwerer machen. Eine Szenerie, die üblicherweise als Inbegriff von Friedlichkeit gilt – ein Schäfer mit Herde in sonst menschenleerer Weidelandschaft –, ist hier der Hotspot eines multinationalen Militäreinsatzes.

Von syrischen Hirten wird das Gebiet entlang der Demarkationslinie gerne als Weidefläche für ihre Ziegen-, Schaf- oder Kuhherden genutzt. Den syrischen Bauern aus der Gegend sind die Schäfer verhasst, denn die Tiere richten auf ihren Feldern enormen Schaden an. Dass aufgebrachte Farmer mit Jagdgewehren hinter einem Schäfer her sind, ist nichts Ungewöhnliches. Im Vorjahr, heißt es, sei einer bei einer Schießerei ums Leben gekommen, zwei Männer seien in Haft. Die Bauern dürfen Felder aber nur bis 100 Meter an die A-Linie heran bewirtschaften. Auf den brachen Feldern westlich davon ist nur noch Gras, und zwar »das beste Gras!«, zu finden. (Wir sprechen von der »Green Mile« und der »Grazing Area«.) Überschreitet ein Schäfer die A-Linie, etwa weil seine Herde zu weit nach Westen geraten ist und er sie durch schnarrende Rufe nicht mehr zurückholen kann, begeht er eine Verletzung des Waffenstillstandsabkommens und muss von der UN-Patrouille aus dem verbotenen Bereich hinausgewiesen werden. (Für ihn sind die Schafe die Existenzgrundlage, uns aber geht es um das Genfer Abkommen, d. h. um Frieden.) Sollte er sich der Aufforderung widersetzen, kann über Funk ein syrischer Verbindungsoffizier angefordert werden, in dessen Gefolge mitunter die gefürchtete syrische Geheimpolizei Muhabarat vor Ort erscheint und den Schäfer mit teils brachialen Methoden aus dem Bereich vertreibt. Danach ist für eine Weile Ruhe an der Alpha line.

Die »Schäferspiele«, die an diesem »locus amoenus« stattfinden, gehören mit zum täglichen Animationsprogramm der UN-Truppen auf dem Golan. Viele meinen, die Schäfer seien unsere »Daseinsberechtigung« – als ob zur Berechtigung, da zu sein, nicht auch ein UN-Mandat genügte.

Jede von der Patrouille beobachtete Schäferbewegung entlang der A-Linie zieht einen aufgeregten Funkverkehr nach sich. Ähnlich der Radio-Liveschaltung von einem Fußballspiel werden wir laufend über die Schritte von Schafhirten über die Demarkationslinie (»crossing and recrossing the Alpha line«) informiert. Mit sich überschlagender Stimme, oft von dramatisch krachendem Wind unterlegt, rapportiert der UN-Soldat über sein Handfunkgerät: »The shepherd has crossed the patrol track and goes into the forbidden area at barrel 26.« Kaum eine Minute später, bei der nächsten Meldetonne, hat der Schäfer die verbotene Zone wieder verlassen. Reporte über Verletzungen des Genfer Abkommens werden militärisch verschlüsselt abgesetzt, unentwegt werden Radiochecks durchgeführt. »Did you understand my last message?«

Wer dem überdrehten Funkverkehr aufmerksam lauscht, macht schon nach kurzer Zeit die Schraube. Die Schäfer bleiben freilich den ganzen Tag über in der Gegend, vom frühen Morgen bis zur Abenddämmerung. Aufatmen schließlich, wenn der erlösende Funkspruch kommt: »The last shepherd has left the area.« Thank God, the last shepherd! Für lange Zeit vorbei ist nun jede Sympathie für Schafe. Beim Versuch einzuschlafen: Schluss mit Schäfchenzählen!

Seine besondere Würze erhält dieser Funkverkehr durch den kuriosen Umstand, dass österreichische Soldaten miteinander auf Englisch kommunizieren. Was heißt Englisch! In einem miserablen Pidgin-Englisch, das für Nichtösterreicher völlig unverständlich ist. Bei den Kroaten ist das Gebrabbel aber um keinen Deut besser. Wer zu Vergleichszwecken auf den Kanal der kroatischen Kompanie wechselt, erfährt dort das Gleiche nochmal anders. Man darf froh sein, zumindest den Eröffnungsanruf (»1E1, this is Position 10«) und am Ende das rituelle »roger – out« als englische Wortfetzen zu erkennen. Eine Schule der Genügsamkeit.

Die Faustregel besagt, dass der Grad an Fremdsprachenkompetenz von Chargen und Unteroffizieren sich reziprok zum Dienstgrad verhält. Der im Communication Center sitzende Funker weiß natürlich, dass Schafe »sheep« und nicht »sheps« heißen, dennoch bleiben die gröbsten Sprachverstöße ungeahndet. Wie in jedem Fremdsprachenunterricht gilt auch beim Funken: Sich zu sprechen getrauen, geht vor sprachlicher Richtigkeit.

Freitagmorgen (Freitag ist Feiertag). Der Patrouillenkommandant meldet: »There's wide and bright no shepherd in sight.«

Frage an die Sector Patrol: »What are you observing from your current position?« In einem Film von Mike Leigh antwortet ein Wachmann auf genau diese Frage: »Space.« Und das trifft unsere Situation doch sehr genau.

(6. Juli 2008)

5 Was mache ich hier

Der Stützpunktkommandant sitzt auf der Couch und schaut die aktuellen, mit Volksmusik unterlegten Aufnahmen der Wetterkamera im österreichischen TV. Er schaut so aufmerksam, als ginge es darum, einer zusammenhängenden Story zu folgen. Man will ja nicht stören, aber manchmal ist es unvermeidlich: Ich schlage die Hacken zusammen und salutiere. »Herr Vizeleutnant! Melde mich ab zum Dienst in der WaPo-Box.« – »Danke. Gut Dienst!« (Diese Formel »Gut Dienst!« wurde längst zu seiner persönlichen Trademark. Der Kommandant von Position 25 hingegen wünscht seinen Leuten immer: »Viel Soldatenglück!«)

Das Moleskine-Notizbuch ist grundsätzlich »am Mann«, das heißt: in meiner Schenkeltasche. Und ist es nicht am Mann, so ist es entweder im Spind versorgt oder liegt jedenfalls nicht unbeaufsichtigt herum. Die Initialfrage, wie bei Bruce Chatwin: *What am I doing here.*

»This is Position Three-two«: die »Strafbodega«, wie sie von anderen genannt wird.

Ein neues Stützpunktwappen soll entworfen werden, mit einem markanten, stützpunktspezifischen Symbol. Mein Vorschlag, Werkzeug (Schaufel, Säge, Rechen) oder Reinigungsgerät (Besen und Kübel) als die wirklich typischen Requisiten zu wählen, wird abgeschmettert. (Tristan P. zeichnet es dennoch, und wir hängen es als inoffizielles Wappen in unser Zimmer.)

Der mit der Gestaltung beauftragte O. O. holt Ratschläge ein, die schließlich allesamt ins Wappen einfließen: die Silhouette unserer WaPo-Box samt Beobachtungsturm, plus der Bildstock (das Marterl), plus der Enzian als Kompanieabzeichen, plus UN-Logo, ferner die Farben UN-blau, rot-weiß-rot und enzianblau und die Schriftzüge AUSBATT (Austrian Battalion), UNDOF (United Nations Disengagement Observer Force) und Posn 32. – Ob das Ergebnis nicht etwas überladen wirkt? – »Was willst du tun, das gehört alles hinein!«

Sinnbild für das Positive auf Position 32 ist jenes handschriftliche »YES – YES – YES«, das der putzende Soldat während des Nachtdienstes auf der Bad- und WC-Reinigungsliste in der Spalte »TOTAL CLEANING« einträgt. Und am darauffolgenden Morgen setzt das Kontrollorgan O.O. seine Paraphe neben diesen Eintrag. Er tut dies, zum allgemeinen Gaudium, auf der Klarsichtfolie, in der die Liste steckt.

Einmal pro Monat findet ein »Hygiene-Check« statt. Ein Ärzteteam aus dem Camp kommt auf den Stützpunkt und inspiziert vor allem Küche, Bad und Speisekammer. Die Aufregung im Vorfeld ist enorm. Die Parolen des Tages lauten »pico bello« und »tip top«. Ich habe eine dreiviertel Stunde damit zugebracht, einen Toaster zu reinigen: mit Wattestäbchen und spitzen Gegenständen auch noch die geringsten Krümelablagerungen aus den Fugen entfernt – eine Sisyphosarbeit wie all das tägliche Putzen. Im Nachtdienst, kurz vor der Inspektion, wird der Toaster erneut von jemandem benutzt.

Der einzige KPE-Soldat unter uns ist ein ganz und gar undisziplinierter Mensch. Er hat keine Disziplin beim Essen (daher fettleibig), im Umgang mit Zeit (daher chronisch unausgeschlafen), beim Spielen (akute Suchtgefahr), und er hat vor allem keine Disziplin beim Reden (verbale Inkontinenz). Er duscht etwa zweimal pro Woche (daher sein Kosename »Smelly«), schläft im Bett des Öfteren in der zerknitterten, dreckverschmierten Uniform, manchmal auch ohne die Stiefel auszuziehen. »Warum«, sagt er, »soll ich mich umziehen? In ein paar Stunden muss ich sowieso wieder raus in die WaPo-Box.« Das Funkgerät stellt er gewöhnlich auf »SCAN«-Funktion, um mitzuhören, was auf den Kanälen der anderen Kompanien so abläuft. Als könnte man etwas versäumen.

Eine lang zurückliegende Lektüre dämmert als Erinnerung herauf und schiebt sich mit jedem Tag mehr in den Fokus meiner Gedanken: die *Geheimen Tagebücher* von Ludwig Wittgenstein.

Der Philosoph meldete sich nach Ausbruch des Ersten Weltkriegs als Freiwilliger, um zunächst monatelang auf einem Wachschiff in Polen Kartoffeln zu schälen. Er betrachtete den Militärdienst als »Charakterprobe«. Das Fiasko aber war abzusehen. Wittgenstein geriet in schwere geistige und körperliche Krisen. Schlafmangel, Übermüdung, Gefechtssituationen mit der russischen Armee und immer wieder der unerträgliche Stumpfsinn und die Grausamkeiten der pöbelnden Mannschaft stürzten ihn in schwere Depressionen. In den *Geheimen Tagebüchern* ist das eindrücklich nachzulesen. Über die Kameraden heißt es da: »Die Bemannung ist eine Saubande!«, »Die Dummheit, Frechheit und Bosheit dieser Menschen kennt keine Grenzen«, »Gemeines Gesindel!«, »Ein Gaunerpack!«. (Das sind die Umstände, unter denen der berühmte *Tractatus logico-philosophicus* entstand.)

Stützpunkt 32: Endlose Debatten über vermeintliche Ungerechtigkeiten im Dienstplan, schon am Morgen, bevor die erste Tasse Kaffee getrunken ist. (Ohnehin kommt jeder von uns im Schnitt auf 68 bis 88 Stunden Wochenarbeitszeit.) Kleinliches, egozentrisches Gesudere. Jede Äußerung ist eine Begehrlichkeit, ein Vorwurf oder eine Klage über den ungleich vielen Dienst, den der Jeweilige zu leisten glaubt. Das Gegenstück zu dem »Was kann ich für Sie tun?«, das wir von Telefonhotlines bis zum Überdruss kennen, ist das hier standig benutzte »He, kannst du mir einen Gefallen tun?«.

Die Allerweltsvokabel »zäh« (dialektal gesprochen »zaach«) muss herhalten für alles, was nicht benannt werden kann. Und da die Sprachlosigkeit wie auch das Gerede, das Gequassel, auf Stützpunkt 32 ein Zuhause gefunden hat, ist sehr vieles einfach »zaach«. Zäh ist im Allgemeinen ein Stück Fleisch von minderer Qualität, zäh ist Leder, zäh ist eine Masse, die weder flüssig noch konsistent ist. »Zaach« hingegen ist, was das begrenzte eigene Vorstellungsvermögen übersteigt, und das ist für manchen so ziemlich alles.

Wachtmeister B.: »Ah, herrlich ist so eine Dusche, nach 15 Stunden Dienst …« Eine Freude wird nur geäußert, um im gleichen Atemzug in Selbstmitleid zu verfallen. Als tags darauf ein anderer genau dasselbe Lamento anstimmt, meint B.: »Und, wo ist er?« (Soll heißen: Wo ist der, den das interessiert?)

»Edel sei der Mensch, hilfreich und gut«, schrieb Goethe (Konjunktiv I). Dem ernüchternden Indikativ eines WaPos auf Position 32 entspricht freilich mehr dieser Satz von Eugène Labiche: »Ein Egoist ist jeder, der nicht an mich denkt.«

Ein narzisstischer Revolverheld, ein potenzieller Massenmordbube, ein gewalttätiger Ehemann und gescheiterter Suizident, einer, der seine Vorstellungen allen anderen aufzwingen will … Kein schlechter Schnitt bei nur 10 Mann! (Wofür, zum Teufel, hatten wir einen psychologischen Eignungstest?) Dazu ein Kommandant, der sich gerne so aus der Affäre zieht: »Burschen, das müsst ihr unter euch ausmachen. Ich misch mich da nicht ein.« – Real existierender Militärdienst.

Die Gegenwart dieser Leute ist der Preis, den man bezahlt, und die Frage, die sich täglich dringlicher stellt: Wofür?

(13. Juli 2008)

6 Kilo Alpha

Ausbildungsschwerpunkt dieser Woche: Pionierdienst. Konkret heißt das, die Unterkunft wird neu ausgemalt. Statt der tropischen Farbenfreude (gelb, rot, blau), die unsere Vorgänger einbrachten, nun ein kaltes rosaweißes Camouflagemuster im Korridor. Die beiden Kühlschränke jetzt seitenverkehrt aufgestellt, alle Wände und Türen neu gestrichen. Wozu das alles! Was will man retten? Man kann keinen Griff mehr unbedacht tun, ohne sich mit Farbe zu bekleckern.

Tristan P. (»Mister Baywatch«) ist auf Heimaturlaub, unser Löschteich ist verwaist, das Wasser kippt ins Grünlich-Braune. Eine schmierige Schicht setzt sich am Boden des Beckens fest.

Endlich ein Zimmer für sich allein, und dennoch … Wie leer und wie dumm komme ich mir vor, als ich im Nachtdienst zum Telefon greife und Stefan S. (auf Stützpunkt 27) anrufe, um ihn zu fragen, wie es ihm gehe – wo es mir doch in Wahrheit darum geht, einem beinah Beliebigen mitzuteilen, wie elend *mir* zumute ist! Schlimmer als die Gespräche, denen man nicht entkommt, ist die Entbehrung jener, die man führen möchte. – Ich vermisse Tristan. Er geht mir oft genug auf die Nerven, aber sein heiteres, von jeder Schwermut unberührte Wesen hat mich immer auch gerettet.

Am Tag darauf kommt Besuch von Stützpunkt 27: Korporal Nemo. Auch wenn er so tut, als wäre er nur zufällig vorbeigeschneit, um kurz »hallo« zu sagen, ist klar, dass S. ihn geschickt hat. (*Send Me An Angel* hieß in den Achtzigerjahren ein Hit der Popgruppe Real Life.) Wie nennt man das? »Wahrnehmen der Kameradschaftspflicht«? Danke, S.! Danke, Nemo! Es geht schon wieder besser.

Eine traumartige Sequenz, die auf dem gemähten Kornfeld vor der WaPo-Box abläuft: Eine ganze Familie tötet ein Tier. Das Objekt – ein Käfer, Marder, Skorpion? – bleibt meinem Blick verborgen. Etliche Steinwürfe (weit ausholende Kinderhände) und stampfende Tritte sind nötig, bevor das Oberhaupt der arbeitenden Runde einen Stecken nimmt und zum finalen Stich ansetzt. Alle beugen sich vor, über die sterbende Kreatur, um den Vollzug des Urteils zu überwachen und dann, nach dem unzweifelhaft eingetretenen Tod, weiter der Feldarbeit nachzugehen. Das Auge des Betrachters erfasst den Mord real, das Empfinden aber dehnt die Zeit zu einem Film in slow motion.

Eine fünfköpfige Familie auf einem Moped: zwei Jungen auf dem Tank sitzend, umschlossen von den Armen des lenkenden Vaters, auf dem Sozius die Mutter mit Kleinkind. In PKWs ist üblich, dass sich links vom Fahrer, an die Tür gepresst, noch jemand einzwängt, während drei Personen sich den Beifahrersitz teilen. Und mit wie vielen Passagieren ein Taxi besetzt sein kann! Ganze Großfamilien finden Platz.

Die Stadt Khan Arnabeh – im Militärjargon »Kilo Alpha« (KA) – »liegt auf einer Seehöhe von 938 m« (den Satz hatten wir gleich in der ersten Woche auswendig zu lernen). Khan Arnabeh gilt als das wirtschaftliche Zentrum dieser äußersten Randregion von Syrien. Einem Neuankömmling fällt es schwer zu unterscheiden, ob ein Gebäude ein Rohbau, eine Ruine, ein bewohntes Haus oder ein Laden ist. Das Interesse der UN-Soldaten konzentriert sich auf einen einzigen Straßenzug: die »UN-Meile«, die von Geschäften aller Art und davor geparkten weißen UN-Fahrzeugen gesäumt ist, und es sind auch vorwiegend Soldaten, in Uniform oder Zivil, die mit Einkaufstüten auf und ab patrouillieren.

Höhepunkt sind Adidas und Benetton, daneben dominieren Shops mit Elektroartikeln und solche mit »großer Sortimentsbreite und geringer Sortimentstiefe« (um es in betriebswirtschaftlichen Termini zu sagen). Das geschäftstüchtige Sich-Anbiedern der Ladenbesitzer an die UN-Soldateska (»Servas! Wie geht's? Alles roger in Kambodscha?«) findet bei dem Verhaberungsdrang vieler Österreicher ein optimales Terrain. Ständig bekommt man Tee angeboten, den man aus Höflichkeit nicht ausschlagen sollte. Der Small Talk auf der Couch ist bereits das entscheidende Verkaufsanbahnungsgespräch. Der unsägliche Soldatenkitsch, den es da zu kaufen gibt – T-Shirts mit martialischen Motiven, Gravuren auf peinlichen Gedenktafeln und riesige phallische Patronenimitate –, findet auch erschreckend viele Abnehmer. Ein jeder zahnlose Tiger, scheint es, will auf brandgefährliches Tier machen.

Der bekannteste Frisörsalon hier heißt »King Barber«. Um mir die Wartezeit zu verkürzen – es wird natürlich

Tee kredenzt –, öffne ich eines der dicken Fotoalben auf dem Tischchen, und schon der erste Blick offenbart die einschlägige Kundschaft des Frisörs, der sich früher »Peace Barber« nannte. Die Fotos sind jedoch mehr als nur ein Souveniralbum, sie sind zugleich eine Kollektion aller möglichen militärischen Haarschnitte und Tönungen, aus der man seine gewünschte Frisur wählen kann; dokumentiert nicht an irgendwelchen Models, anonymen Schönlingen, sondern an der mediokren Realität.

Unter all den Abgelichteten auf den teils historischen Aufnahmen erkenne ich auch den späteren Bataillonskommandanten von KFOR 16, Oberstleutnant Ronald Schmid, und das lässt mein Loyalitätsempfinden augenblicklich in die Höhe schnellen. »Oh Captain! My Captain!«, hieß es einst bei Walt Whitman. Und der nächste Gedanke: »Wenn Sie wüssten, was für eine Scheiße ich hier erlebe!« (Burgtheater-Direktor Claus Peymann in seinem berühmtesten Interview.)

Der verlangte Kurzhaarschnitt ist angenehm unkompliziert zu bekommen. (Meine zivile Friseuse in Wien hingegen ziert sich jedes Mal, die entscheidenden Millimeter seitlich wegzuscheren: »Na geh, mehr tun wir jetzt aber nicht mehr weg!«) Und wieder wird Tee serviert, während der Barbier sich mit Zwirn den Augenbrauen zuwendet. Die schmerzhafte Prozedur endet mit Rötungen wie bei einem gerupften Huhn und einem befremdeten Blick in den Spiegel, wo mich eine erstaunlich nah an Dschingis Khan gerückte Fratze anstarrt.

Innerhalb weniger Tage wandert die halbe Stützpunktbesatzung zu King Barber. Emrah beklagt, der Frisör habe ihm dämliche Fransen geschnitten und jetzt sehe er aus wie ein Mitglied der Teenieband Tokio Hotel – wo wir doch »Bravo Hotel« sind! Tristan sagt zu G., der sich das Haar blondieren ließ: »He, diese Frisur ist mittlerweile ein absoluter No-Go!« G. kontert: »Deine Matte ist aber auch nicht gerade der Burner!«

In der Nacht ein Stromausfall. Khan Arnabeh und die ganze Zone verschwinden für Minuten im alles verhüllenden Schwarz. Auch die neongrün leuchtenden Minarette sind erloschen. Umso deutlicher treten die gelben Lichter der UN-Positions und, in Weiß, die Stellungen der IDF hervor.

(20. Juli 2008)

7 Falsch verbunden

Gemeinsames Leben auf dem Stützpunkt: Man ist nie allein; und ist doch mit jedermann allein. Falsch verbunden (Mesalliance).

Zu registrieren sind immerhin zwei geglückte Paarbildungen (B. + O. und G. + H.), die erste Stufe von sozialer Bindung. (Das Paar ist die Keimzelle des Heeres.)

Aus dem Radio tönt ein Schlager aus den Achtzigern, *Movie Star* (von einer Eintagsfliege namens Harpo). G. wandelt den Text, an den Zimmerkameraden H. gewandt, ab: »*Du bist da, oh du bist da* – und das allein zählt! Lass schon mal das Wasser ein, ich komm gleich.«

Und jeder sucht nach einem, der ihm zuhört. Die Illusion von Verstandenwerden. So viele Verlorene, die zu Hause kein intaktes Umfeld haben. Angebote zu gemeinsamen Urlauben werden wie nebenbei ausgesprochen, dabei kennt man einander kaum.

Mir geht die Geschichte von S. nicht aus dem Kopf: Der »beste Freund« aus dem Jugendheim habe ihn im Streit um ein Stanley-Messer krankenhausreif geprügelt, schon am nächsten Tag seien sie wieder die besten Freunde gewesen …

Gefreiter R., genannt »Mister Eighty Percent« (denn »80 Prozent aller Probleme lassen sich leichter lösen durch Gewalt«), hat sich neulich tätowieren lassen: »Für Gott und Vaterland« – gleich zwei solche Totschlägerbegriffe auf der Brust.

Ein anderer, seit 16 Monaten im Einsatz, ist »stolz darauf«, ein »MOF« zu sein: ein Mensch ohne Freunde. Am Tag, bevor er das erklärt, erreichte ihn ein eingeschriebener Brief. Seine Frau habe die Scheidung eingereicht.

Das niemals endende Gequassel von Kamerad L.: So stelle ich mir das Purgatorium vor.

T. ist ein Typ von Mensch, der sich umso stärker am Leben fühlt, je mehr er von anderen Energie absaugt. Eine Zecke. Leute um sich herum zu belästigen und Dinge von ihnen in Besitz zu nehmen, als Methode, den eigenen Puls auf Level zu halten.

Mit der Klatsche Fliegen zu erschlagen, hilft, den Psychohaushalt auszubalancieren. Ein im Flug kopulierendes

Wespenpaar, für eine Hornisse gehalten: an der Scheibe der WaPo-Box erschlagen, entzweit.

Nach einiger Zeit wird es einem egal, wie man aussieht. Es ist ja auch nicht die Frage, was man anzieht. Man schlüpft in die bereitliegende Uniform, Tag für Tag, so wie man in Klausur, wenn man nur für sich lebt, sich nicht sonderlich pflegt und nur den elementaren Dingen nachgeht. Körperpflege, sich zu kleiden, auf seine äußere Erscheinung zu achten, ist eine hauptsächlich soziale Funktion.

Auch wird einem gleichgültig, wenn kein Wasser mehr aus der Leitung fließt. Die paar Stunden lang ruhen, bis zum nächsten Wachdienst, kann man auch mit verschmierten Händen und klebrigem Gesicht. Den Kaffee bereiten wir ohnehin mit »bottled water« zu. Und irgendwann, bestimmt, kommt der »Wassermann« und füllt den leeren Tank wieder auf.

Tatsächlich gewöhnt man sich an den unausgesetzten Lärm aus dem Aggregatehaus. Vielleicht gewöhnt man sich eines Tags auch daran, dass man hier weder eine Postkarte aufgeben noch eine erhalten kann, ohne dass vier, fünf andere Leute sie lesen.

Der Wetterbericht, den man zu Hause doch ständig verfolgt, wird unerheblich. Das ewige Bangen um Schönwetter am Wochenende verschwindet. Unsere Ausflüge hängen nicht vom Wetter ab: Ausflüge in die AOS, nach »Kilo Alpha« oder »Charlie Foxtrot« (Camp Faouar).

Das Ziel der meisten hier: »dass die Zeit schnell vergeht«, ist gleich: dass das Leben schnell vorübergeht und wir von möglichst wenig Neuem, Außertourlichem behelligt werden.

Elende Nichtgespräche und Pseudodiskussionen, die nur ein Abliefern von Positionen, keine Auseinandersetzung sind. »Die Bodega wird eh bald abgerissen«, sagt der eine. »Die wird noch lang stehen!«, sagt der andere, und damit ist die Konversation auch schon beendet.

Man ist nie allein und ist doch mit jedermann allein. Falsch verbunden.

(27. Juli 2008)

8 Nacht und Tag

Die Uhrzeit, zu der man am einen Tag den Dienst übernimmt, ist die Zeit, zu der man am anderen Tag ruhen soll, und umgekehrt.

Wie grüßt man jemanden, der um 6 Uhr früh in die Unterkunft zurückkehrt, um zu Bett zu gehen? Kamerad L. meint, »Guten Morgen!« passe zu jeder Zeit, denn in kleinen Wachmannschaften stehe immer irgendjemand gerade auf. (Soldaten aus Norddeutschland sind da klar im Vorteil. Dort wird zu jeder Tages- und Nachtzeit mit »Moin Moin« gegrüßt.)

Neben der im Dauerbetrieb stehenden Filterkaffeemaschine bräuchten wir eine weitere – für koffeinfreien Kaffee, Marke »Night & Day«.

»Soll ich Kaffeemaschine abschalten?«, fragt der aus Polen stammende Padre. »Niemals!«, antwortet Emrah. Schon im Hohelied Salomos heißt es: »Ich beschwöre euch, Töchter Jerusalems, bei den Gazellen oder bei den Hirschkühen des Feldes, schaltet die Kaffeemaschine nicht ab, ehe es ihr selbst gefällt.« (Oder so ähnlich.)

Nachtpatrouille, Schlafentzug. (Schmerzende Müdigkeit.) Der Kommandant gibt uns eine Einführung in Sternenkunde: wie man aus den Gestirnen seine Position im Gelände bestimmt, wie man aus der Schräge des Monds mithilfe der Armbanduhr die Himmelsrichtungen abliest. (Sich am Himmel orientieren: Man hätte es uns als Kindern beibringen können …)

Tagsüber ist der Technische Zaun ein zuverlässiger, gut erkennbarer Orientierungspunkt. (Wie einst in West-Berlin: Man konnte sich nicht wirklich verlaufen, man kam immer an der Mauer an.)

Die Nacht ist ein reinigendes Bad. Im weißen SISU-Panzer rumpeln wir durch menschenleere, schummrig beleuchtete Dörfer. Die Häuser in sich selbst zurückgezogen. Die Patrouille dauert von 4 bis 7 Uhr früh, aber schon um 04.30 Uhr wird es hell. Der Tag schält sich aus dem Dunkel, Ort und Landschaft treten hervor. Wir fahren durch den dämmernden Morgen, »out of the night and into the day«, machen einen Beobachtungshalt beim Meldepunkt D105 – die Grazing Area ohne ein einziges grasendes Schaf – und blicken hinauf zur Stellung der IDF. Es ist eine »night patrol without night«, eine groteske »show of force«: sehen und gesehen werden.

Frage des Communication Centers: »Where is your present location?« – »D105.« – »Are you sure that it's D105?« – »Positive – out.«

Beim frühmorgendlichen »Radiocheck«, einem kompanieinternen Rundruf, das gespannte Warten darauf, wer auf den Positions gerade Dienst versieht und ob man die Kameraden trotz der Kürze des rituellen Dialogs (»This is 32 – you are loud and clear – over.«) an der Stimme erkennen wird. (Bei Funksprüchen normaler Länge erkennt man die Leute aus der eigenen Kompanie im Allgemeinen sofort und zweifelsfrei.) Was zwischen Ehepartnern ständig, im militärischen Funkverkehr aber nie vorkommt: »You are loud but unclear.« Dabei sind manche Funker geradezu »terribly loud and unclear«. Aber im Zweifelsfall beendet man den unerfreulichen Wortwechsel eben mit: »Roger – out.«

Bei Stützpunkt 25, so erfahren wir, prallte in der Nacht ein Radfahrer mit vollem Tempo gegen die geschlossene Schranke und blieb bewusstlos liegen. Der Beidienst des Wachpostens leistete Erste Hilfe.

Dienstübernahme: der Weg über den Hof, das Knirschen der eigenen Schritte auf dem Schotter. Der Vorgänger in der WaPo-Box hat mir ein selbstgemachtes japanisches Zahlenrätsel (Sudoku) hinterlassen – mit östlichen arabischen Ziffern, damit's nicht gar so einfach ist. »Beste Grüße: L.« (Im WaPo-Betriebsbuch, das er als Schreibunterlage benutzte, sind die Linien und gekritzelten Ziffern als Blinddruck eingeprägt.)

»Dienst schieben« vor dem Wachhäuschen: mit UN-blauer Schirmkappe und auf den Rücken geschnalltem

Gewehr im Wind stehen. Drückende Hitze. Sonnenverbrannte Haut vom Ärmelsaum des khakifarbenen Leibchens abwärts: Soldatenarme. (Wir tragen »HWC«, hot weather clothing.)

Fahrzeuge anhalten und durchwinken. Fahrzeuginsassen mustern (»perlustrieren«). Immer wieder der tiefe, oh Himmel, wie tiefe!, Blickkontakt: verschleierte Mädchen, melancholische Jungs. Der lange, allem standhaltende Blick eines Kindes, ohne die Miene zu verziehen. Meine Augen hinter dunklen Brillengläsern verborgen, dafür der Blick des Gegenübers umso eindringlicher. Dann ein zartes Lächeln, das die Pupille (den »Augenstern«) trifft, und einen Sekundenteil später mein Herz; ein gelöstes, entwaffnendes Lächeln. Einander so in die Augen schauen, heißt: für den entscheidenden Moment ein anderer werden; heißt: Frieden.

Ein Wagen der Geheimpolizei Muhabarat fährt vorbei, von der A-Linie kommend Richtung Ost. Auf der Rückbank zwei betont korrekt wirkende Herren mit einem Schäfer in ihrer Mitte. Vermutlich keine Ausflugsfahrt zu einem Picknick. Und es ist auch fraglich, ob ihm jemand Tee anbieten wird.

(3. August 2008)

9–11 Urlaub!

Korporal H. meldet sich ab.
Spieß: »Und, Herr Magister, wo geht's hin in den nächsten Wochen?«

H.: »Ich flieg nach Santiago de Compostela.«
Spieß: »Dorthin geht man zu Fuß!«
H.: »Da brauch ich aber länger Urlaub.«
Spieß: »Kommt darauf an, von wo man weggeht.«
H.: »Vielleicht nach dem Einsatz …«

(10. August 2008)

12 Was ist heute für ein Tag?

Die Handbewegung der Flugbegleiterin, mit der diese den grauen Vorhang zwischen der Business und der Economy Class zur Seite schiebt und fixiert, erinnert an das »heitere Beruferaten mit Robert Lembke« (*Was bin ich?*) im Fernsehen der 1970er Jahre. Und auch die sandfarbene Uniform einiger Mitpassagiere an Bord des Flugs nach Damaskus sticht dir als quälende Frage ins Auge: »Was bin ich?«

Der Duty-Driver, der euch am Flughafen erwartet, sagt: »Tut mir leid, Burschen, aber ich muss euch jetzt nach Hause bringen.« Nach der Ortsausfahrt von Khan Arnabeh, als das desolate umzäunte Gehege in den Blick rückt, ruft ein andernorts stationierter Kollege: »Was ist denn *das* hier?« – »Position 32, ein Straßenstützpunkt.« – Stilrichtung: astreiner Barack (keine Spur von Barock). »Die Merde hat mich wieder.« (Samuel Beckett)

Sommernacht: Im Streulicht über der Bodega schwirren die Insekten, wie dichtes Schneetreiben vor dem Schwarz des Himmels. Mückenattacke in der WaPo-Box, von der Geballtheit einer biblischen Plage. (Gott hatte immer schon eine Vorliebe für biologischen Kampfstoff.) Auf dem Dachboden der Unterkunft, über der dünnen Holzplafonddecke deiner Schlafkoje, das Trippeln und Scharren eines Marders, wie heftige Zuckungen. Und im Zimmer das vertraute, rhythmisch ruhig dahinvibrierende Schnarchen von Tristan P.: ein fast beruhigender Sound, der das Dieselmotorengedröhn aus dem Aggregatehaus überlagert.

»Und? Wie war der Urlaub?« In der Regel genügen ein bis zwei Standardsätze, um den Informationsbedarf der Kameraden zu stillen. Mehr ist weder gefragt noch erwünscht. Gleiches gilt für das tags darauf folgende »Und? Schon wieder eingelebt?«.

Der Urlaub brachte die Erinnerung an einen Film mit sich, der in der galizischen Hafenstadt Vigo spielt und von arbeitslosen Werftarbeitern in ihrem an äußeren Ereignissen armen Alltag handelt. Wenig bis nichts geschieht, und in dem Gleichmaß, mit dem die arbeitslosen Männer diesen und jenen Verrichtungen nachgehen und mit ihren Kumpeln (oder auch nur vor sich selbst hin) sprechen, läuft auch der Film von der ersten bis zur letzten Minute. »Ich bin nicht gestürzt. Ich habe mich fallen lassen.« Manchmal fragt einer: »¿Qué día es hoy?«, und diese Frage nach dem Wochentag markiert den Verlust einer strukturierten Arbeitswoche, die einem Halt geben könnte. Der Film heißt *Los lunes al sol* (Montags in der Sonne), und er kommt dir jetzt, zurück auf dem Golan, erneut in den Sinn.

Es gibt übrigens in Galizien ein Dorf namens Golan, mit Nachbarorten wie Progreso und Ozón. (Dem Golan-Wegweiser bist du nicht gefolgt.)

Was ist heute für ein Tag? Die Antwort ist wenig bedeutend, es läuft jeder Tag auf sehr ähnliche Weise ab. Freitag ist etwas ruhiger, denn am Feiertag ziehen weniger Fahrzeuge an der WaPo-Box vorbei, und Einkäufe in »Kilo Alpha« müssen entfallen. Samstag und Sonntag sind Werktage in Syrien, aber für die im Camp Faouar stationierten UN-Soldaten ist Wochenende, weshalb weniger UN-Fahrzeuge unterwegs sind und weniger gegrüßt werden muss. Der Dienst auf Position 32 verläuft dennoch wie alle Tage, montags bis sonntags in der Sonne. Strukturgebendes Mittel ist einzig, dass am Sonntag der neue Dienstplan ausgehängt wird und man sich die Termine der kommenden Woche in den eigenen Kalender überträgt. Tageszeitungen, die uns per Post erreichen, sind im Schnitt eine Woche alt. Zum Glück gibt es ein Stützpunkttagebuch, wo man im Zweifelsfall nachprüfen kann, welcher Tag gerade ist.

Manchmal hat jemand Geburtstag – bei 10 Mann Besatzung nicht allzu oft. Die Feierlichkeit beschränkt sich gewöhnlich darauf, dass der Jubilar 10 kleine Ringe in eine Liste einträgt und so signalisiert, dass jeder sich ein Freigetränk aus dem Kühlschrank nehmen kann. Außerdem gibt es Torte (eine Sachertorte aus Damaskus), und der Kompaniekommandant kommt persönlich angefahren, um sie zu überbringen, »mit herzlichem Glückwunsch im Namen der Kompanie«.

Der Spieß, der seinen Geburtstag nur einen Tag nach dir feiert, gratuliert mit den Worten: »Alles, was ich mir wünsche, wünsch ich dir auch.« Sehr lange denkst du über diesen Satz nach (denn es ist heutzutage üblich, dem anderen nur zu wünschen, was dieser sich selber wünscht) und bist seltsam berührt und einverstanden.

In größeren Feldlagern gehören Geburtstagsfeiern zum Alltag. Wenn 700 bis 750 Soldaten zusammen ein Camp bewohnen (wie beispielsweise im Camp Casablanca im Kosovo), ergeben sich rechnerisch zwei Feiern pro Tag. Es ist nicht nur die Inflation, die zur Tristesse solcher Partys beiträgt, auch das Fehlen jeder individuellen Gestaltungsmöglichkeit. Der Jubilar steht genauso wenig im Mittelpunkt wie irgendetwas sonst, die Laune bleibt im Rahmen. Wenn nicht ein Alleinunterhalter sich zum Anekdotenerzählen (»G'schichtldrücken«) aufschwingt, wird über Dienstliches gesprochen.

Im Kosovo gab es statt Torten ein gemeinsames Dinner, das monatliche »Geburtstagsessen des Bataillons«. Auf dem gedeckten Tisch stand für jeden ein großformatiges Billet, vom Bataillonskommandanten signiert, mit dem Bild eines Radpanzers beim rasanten Durchfahren eines Wasserlochs. Es war eine reizende Soirée. Menschen zweier Sternzeichen unter sich. Jungfrauen neigen bekanntlich zur Schwermut, während Löwen als Choleriker gelten, beides sind instabile Gemüter. Man wähnte sich in einem Club der temporär Depressiven. Wieder um ein Jahr älter sein – wer mag das schon? Einer sagte: »Ach was! Man ist so alt, wie man sich fühlt.« Aber genau das ist das Problem.

(31. August 2008)

13 Great Performance

Korporal H. wurde während der zweitägigen Kompanieübung als Berichterstatter eingesetzt und vom Komman-

danten gebeten, einen Artikel für die Bataillonszeitschrift »AUSBATT-Splitter« zu verfassen. – »Herr Major, ich bin aber weder interessiert noch in der Lage, einen der üblichen Bundesheer-Presseberichte zu liefern.« – »Genau deswegen wenden wir uns an Sie. Von dem Üblichen haben wir eh schon genug. Machen Sie's bitte auf Ihre Art.« – Ein reizender Auftrag. Das Drehbuch stammt von der Kompanieleitung, der Rezensent hat alle Freiheit. (Er dankt es mit Loyalität.) – Hier ist der Text.

Die Fußpatrouille D2A, die wie immer an der A-Linie unterwegs ist, meldet um 9 Uhr früh einen ungewöhnlichen Zwischenfall: Israelische Soldaten, die sich östlich des Technischen Zauns bewegen, würden von syrischen Schäfern verbal attackiert. Die »Eingreifgruppe« der Kompanie wird angefordert, um sich zwischen die Kontrahenten zu stellen. – »ÜBUNG oder REAL?« – Das im Funkspruch vorangesetzte »EXERCISE EXERCISE EXERCISE« macht es deutlich: eine Übungseinlage bei laufendem realem Dienstbetrieb. (Denn auch wenn geübt wird – *the real show must go on!*)

Ehe die Schäfer abziehen, werfen sie den UN-Soldaten vor, mit den Israelis zu kooperieren, und sprechen Drohungen gegen die UN aus. Infolgedessen ruft der Duty Officer des Bataillons »Alarmstufe Grün« aus. Es ist der Ausgangspunkt einer wohldurchdachten Dramaturgie, eines Übungsszenarios der kontinuierlich steigenden Eskalation, mit dem die 2. Kompanie zwei Tage lang ihre Koordinations- und Einsatzfähigkeit testet.

»Gespielte Sachen sind ungut; mag ich nicht«, bekennt ein Stützpunktkommandant. So wie es in einem Song von Coldplay heißt: »Give me REAL, don't give me

FAKE.« Entscheidend aber ist (in der Übung wie im Realen), dass die Reaktions- und Meldekette funktioniert; dass präzise Lageinformationen gegeben werden, auf deren Basis Entscheidungen getroffen werden.

Oberleutnant G. trifft auf Posn 32 ein. Er ist hier ein gern gesehener Gast, doch heute, mit der gelben Schlaufe des Übungsleiters am Arm, verheißt sein Besuch nichts Gutes. Es ist etwas im Busch. Man sitzt in der Falle, und die wird in Kürze zuschnappen. Angespannte Blicke. Die Gehirnströme im Frequenzbereich von Beta-Wellen. Chillen unmöglich. Es wäre besser, man ahnte nichts und würde vom Ereignis überrascht. – Und siehe da: Aus Khan Arnabeh kommend, ist eine Gruppe Demonstranten unterwegs zum Stützpunkt. Geistesgegenwärtig verschließt der WaPo das Tor, alarmiert die Mannschaft und funkt an die Kompanie, um Unterstützung anzufordern.

Auf der einen Seite des umzäunten Geheges: die »Feinddarsteller«, die in Sprechchören fordern: »UN go home!«, aber auch den Positionleader persönlich provozieren: »Toni go home!« (Die pseudosyrischen Demonstranten erweisen sich als Insider.) Auf der anderen Seite des Tors: 7 Soldaten (das ist bereits das gesamte Aufgebot), mit Helm und Splitterschutzweste, Waffe am Rücken. Die Passagiere in den vorbeifahrenden Fahrzeugen (REALE Syrer) staunen nicht schlecht über die gebotene Show. Verdutzte Gesichter: große Augen und, einen Erkenntnisblitz später, sehr breites Lächeln.

Während die Demonstranten unter lautstarken Parolen heftig am Tor rütteln, welches bedrohlich schwankt, bemüht sich der Stützpunktkommandant vergeblich, die

Absicht der Demonstranten und ihren Rädelsführer zu identifizieren. Ein syrischer Verbindungsoffizier muss her, um die Situation zu klären. Die Mannschaft versucht indes, die Wirksamkeit eines Feuerwehrschlauchs zu testen. (Wozu gibt es einen Löschteich?!)

An der Raschheit, mit der die Demonstranten sich vom Zaun entfernen, wird der Grad ihrer Entschlossenheit deutlich. Nicht jeder gibt dem kühlenden Nass den Vorzug, nur die Hartgesottenen bleiben am Tor. Mit erhobenen Armen an die Gitterstäbe geklemmt, Beine leicht gespreizt und mit gesenktem Kopf lässt ein Roleplayer in Camouflage-Shorts den starken Strahl auf seinen schlanken Körper klatschen. Triefendes, kurz geschorenes Haar. Als der Reporter am Ende fragt, wie das gewesen sei, erhält er zur Antwort: »Voll geil!«

Der gegen die UN-Truppen gerichtete Unmut findet aber auch in anderer Form ein Ventil: Wenige Stunden später wird das Fahrzeug der Sektorpatrouille mit Steinen beworfen, und – besonders brisant! – die Fußpatrouille D2A bemerkt fehlende Panzerminen im Wasserloch bei Barrel 24. Nur wenn solche Vorkommnisse sofort gemeldet werden, können die nötigen Sicherheitsvorkehrungen bzw. Alarmmaßnahmen getroffen werden.

Gegen 18.30 Uhr ist die Fußpatrouille D2A im Bereich der Meldetonne 24 unterwegs (selbstverständlich REAL), als hinter der Wegbiegung plötzlich ein weißer 4-Runner auftaucht. Aus dem Wagen steigt … die Übungsleitung, und das bedeutet auch zu dieser fortgeschrittenen Stunde: EXERCISE EXERCISE EXERCISE. Während Gefreiter K. sich für einige Minuten abseits begibt, erhält sein Kamerad knappe Anweisungen für das Verhalten als Roleplayer. Gespielt wird der Einakter »Schlangenbiss am Patrouillenweg«. Der Regisseur ist zugleich Maskenbildner: Oberleutnant G. greift zu einem Fläschchen Theaterblut (»simulated blood«, Marke SIMULAIDS, Woodstock, N. Y.) und beträufelt damit das linke Bein des Darstellers.

Das simulierte Spiel beginnt, die beiden Soldaten setzen die Fußpatrouille fort. Nach zwanzig Metern schreit Wachtmeister V. auf: Eine aus dem Feld hervorschnellende Schlange habe ihn ins Bein gebissen. (Und weit und breit kein Baum der Erkenntnis!) Sogleich wird er vom Kameraden in beruhigendem Ton erstversorgt – zum Glück ist der Rucksack vollständig bestückt. Im Wissen um die Symptome, die nach einem Schlangenbiss auftreten, liefert Wachtmeister V. ein Meisterstück der Darstellungskunst: Zusehends verschlechtert sich sein Befinden, der Neigungswinkel des Oberkörpers sinkt stetig. Selbst der Schweiß scheint durch die Willensanstrengung des Mimen auf die Stirn getreten zu sein. Die Performance überzeugt. Entsprechend beherzt ist auch der Einsatz des Kameraden.

»The Sanitäter is on the way to you«, kracht die Stimme aus dem Funkgerät. Gewiss, das praktizierte Englisch ist elend, aber den von der Schlange gebissenen Soldaten kümmert das wenig. Für ihn zählt, dass the Sanitäter tatsächlich on the way to him ist. Derweil hilft: die Hand auf der Schulter, sich hinabbeugen zum Verletzten, echte Zuwendung. Die ausgemalte Hoffnung: »Morgen fährst du für vier Tage nach Tel Aviv!« (REALER Horizont des Rollenspielers.) Aber sobald der Verletzte vom eingetroffenen Sanitätsteam versorgt und zum Abtransport im SanKW bereit ist, darf ihm auch die bittere Wahrheit (die natürlich ein FAKE ist) mitgeteilt werden: »Morgen wird's nix mit Tel Aviv, mein Freund.«

Am darauffolgenden Morgen, es ist 7 Uhr früh, trennt sich auf Posn 27 ein Koch mit dem Küchenmesser ein Fingerglied ab. Das abgeschnittene Glied ist effektvoll präpariert, die klaffende, blutige Wunde beeindruckt mehr, als einem lieb ist. Man hielte den Vorfall für real, ließe nicht die Performance des Kochs, der ein überaus lustiger Geselle ist, an Ernsthaftigkeit zu wünschen übrig. Augenblicke nachdem er mit erhobener Hand, schelmisch lächelnd, in den Flur gestürzt kommt, ist auch schon ein Kamerad mit Mullbinde zur Stelle, der SanUO wird alarmiert und ebenso das Medical Center im Camp. Der abgetrennte Finger wird derweil kühl gelagert. Auch die Umstehenden verhalten sich ziemlich real: als Schaulustige, zwei, drei Schritte entfernt vom Ort des Geschehens, an eine Ecke gelehnt, um nötigenfalls rasch verschwinden zu können.

Vielleicht funktionieren Übungseinlagen wie diese auf Posn 27 auch deshalb so gut, weil dort mit realen Einsätzen jederzeit zu rechnen ist. Vor den Toren des Wohngebäudes wacht Sheila. Eine Hündin? Ein Zerberus!

Gegen 9 Uhr morgens, auf dem Patrouillenweg D1B, nähert sich das weiße UN-Fahrzeug von Süden kommend ganz langsam jenem Ort, an dem die Übungsleitung einen Überraschungsfund bereithält. Jene zwei Panzerminen, deren Fehlen tags zuvor bemerkt wurde, liegen nun, fast zur Gänze mit Schotter bedeckt, in den Spurrinnen auf dem Weg vergraben. Die Chance, diese Höllendinger zu erspähen, ist gering, doch – vorgewarnt oder nicht? – erkennen die beiden Soldaten wachen Auges das verdächtige Implantat, melden den Fund sofort an die Kompanie und sperren den Weg. Die Kompanie informiert ihrerseits die Stützpunkte und fordert den Entminungsdienst an. Bis zu dessen Eintreffen kann man weiter nichts tun als – warten. Die Sektorpatrouille, die den Weg von Norden her hätte sperren sollen, kann nicht kommen. Sie wurde für viereinhalb Stunden zur Meldetonne 36 beordert, um dort als stehender Spähtrupp – REAL REAL REAL – Erntearbeiten auf einem Tomatenfeld zu beobachten. Der Kompaniekommandant empört, über Funk: »Who gave the order to do that?« Die Antwort: »Foxtrot Charlie did.« (FC = Force Commander)

Die Patrouille und das Übungsleiter-Team stehen, mit geschärftem Blick Richtung Nord, in der menschenleeren Gegend und verfolgen schweigend das Verstreichen von Zeit. In der Ereignislosigkeit immer wieder ein flüchtiger Griff mit der rechten Hand aufs Barett – so wie Frauen sich eine Haarsträhne aus dem Gesicht hinters Ohr streifen. Währenddessen knickt man am Wegrand eine verdorrte Distel ab und zerpflückt das stachlige Gewächs (»sie liebt mich, sie liebt mich nicht, sie liebt mich, sie liebt mich nicht …«). In der Ferne schwebt ein luftig weißes Band durch die Landschaft: ein SISU im Anmarsch. Der Panzer selbst ist nicht zu sehen, nur die Staubfahne, die er, über die Schotterpiste bretternd, hinter sich herzieht wie ein Komet seinen Schweif. Nach einer langen Weile des Schweigens wird das Warten selbst zum Thema. Der theaterkundige Fotoreporter (der Spieß) murmelt: »Warten auf Godot.« Aber im Gegensatz zu den Akteuren in Becketts berühmtem Stück, die zum Glauben verdammt sind, dass Godot demnächst kommen werde, haben wir die Gewissheit: Es wird jemand kommen, es ist nur eine Frage der Zeit. Und tatsächlich: Es kommt, nach einer vollen Stunde Warten, zwar nicht Herr Godot, aber immerhin das Entminungsteam. Und das ist für den Moment doch etwas.

Der Minenfund auf dem Patrouillenweg, der als geplanter Anschlag gegen die UN gewertet wird, führt dazu, dass der Duty Officer »Alarmstufe Gelb« (Yellow Alert) ausruft. Sergeant B., der an der Toreinfahrt von StP 32 steht, mit schief sitzendem Helm und verdrehter Splitterschutzweste, ist sichtlich »not amused«. Doch die Performance, die nun folgen soll, gerät zum Glanzstück der gesamten Kompanieübung.

Zur Mittagsstunde bricht im Aggregatehaus von Posn 32 ein Brand aus. Ein Soldat läuft schwer verletzt, um Hilfe rufend, aus dem Gebäude. Im Nu ist die gesamte Stützpunktmannschaft alarmiert und die Kompanie verständigt. Vizeleutnant L. dirigiert seine Mannen umsichtig, mit entschlossenen Gesten. Der Verletzte, mit einer großflächigen Brandwunde am Arm, wird von den Kameraden erstversorgt. Die Kompanie hat unterdessen die Feuerwehr und den SanUO alarmiert, der mit dem Sanitätswagen in Rekordtempo auf dem Stützpunkt eintrifft. Die Flammen lodern, eine ungeheure Dramatik liegt in dem Geschehen, und doch handeln die Helfer – vom WaPo an der Toreinfahrt bis zum Firefighter am Löschteich – so koordiniert, dass man den Eindruck eines vorgefertigten Filmszenarios hat. Die Fire Brigade fährt in den Hof. Eine kurze Einweisung, und schon werden Schläuche ausgerollt und Positionen bezogen. Bullige Firefighter mit festem Blick verständigen sich durch Handzeichen und einfache Zurufe. Männer der

Tat, schweißnasse Gesichter. Es scheint, als agierten sie im Auge des Taifuns, mit der Ruhe jener, die für jeden Ernstfall vorbereitet sind. Alles geschieht unglaublich rasch und effizient. Von der Meldung des Vorfalls bis zum Befehl »Wasser marsch!« vergehen exakt 20 Minuten. Kurz danach heißt es: »Brandherd bekämpft. Feuer aus.«

Kollektive Euphorie. Was hier geboten wurde, war erster Klasse. Ein Gefühl, als hätte man einem *sehr guten* Kinofilm beigewohnt. Jetzt: die Zigarette danach. Die Akteure der Übungseinlage sitzen unter der Zeder auf Posn 32 und reden, reden … reden irgendwas, »just to come down«. Und in dem Maß, wie der Adrenalinspiegel auf den normalen Pegelstand sinkt, kommt auch das Gespräch zur Ruhe, bis man spürt: Es ist Zeit, wieder dem »daily business« nachzugehen.

Die Fire Brigade tritt den geordneten Rückzug an: über Khan Arnabeh, Richtung Quneitra. Und just vor Posn 25, wo der Übungsleiter bereits wartet, kommt es zu einem Verkehrsunfall. Das Kommando-Kfz der Feuerwehr schlittert in einen Laternenmast.

Der Positionleader, schon nach Sekunden vom WaPo informiert: »Schau an, heut ist's *nur* stressig.« Und er lacht dazu, ein herzerfrischendes Lachen. (So stellt man sich Ariel, den Luftgeist, vor.) Nachdem der Tag schon jede Menge realer Einsätze und mehrfach Besucher mit sich brachte, kann so ein fiktiver Blechschaden niemanden hier aus der Fassung bringen.

Unfallstelle absperren, Meldung an die Kompanie. Und während wir auf die Militärpolizei warten, die den Unfall aufnehmen wird, steht der Berichterstatter vor der WaPo-Box, Karawanen von Fahrzeugen ziehen in beiden Richtungen an ihm vorbei, ganz ohne EXERCISE, und unvermittelt wird ihm klar, was wir hier tun: Probe stehen. 1 Stunde nur, doch schlimm genug. Erschüttert realisiert er, was die Männer vom StP 25 Tag für Tag leisten (REALE Einlagen, noch und noch!), man möchte vor Respekt den Hut ziehen. (Doch wir haben immer noch »Yellow Alert« und also Helmtragepflicht …)

Als letzte Stufe der Eskalation sieht die Dramaturgie Raketeneinschläge bei der »Kleinen IDF«, der israelischen Stellung nahe Posn 37, vor. Das bedeutet unweigerlich: SHELTER-ALARM. Aber nach einem Blick auf die Uhr und nach kurzem Räsonnieren (immerhin steht noch die Bataillonsübung vor der Tür) verzichtet die Übungsleitung auf die Durchführung; sie stellt es einem jeden frei, stattdessen *Gimme Shelter!* von den Rolling Stones zu hören, und verkündet über Funk an alle Stationen: »EXERCISE EXERCISE EXERCISE – EXIT«.

(7. September 2008)

14 Hör zu

Hör zu ist eine Kindheitserinnerung: der Name einer illustrierten Zeitschrift mit ausführlichem Radio- und Fernsehprogramm, die sich vor allem in den 1970er Jahren großer Beliebtheit erfreute und die Rekordauflagen erzielte, ehe viele Medienkonzerne begannen, eigene wöchentliche Fernsehbeilagen zu produzieren und sie ihren Tageszeitungen gratis beizufügen. Die Illustrierte gibt es immer noch, heute in der Schreibweise *Hörzu* (und das, obwohl mehr denn je zugeschaut statt zugehört wird); ergänzend zur Programmvorschau hat sie sich auf Klatschnachrichten über Fernsehstars verlegt.

»Hör zu«, das ist aber auch eine Floskel unseres Stützpunktkommandanten, die wir jeden Tag zwei bis drei Dutzend Mal zu hören bekommen, in burgenländischer Klangfarbe: »Huach zua!« Zusammen mit dem ebenso häufig benutzten »Schau her!« und »No amoi« (Ich sage es noch einmal) bildet dieses »Hör zu!« den unverzichtbaren Grundwortschatz unseres Positionleaders.

Im Aufenthaltsraum der Bodega werden nicht nur die Mahlzeiten eingenommen, es finden hier auch alle dienstlichen Besprechungen und Belehrungen statt. Vor allem aber läuft in diesem Raum 24 Stunden am Tag (»twentyfour-seven«) das Fernsehgerät, und der »Duty NCO« (d.i. abwechselnd der Stützpunktkommandant und sein Stellvertreter) sitzt während 15 Stunden, von 6 Uhr früh bis 21 Uhr abends (mit nur kurzen Unterbrechungen), davor auf der Couch. Selbst nach drei Monaten Dienst auf Position 32 wäre keiner von uns in der Lage, aus dem Beobachteten heraus zu schließen, was denn die Aufgabe des Duty NCO ist, wenn nicht: 15 Stunden pro Tag in Uniform fernzusehen.

Daher nun die beherzte Frage: »Herr Vizeleutnant, was ist eigentlich die Aufgabe des Duty NCO?« Die Antwort: »Huach zua! Der Duty NCO muss immer erreichbar sein, rund um die Uhr. Weißt du, wie anstrengend das ist?«

Wir haben *Hörzu* übrigens nicht abonniert. Das Fernsehprogramm wird ohnehin wahllos konsumiert. Zu den Favoriten gehört eine deutsche Talksendung, in der hochnotpeinliche Details aus dem zerrütteten Liebesleben eines in die Fernseharena geladenen Paares enthüllt werden und es häufig unter Tränen zum inszenierten Beziehungs-Showdown kommt.

Möglicherweise betrachtet der Positionleader es als seine primäre Aufgabe, für gute Laune zu sorgen, um so die Mannschaft zu motivieren. Daher von 6 bis 21 Uhr der Versuch, gute Miene zum bösen Spiel zu machen. Auf Patrouille geht oder fährt er schon lang nicht mehr mit, sein Lächeln aber ist unverändert lieb.

Eines Vormittags, als der Soldat in der WaPo-Box zu einer kurzen Belehrung abgelöst werden muss, lässt der Vizeleutnant einen Schlafenden, der zuvor Nachtdienst hatte, aufwecken, anstatt selber für 10 Minuten hinauszugehen.

Blick auf die Dienstplantafel: »Na? Hast du's eh wieder super erwischt, was?« (Egal, wie schrecklich die Einteilung aussieht.) – Die Schriftstellerin Brigitta Falkner hat es in die Form eines Palindroms gebracht: »Sei fies! / Tu erfreut!«

Der Kompaniekommandant fragt: »Und, wie geht's mit eurem Stützpunktkommandanten?« – Korporal N.: »Herr Major, er ist gemein, aber gerecht.« – »Wie geht das zusammen?« – »Er bevorteilt niemanden.«

Kann es erstaunen, jenes »Hör zu!« unentwegt aus dem Mund von einem zu hören, der selber nicht zuhören kann? »Mir brauchst du nichts erzählen. Ich kenn eh alles.« Der kluge Mann weiß, wie wenig er weiß. Nur der Tor hält sich für allwissend.

Dabei ist die vornehmste Qualität eines Menschen doch: die Fähigkeit zuzuhören. »Schma Jisrael«, heißt es im zentralen Glaubensbekenntnis des Judentums (*Deuteronomium 6,4*). Alle Gebote beginnen mit diesem ersten: »Schma«, »Höre!« (»Höre, Israel!« ist übrigens auch der unerhört präpotente Titel eines miserablen Gedichts von Erich Fried.) Zuhören als erstes Gebot. Und zuhören bedeutet: schweigen, das Herz öffnen, auf Empfang eingestellt sein. Darum kann ein Mensch, der nicht fähig ist zu schweigen, auch nicht wirklich hören, schauen, fühlen und denken. Amen.

(14. September 2008)

15 Corporale, Compañero

Eine Delegation aus Österreich ist zu Besuch. Der Kompaniekommandant skizziert die Lage: »Die 2. Kompanie verfügt über vier Positions: Drei sind in sehr gutem Zustand, und eine ist unbrauchbar.« (Unser Positionleader, als er davon hört, ist erbost. All die Handwerksarbeiten der vergangenen Monate …!)

Position 32: die »Drecksbodega«. Zusammen mit Tristan P. bewohnst du das miserabelste Zimmer, das die UN auf dem Golan zu bieten haben: auf der Südseite der Baracke gelegen (ist gleich: straßen- und hofseitig, ist gleich: heiß und laut), zudem eng und finster (das kleinste Zimmer mit dem kleinsten Fensterloch), dünne Trennwände, die das Mithören jedes Gesprächs und jeder Fernsehsendung nebenan erzwingen, und von dieser elenden Kammer belegst du auch noch die kleinere, schlechtere Hälfte, von Spinden umstellt, von einem Vorhang verhängt, kaum Tageslicht, dennoch enorm überhitzt. Aber du erträgst die Wohnmisere mit Gleichmut. *You Could Have It So Much Better* heißt ein Album von Franz Ferdinand. Keine Frage. Wahr ist aber auch: *You could also have it so much worse*, wenn du nur mit einem anderen als Tristan P. das Zimmer teiltest.

Grabenkämpfe und Scharmützel prägen den Alltag auf dem Stützpunkt. Immer wichtiger wird die Methode der »Zielverkleinerung«: sich ins Zimmer zurückziehen, um aus dem Schussfeld zu geraten oder wenigstens nicht voll im Visier zu stehen.

Gesellschaft ist immer auch: Zwangsgesellschaft, hier mehr als sonst wo. Auszuhalten ist sie (wie die Existenz an sich) nur im Wissen, dass man jederzeit aus freien Stücken gehen kann. Aber immer wenn du vorhast, deine Repatriierung zu beantragen, wenn du kurz davor bist, es zu tun, steht eine Night Patrol auf dem Programm, und das Fahren im weißen SISU durch die Dämmerung in die Nacht, unter der wimpernschmalen Sichel des Mondes, versetzt dich erneut in Euphorie. Das Stehen in der Luke, während das gepanzerte Gefährt durch die Landschaft zieht: Levitation, und Wind pfeift um die Ohren, dein Auge streift über nachtverhangene Olivenhaine, die matt schimmernd das Scheinwerferlicht reflektieren, und du denkst an diesen alten griechischen Spruch: »NE EXTRA OLEAS« (Entferne dich nicht von den Olivenbäumen), und möchtest augenblicklich Treue schwören: dem Wind und den Oliven. So geht es her, so geht es hin. Das Messer steht immer auf der Schneide. (Vielleicht ist das die ganze Kunst: die Gegensätze in der Schwebe halten; balancieren auf schmalem Grat.)

Stützpunktrundgang, nachts: »n. t. r.« (nothing to report). Alles ruhig. In den Zimmern, hinter dunklen Vorhängen, flimmern Pornovideos. Korporal L. sitzt mit müdem Blick und in dreckigen Kleidern in der WaPo-Box, ein Bein auf den Gewehrständer gelegt, und hört, während er ins Leere starrt, auf dem iPod Roy Black, *Schön ist es auf der Welt zu sein*. Er wisse nicht, sagt er, was er in einem Brief an eine Bekannte schreiben soll, es sei ja nichts los. Du entgegnest, er solle doch schreiben, dass er lustlos in der WaPo-Box sitze und *Schön ist es auf der Welt zu sein* höre, das sei Drama genug. Individuelles und Menschheitsdrama in einem.

Das Problem aller Abend- und Nachtdienste (zwischen 21 und 6 Uhr früh) sind die elenden Gespräche, die einem vom »Beidienst« aufgezwungen werden. Mit wem man gemeinsam Dienst versieht, entscheidet über die Qualität der Stunden in der Box, aber auch über die des Schlafs danach. Es gibt zum Beispiel den Denunzianten (Holzknecht mit Vorarbeitersyndrom), der keinen Satzfetzen hervorbringt, ohne zweimal »weißt eh« einzubauen. (Das heißt, noch bevor das Mitzuteilende ausgesprochen ist, wird das Verstehen durch den anderen als gegeben vorausgesetzt.) Und es gibt Tristan P., der dich in wirkliche Gespräche verwickelt und der dir oft mit einem Buch gegenübersitzt, den Finger zwischen die Seiten geklemmt, und fragt: »Darf ich dir was vorlesen?« (Platon, Seneca, Macchiavelli).

Tristan, der dich immerzu schreiben sieht, aber nie nach den Inhalten fragt und die Texte auch nie zu lesen verlangt: Er weiß, die Zeit und Aufmerksamkeit, die du ins Schreiben investierst, ist dieselbe, die du ihm und anderen vorenthältst; die Zeit, in der du das Gespräch, welches er unentwegt sucht, verweigerst. Wie selten, leider, habt ihr gemeinsam Dienst! Meistens, wenn der eine aufsteht, legt der andere sich hin (wie in dem deutschen Schlager: »*Lady Sunshine und Mister Moon* / können gar nichts dagegen tun / dass sie am Himmel sich niemals trafen / denn wenn er aufsteht, dann geht sie schlafen«). »Guten Morgen, Corporale!«, weckt abwechselnd der eine den anderen.

Laut Organisationsplan seid ihr die beiden »Inf/Driver« eures Stützpunkts: Infanteristen (Jäger, Fußsoldaten) und Kraftfahrer. Augenscheinlicher ist: Ihr seid die zwei, die jeweils mit Kaffeetasse und umgehängter Bundeswehr-Kampftasche in den WaPo-Dienst ziehen. Handwerksarbeiten verrichtet ihr nur mit äußerstem Widerwillen. Tristan hat immer Goethes *Faust* parat: »Das bin ich nicht gewöhnt, ich kann mich nicht bequemen / Den Spaten in die Hand zu nehmen.«

Das befohlene Ausmalen der Unterkunft mutierte zu einer orgienähnlichen Ferkelei. (Endlich eine Orgie! Endlich ein Ventil für den angestauten Zorn über die sinnlose Handwerkerei!) Jähzorniges Schwingen des Malerpinsels (was für ein Drive!), Actionpainting, Übermalungen à la Arnulf Rainer. Ins Zimmer Tretende wurden gewarnt: »Geh in Deckung! Hier entstehen Schüttbilder in der Art Hermann Nitschs.« Tristan schlug vor, ein Stilelement seines Kärntner Landsmannes Kolig aufnehmend, auf die Zimmerdecke zu kacken.

Kathartische Wirkung. Das über und über bespritzte olivfarbene Leibchen: kreativer Vorschlag für ein neues Camouflagemuster.

Seither ist Schluss mit Handwerksaufträgen an die gesamte Mannschaft. Nur noch die Freiwilligen schwingen die Spitzhacke, um ihren Fleiß zur Schau zu stellen. Oberwachtmeister O., nachdem er seine Umbauarbeiten in der Nachmittagssonne beendet hat: »Mich dürstet.« Darauf Tristan P.: »Das hat schon mal einer gesagt, und Essig wurde ihm gereicht.«

Jetzt Tag- und Nachtgleiche. Die Sommerhitze ist vorbei. »Chicago«, endlich zusammen mit Compañero Tristan P. Die Gespräche in der WaPo-Box heiter und gelöst wie nur je welche. Kurz nachdem du den Wetterbericht an die Leitfunkstelle übermittelst (04.30 Uhr, windstill, nur noch 16 °C), beginnt Nebel den Stützpunkt zu überwältigen. Was du anfangs für Rauch von der benachbarten Mülldeponie hältst – jeden Morgen die gleichen stickigen Schwaden, die über die Position ziehen –, erkennst du bald an der Fließrichtung (von West nach Ost) als dichten Nebel, der von den Höhen ins ebene Gelände schwappt und das Gebiet der 2. Kompanie überflutet, »silently, and very fast«, wie es bei Joseph Brodsky über den Nebel heißt. »Es war eine ruhige Invasion, doch gleichwohl eine Invasion. Ich sah seine Speere und Lanzen sich still, doch sehr schnell heranbewegen, wie Fußsoldaten, die der schweren Kavallerie vorangehen.« (*Ufer der Verlorenen*) – Als du die Tür der WaPo-Box öffnest, steht draußen Tristan P. in dem von gelborangem Scheinwerferlicht getränkten Nebel, das Gewehr auf dem Rücken, in der rechten Hand eine Zigarette, und sagt: »So stell ich mir das Ende der Welt vor.« Der

Mond im Zenit, 90 Grad über euren Häuptern: nie zuvor so gesehen! Minutenlang steht ihr schweigend da und wartet darauf, dass jeden Moment ein weißes Pferd, König Nebel himself oder der Graf aus Transsylvanien um die Ecke biegt, während die feuchte giftfarbene Luftmasse in leicht drehender Bewegung über Position 32 zieht. – Eine schaurig schöne Ewigkeit dauert das. Dann, als der Nebel sich lichtet: gemeinsames Gähnen gegen Ende des Dienstes. Die Ablöse kommt. Schlafen gehen, über den Hof zurück in die desolate Baracke. Der Kamerad dir zehn Minuten voraus. Als du das Zimmer betrittst, hörst du bereits sein ruhig dahinschnarrendes Pfeifen.

Und an dieser Stelle noch ein Zitat, denn es gehört hierher. Friedrich Glauser, am Schluss von *Gourrama. Ein Roman aus der Fremdenlegion*:

Lös setzte sich. Erst jetzt merkte er, dass er den linken Zeigefinger immer noch zwischen die Seiten des Buches geklemmt hatte. Er schlug es auf:
»Und unser Verlangen, die Zeit sich ändern zu sehen, ist wohl nicht weniger ungeheuerlich als unser Verlangen, das Herz sich ändern zu sehen …« Dies war der Sinn. Und vorher hatte er es falsch verstanden.
Also: Die Zeit ändert sich nicht, die Herzen ändern sich nicht. Was ändert sich? Die Umgebung. Gourrama, ein kleiner Posten, nur schwer auf einer Landkarte zu finden, Menschen darin – ein Mensch vor allem, ein Freund, ein Kamerad …
Lös schlief ein. Kein Polizist störte ihn. Es war später Nachmittag, als er erwachte.

(21. September 2008)

16 Warten auf den Crash

Einer der beliebtesten Songs 2007 im Camp Casablanca, Kosovo, war *Wake Me Up When September Ends* von Green Day. Denn »Ende September« hieß, das Einsatzende war nah. »Nur noch ein paar Auscheckerpartys und das war's«, so die allgemeine Einschätzung der attraktiven Lage.

Dieses Jahr, pünktlich vor der Golan-Rotation, kam dir die Prognose einer bekannten Astrologin zu Gehör, dass den im Sternzeichen Jungfrau Geborenen schwierige Monate bevorstünden und dass es im September zum (wörtlich) »großen Crash« kommen werde. Selbstverständlich hältst du von astrologischen Orakeln rein gar nichts, doch die Weissagung blieb als mögliches Szenario im Gedächtnis.

Es ist übrigens erstaunlich, wie viele jüngere Soldaten für Esoterik empfänglich sind. Besonders der Glaube an die Heilkraft von Steinen ist weit verbreitet. Ein Kamerad, der Kadersoldat beim Österreichischen Bundesheer ist, beendete seinen KFOR-Einsatz vorzeitig, da er die Beschädigung von einem jener Steine, die er ständig bei sich hatte, als Warnung vor drohendem Unheil deutete. Als Grund für den Repatriierungsantrag gab er an, dass er keine Motivation, »keinen Biss« mehr verspüre; wer ihn kannte, wusste aber um die Bedeutung, die er der Fraktur des Steines beimaß.

In welcher Form sollte man mit dem prognostizierten Crash rechnen? Dass dein Urlaub in den Monat August fiel, erschien dir einerseits zu früh, und doch warst du sonderbar froh, ihn nicht im vermaledeiten September anzutreten, mit dem Gespenst eines Crashs im Nacken. Die Erwartung konzentrierte sich darauf, dass du im September den Punkt erreicht haben könntest, wo du, des Elends auf Position 32 überdrüssig, den Einsatz würdest vorzeitig beenden wollen.

Ein Crash ereignete sich tatsächlich, wenn auch andernorts: Der US-Finanzmarkt kollabierte. (Das betrifft allerdings nicht nur Jungfrauen.) Das Experiment mit dem Teilchenbeschleuniger in Genf, wo es zu einem Big Bang kommen sollte, wurde hingegen abgebrochen.

Jedenfalls kam es dir gelegen, dich Anfang September für vier Tage einer »Recreation«-Tour in die Wüste Negev anzuschließen. Das versprach Beschaulichkeit und Meditation und schien geeignet, um sich gegen drohende Unbill im Monat September zu wappnen. In den spärlichen Programmunterlagen des Welfare-Offiziers (in der äußeren Form eines »Befehls«, mit Aktenzahl und Unterschrift des Bataillonskommandanten) wurde »visiting of cultural sites in the Desert Negev« versprochen. Das Wüstenabenteuer (desert adventure) wurde auch als »dessert adventure« (Nachspeisenabenteuer) angekündigt, und tatsächlich: Keine halbe Stunde nach Abfahrt vom Camp, wo ihr gemäß Befehl noch jede Menge Obst für die Reise aufgeladen hattet, musste das fruchtige Dessert im Korridor zwischen Alpha- und Bravo-Gate, zwischen Israel und Syrien, in die Mülltonne gekippt werden. (Es dürfen keine nicht-eingeschweißten Lebensmittel eingeführt werden. Nach 35 Jahren UN auf dem Golan hätte man das wissen können.)

»Wisdom goes with south. It is written: ›Whoever seeks wisdom, south he shall go‹.« (David Ben Gurion)

Die rasche Fahrt nach Süden. Auf dem Pannenstreifen der Autobahn: dreizehn Mann mit kurz geschorenem Haar, nebeneinander stehend, Hände am Hosenlatz. (Wieder so eine Szene wie die »typische Handbewegung« im heiteren Beruferaten.)

Um es kurz zu machen: »Visiting of cultural sites« war ein Phantomprogramm. Stattdessen gab es vier Tage im 4 x 4 (Geländewagen), offroad über Stock und Stein. (Die Negev ist ja eine Steinwüste.) Vier Tage ohne Sanitäranlagen, schlafen unter freiem Himmel, bei unausgesetzten Moskitoattacken (in nur einer Nacht etwa vierzig Stiche auf der Stirn), auf einfachsten Feldbetten (nicht ohne Reiz: zusammensteckbare Bügel und Stäbe, eingerollt in ein Tuch, das zugleich Liegefläche ist; ein Feldbett von der Größe eines schmalen Köchers).

Und in dem Moment, als Korporal L. (der Kamerad von deinem Stützpunkt) zum ersten Mal den Wagen wie irr zu manövrieren begann, schoss es dir durch den Kopf: »Der September-Crash! Oh, shit!« Die Motoren heulten, Räder drehten durch, Fahrzeuge rotierten, Staubwolken quollen auf. Dein Hinweis auf die Schrift am Außenspiegel: »OBJECTS IN MIRROR ARE CLOSER THAN THEY APPEAR« – umsonst. Kamerad L. hatte es offenbar auf das angelegt, was in einem Song von Snow Patrol so heißt: »For once I wanna be the car crash, not always just the traffic jam« (*Headlights on Dark Roads*). Und mit jedem Tag mehr erwies sich der fahrwütige Korporal – ungewaschen, unrasiert, stinkend wie wir alle – als eine veritable Sau. Durchbruch des Triebhaften, Ausschalten gesellschaftlicher Normen und Konvention, Verlust von Hemmschwellen. Das verschwitzte, dreckverschmierte Leibchen eines kroatischen Saufkumpanen als Schleier um die Stirn gebunden.

Als du den anderen Fahrern zu verstehen gabst, du würdest dich im Wagen von L. nicht mehr sicher fühlen und hättest allen Grund zur Annahme, dass die Prognose einer Astrologin sich als zutreffend erweise, bot Vizeleutnant L. an: »Da musst du bei mir mitfahren. Meine Freundin ist nämlich eine Hex', und die hat gesagt, mir passiert nichts.« Fahrzeugwechsel. Höherer Dienstgrad der Insassen heißt auch: bessere Klimaanlage, komfortabler gepolsterte Sitze, funktionierende Kühlbox. Die Musik vom CD-Spieler war freilich mit in Kauf zu nehmen. Immerhin lagen manche der Songs, wie *Ein bisschen Frieden* von Nicole, auf Linie der Peacekeeping-Mission.

Fotografiert wurde ohne Unterlass. Wer starke visuelle Eindrücke hat und nicht in der Lage ist, sie gedanklich zu verarbeiten, drückt auf den Auslöser der Kamera. Das gibt dann Foto-DVDs mit Tausenden Bildern, die sämtlich nichts erzählen, und der Kommentator bleibt stumm wie ehedem: »Das musst du selber erleben, das kann man gar nicht wiedergeben.«

Statt die Wüste zu begreifen, haben wir sie befahren.

Für dieses Mal: ganz knapp vorbeigeschrammt. Oder war das schon der große Crash? *Wake Me Up When September …*

(28. September 2008)

17 Der Crash – voilà!

»It will be rain tonight.« – »Let it come down.«
William Shakespeare, *Macbeth*

»Ich glaube, es wird bald regnen«, meinte Tristan, als er durch die Scheibe der WaPo-Box zum grau verhangenen Himmel im Westen blickte. »Es regnet ja schon«, sagte H., der draußen auf der Straße stand. – Das war vor zehn Tagen, als der Stützpunktkommandant in Urlaub fuhr. Der erste Regen auf dem Golan seit eurer Ankunft.

Kaum war der Kommandant aus dem Haus, beugten sich O.O., Zugsführer B. und Korporal L. über den Dienstplan der kommenden Woche, den abzuändern ihre beschlossene Sache war. Man kann dem Positionleader zwar manches vorwerfen, man muss ihm aber unter anderem zugute halten, dass seine Diensteinteilung immer gerecht war. Um eine diffuse Unzufriedenheit auszudrücken, fällt es freilich leichter, über den Dienstplan zu nörgeln, als sich mit komplexeren Dingen zu befassen.

Die Strategie ist durchsichtig: Der Kommandantstellvertreter (unerfahren und überfordert) versucht, sich als die freundlichere Alternative zu präsentieren, und er glaubt, die Sympathien der Mannschaft gewinnen zu können, indem er bei der Dienstplangestaltung jeden mitreden lässt und auf alle Wünsche eingeht. Das Ergebnis ist leicht vorauszusehen. Der Dienstplan wird laufend geändert; und er wird, schon bei der erstbesten Gelegenheit, doch nur nach den Kriterien von Sympathie und Antipathie geändert. Selbst nachdem man bereits die Wachbelehrung für einen bestimmten Tag unterschrieben hat, kann die Einteilung kurzfristig – durch Überpinseln mit Korrekturlack – abgeändert werden, ohne dass dies dem Betroffenen persönlich zur Kenntnis gebracht wird. Das Regime eines Sprachunfähigen, der jetzt das Sagen hat.

Die Ränke eines solchen Tölpels wären jedoch undenkbar ohne den dominant auftretenden Zugsführer B., der ein verhinderter Kommandant im Rang eines Chargen ist. Eine perfekte Allianz. Der eine findet optimale Entfaltungsmöglichkeit, weil der andere in ihm einen willkommenen Adjutanten sieht, wobei in Wirklichkeit der Ranghöhere nur Erfüllungsgehilfe des ambitionierten Chargen ist. Das österreichische Deutsch kennt für diese Art Gesellen das Wort »Bagage«. Ein Pack.

In den vergangenen Monaten wurde auf Befehl des Stützpunktkommandanten das gesamte Gebäude neu ausgemalt, hauptsächlich mit weißer Farbe. Zugsführer B. nutzt nun die Abwesenheit des Kommandanten dazu, wesentliche Bereiche nach eigenem Gutdünken umzugestalten – mit zwei unverhohlen egozentrischen Argumenten: Erstens gefalle ihm das Weiß nicht, und zweitens vergehe die Dienstzeit rascher, wenn man dabei etwas tue. Und so glänzen also die Wände und Türen jetzt in stilsicherem Uringelb und Fäkalbraun. Gefragt wurde keiner. Und niemand ist da, der diesem exemplarischen Unfug Einhalt gebieten könnte.

Vor zwei Wochen ging Korporal H. in seiner Freizeit (nach Ende der Normdienstzeit um 15 Uhr) gemeinsam mit Oberleutnant G. eine Fußpatrouille, für die wegen Personalmangels ein Freiwilliger gesucht wurde. Zwei Stunden später, als H. gut gelaunt zurückkam auf den Stützpunkt, brabbelte O.O. mit finsterer Miene: »Nein, das kommt nicht gut. Du kannst nicht für andere Leute Patrouille gehen, wenn die eigenen eh schon auf dem letzten Loch pfeifen!« Mit anderen Worten: Wer überschüssige Energien hat, soll gefälligst den Stützpunktkameraden die WaPo-Dienste abnehmen.

Der bei der Mannschaft im Allgemeinen unbeliebteste WaPo-Dienst ist jener zwischen 14 und 18 Uhr, denn während die anderen Soldaten ab 15 Uhr sich bereits zum Sonnenbaden an den Pool legen, steht der »14/18-WaPo« noch für Stunden draußen im Nachmittagsverkehr. Als beliebtester Dienst gilt der Nachtdienst von 0 bis 6 Uhr, genannt »Chicago«. Man kann dabei lesen und Musik hören oder als Beidienst im Aufenthaltsraum fernsehen, manche nutzen die Zeit zum Telefonieren. Danach darf man schlafen bis 12 Uhr Mittag, bleiben also nur noch drei Stunden Normdienstzeit.

Korporal H. steht – umgekehrt – durchaus gerne auch am Nachmittag auf der Straße, wo es mehr zu beobachten gibt, und er mag geregelte Schlaf- und Arbeitsrhythmen, sodass es naheliegt, die Dienste nach Möglichkeit mit Kameraden zu koordinieren. Der Stützpunktkommandant hat dagegen keinerlei Einwand.

Aus diesem Angebot, im Tausch sämtliche »14/18-Dienste« zu übernehmen, leitete O.O. für sich die simple Message ab, dass H. keinen Nachtdienst leisten wolle, und meinte: »Das geht ja nicht! Man kann nicht einfach sagen, ich will keinen Chicago mehr machen!« Der Stützpunktkommandant versuchte ihm eindringlich zu erklären, dass es hier um einen Diensttausch gehe, der im Interesse beider Seiten sei. Aber O.O. bleibt dabei und erzählt seitdem herum: »Der H. will keinen Nachtdienst mehr machen!«, und erntet damit natürlich empörte Kommentare wie: »Was glaubt denn der eigentlich, wer er ist?!«

Ist das nun dumm oder infam? Eine spezifische Mischung aus Stumpfsinn und Niedertracht? Man möchte wohlwollend Ersteres annehmen, denn dafür kann der Betreffende weniger. Ob üble Nachrede oder Verleumdung – es ist ein Angriff gegen die moralische Integrität. Dagegen muss man aufstehen und sich wehren. »Das Teuflische ist: Man muss aufpassen, dass man dabei nicht selber genauso wird«, sagt Tristan. In Versen von Bertolt Brecht: »Auch der Hass gegen die Niedrigkeit / verzerrt die Züge. / Auch der Zorn über das Unrecht / macht die Stimme heiser.«

Deshalb hat sich H. nun beim Kompaniekommandanten zum »Bittrapport« gemeldet.

Aneinander vorbeikommen, sich aus dem Weg gehen, das wäre schon so gut wie: miteinander umgehen können. Doch leider, O. und B. sind »Raumverdränger«. Sodass neben dem Dienst nur noch der Rückzug ins Zimmer bleibt.

»›Es geht mir gut‹, ein wie wunderbarer Satz muss das einmal gewesen sein, als auch er aus Auflehnung entstand«, sagt Ilse Aichinger.

Am Mittwochmorgen, kurz nach Dienstbeginn, stehst du im Büro des Kompaniekommandanten (an der Tür ein Schild: »Berggasse 19«) und erklärst deinen Wunsch, so rasch wie möglich auf Position 37 versetzt zu werden. Nach zehn Minuten ist klar, dass dem Antrag entsprochen wird. Eine halbe Stunde später wird O. O. beigezogen. Bald darauf kannst du abtreten, der Major spricht ein paar Minuten allein mit ihm, erzählt dir aber anschließend, wie dieses Gespräch verlaufen sei.

O. O.: »Der H. hat den Dienstplan fotografiert, und ich weiß nicht, was er damit will.« – Major F.: »Na, dann fragen Sie ihn halt! Der Oberleutnant G. hat mir erzählt, dass der Magister H. seine Einsatzerfahrungen regelmäßig in Texten verarbeitet. Vielleicht braucht er solche Fotos ja auch dafür. Und vielleicht kommen auch Sie in der Geschichte vor.« – »Ich glaub nicht.« – »Wer weiß?«

Du hattest ein Zimmer reserviert, bei Ümit K. (das heißt, er hat das seine für dich reserviert), aber noch kein Ticket Richtung 37. Nun hast du den Voucher in der Tasche, datiert auf den 20. Oktober.

Du wirst von der B- an die A-Linie wechseln: täglich die Kleine IDF-Stellung und also die Fahne mit dem Davidstern vor Augen, und du wirst täglich den Technischen Zaun sehen. Schon hat man für dich Namensschilder gedruckt – für den Dienstplan auf Position 37. Gegen Mittag, als du wieder WaPo-Dienst versiehst, kommt Ümit K. an der Box vorbeigefahren, hält an, als er dich sieht, springt aus dem Wagen, und du teilst ihm die gute Nachricht mit, er umarmt dich jubelnd, mit strahlendem Lächeln, drückt und schüttelt dich – Sekunden reiner Freude.

Und spätabends trittst du aus der Unterkunft ins Freie, die Umgebung erscheint vor deinen Augen noch einmal wie zum ersten Mal. Stehst an der Umzäunung des Areals und siehst im Scheinwerferlicht den alten Stacheldraht, umwickelt von neuem Maschendraht, als eine Sternenkette, eine Bienenflugstaffette in luftigen Schlaufen vor den nachtdunklen Olivenbäumen auf dem Nachbargrundstück. Und hinter deinem Rücken, rauchend vor dem Gebäude sitzend: die beiden »Raumverdränger« – sie sind noch da, und werden dir auch jetzt unterstellen, du würdest soeben Indizien gegen sie sammeln.

(5. Oktober 2008)

18 Splitter

Korporal H. steht in der Lobby eines Hotels in Damaskus, bekleidet mit Kapuzenweste, und wird von einem anderen Hotelgast angesprochen: »Are you Mister Abdullah?« – »No, I am not.« – »Oh, you could have been.« Gewiss. Du hättest sein können.

Kurze Zeit später siehst du den echten Mister Abdullah und denkst in einer Mischung aus Faszination und Gleichgültigkeit: »Why not?«

Du erinnerst dich, wie einmal am Toten Meer in Israel, als du bis zum Scheitel mit Schlamm bedeckt warst, eine Frau dir lächelnd zurief: »Oh, for a moment I thought you were Herzl. You look exactly like Theodor Herzl, do you know?«

Jede Begegnung in der Fremde macht einem deutlich: Man hätte ebenso gut ein anderer werden können, man könnte ein anderer sein. Vom Zufall der Umstände, von den Zirkumstanzen der Geburt, hängt es ab, wer wir sind.

Lebenslust: überall da, wo Möglichkeiten offenstehen. Kreuzungen, Tangenten, Weggabelungen. Linien und Variablen unbekannter Größe auf den Achsen X und Y: *That's Life.*

Robert J. (»die Perle aus Hartberg«) trägt ein Tattoo auf dem Rücken, knapp über dem Arsch: »Never forget your roots«. Bei dem steirischen Dialekt, den er spricht, besteht die Gefahr ohnehin nicht, aber … sicher ist sicher.

Karl S., ein Kamerad deines Alters, vertraute dir am Beginn der Einsatzvorbereitung an, er habe Angst vor der ungewissen Zukunft. Die Unsicherheit, ob der späte Wiedereinstieg ins militärische Leben ein gangbarer Weg für ihn sei … – Das erinnert an John Lennon, der in einem Interview für die Zeitschrift *Playboy* sagte: »It's fear of the unknown. The unknown is what it is. And to be frightened of it is what sends everybody scurrying around chasing dreams, illusions, wars, peace, love, hate, all that – it's all illusion. Unknown is what it is. Accept that it's unknown and it's plain sailing.«

Oberleutnant G. verbringt seinen Urlaub in Israel. Aber nicht wie die meisten in Gesellschaft von Kameraden, am Strand von Tel Aviv oder Eilat, sondern auf eigene Faust quer durch das Land reisend. Vom UN-Fahrzeug ließ er sich nur bis zum Alpha-Gate fahren, um sich danach zu Fuß und per Autostopp durchzuschlagen.

Der junge IDF-Soldat mit Brille hört im Wachhäuschen am Alpha-Gate, beim Kontrollieren der Crossinglisten, die Arctic Monkeys (*Whatever People Say I Am, That's What I'm Not*).

Die israelische Frau in der Wüste Negev: »From time to time, I go to the desert to clean up my mind.« Zwischenruf vom Mann neben ihr: »... just her mind and not the desert.«

Weil es ihm selbst – trotz gelegentlicher Vorsätze – nie gelungen sei, sein Leben zu ändern, schließt Emrah, dass sich auch in dem schon Ewigkeiten währenden Konflikt zwischen Israel und Syrien auf Dauer nichts ändern werde.

In der 2. Kompanie ging ein Anruf eines israelischen Verbindungsoffiziers ein: Nahe der Kleinen IDF-Stellung lägen zwei schwer bewaffnete Syrer mit blauer Weste, begleitet von einem Hund, im Gras. Die vermeintlichen Syrer entpuppten sich freilich als UN-Fußpatrouille von Stützpunkt 37, die Kameraden Ümit K. und Akin D., »waschechte Wiener«. Der räudige Hund war dem Stützpunkt erst tags zuvor zugelaufen.

Emrah erzählt, er habe euch in seinem Urlaub natürlich *nicht* vermisst. Aber er habe sich ab und zu das Barett aufgesetzt. – Auf seinem mp3-Player in der WaPo-Box läuft 2Pac, »Everywhere I seek a *Soldier Like Me*«.

Die zwei japanischen Soldaten, die im Hof von Stützpunkt 32 mehrere Fuhren Sand und Schotter abladen (das Japanese Contingent ist für Logistik zuständig), fotografieren einander ständig, bei jeder Fuhre aufs

Neue: abwechselnd mit und ohne Helm, vor dem Fahrzeug, in der Kabine, beim Kippen der Ladefläche, mit hochgestrecktem Daumen usw.

Die indischen Soldaten, deren Alter man so schwer einschätzen kann – verlässlichster Anhaltspunkt wäre der Dienstgrad, aber darauf achtet man im Kontakt mit anderen Nationen so selten –, jene Elektriker, die regelmäßig euren Stützpunkt besuchen, sind fast immer »Cpl« (Korporäle) oder »LCpl« (Landscorporals, Gefreite), vermutlich also jung. Und sie sind, wie wir alle, auf Gruppenfotos mit Kameraden anderer Nationalitäten aus: natürlich im Dienstanzug und am besten mit Fahne im Hintergrund. Flaggenfetischismus. Weltumspannende Militärromantik. Die Essenz des Begriffs »UN Soldier«. Vereinte Nationen.

(12. Oktober 2008)

19 Three-seven

Sonntagabend. Aus Damaskus zurückgekehrt, wirst du von Korporal L. von der Busstation im Camp abgeholt und zurück auf deinen Stützpunkt gefahren. Der sonst ständig quasselnde Kamerad gibt sich diesmal ungewöhnlich schweigsam. Und als du auf Position 32 aus dem Wagen steigst, die Tür noch in der Hand, wird dir die große Überraschung in Form eines Befehls mitgeteilt: »Sofort das gesamte Zeug, dein ganzes Grafel, alles packen – Versetzung auf Position 37!« (Eine Woche vor dem erwarteten Termin.) So dringlich, als ginge es um eine Evakuierung. Du staunst nicht schlecht. Aber im

Stützpunkttagebuch, in der Spalte »Personelle Veränderungen«, ist es für den folgenden Tag bereits verzeichnet: »Kpl H. – ABGANG 131008«. Der offizielle Eintrag hilft dir, es zu glauben.

Von Tristan P. erfährst du den Hintergrund: Ein Soldat aus dem Camp, Wachtmeister R., sollte infolge eines Alkoholproblems repatriiert werden. Als aber dein geplanter Abgang von Position 32 bekannt wurde, entschied der Bataillonskommandant, den Wachtmeister zu begnadigen und ihn zur Strafe auf Position 32, auf deinen bisherigen Posten, zu versetzen. Du selbst sollst die seit Wochen vakante Stelle von Korporal T. übernehmen, der nach einem positiven Drogentest den Dienst quittieren musste.

Hier endet deine Geschichte auf Position 32. Die Stimmung im Gebäude wie in einer Gruft; als achte jeder darauf, nur ja kein falsches Wort mehr zu sagen. Mit eisigen Mienen wirst du von L. und O., dem Kameradenpack, auf Stützpunkt 37 gefahren. »Überstellung eines Gefangenen«, kommentiert L., »von einem umzäunten Areal in ein anderes.« Du, auf der Rückbank, blickst durch die Scheibe hinaus in die leere Landschaft; Nachthimmel über der Zone; die Häuser und Bäume entlang der Straße nach Jabata ein grüßendes Spalier. Unter dem brandenden Geräusch von rollendem Schotter fährt der Wagen den Hügel hinan, auf dem wie eine Burg Position 37 thront.

Freudige Gesichter bei der Ankunft. Die halbe Mannschaft steht im warmen Licht der Stützpunktscheinwerfer im Hof. Du taumelst aus dem Fahrzeug, wie überrumpelt, zwar physisch, aber noch nicht wirklich da.

Minuten später, im Zimmer von Akin D. und Patrick L., regnet es aus zwei Schirmkappen zur Begrüßung weiße Federn auf dich herab. Dass die Federn sich auf den zweiten Blick, da du gerührt zu Boden schaust, als Schnipsel von Küchenrollenpapier erweisen, tut nichts zur Sache. Nach mehr als vier Monaten im Einsatz, wo andernorts bereits ganz andere Fetzen fliegen, so herzlich willkommen geheißen zu werden …! »Du wirst sehen, wir sind eine super Mannschaft, wir verstehen uns untereinander sehr gut, weil wir alle verschieden sind, weißt du?«, sagt Akin. – »Das klingt wunderbar«, sagst du, »ich bin nämlich auch verschieden, ihr werdet sehen.«

Three-seven: die Glückszahl Sieben kombiniert mit der Drei, die bekanntlich die beste Zahl in fast allen Dingen ist (»aller guten Dinge sind drei«). Daher kann Drei-Sieben nur die schönste aller Zahlen sein.

Position 37 liegt sieben Kilometer westlich von Position 32, nah an der Alpha-Linie. Bis 1974 war die Position eine israelische Stellung, der alte Trakt vom Shelter trägt deutlich israelische Handschrift. Auch die Lage auf einem Hügel (der sogar einen Namen hat: Tal Hawa) entspricht dem üblichen Erscheinungsbild von israelischen Positions: herrschaftlich wie eine mittelalterliche Festung.

Die WaPo-Box ist ein über dem Dach des Mannschaftsgebäudes aufragender Turm, von dem aus man den Verlauf der A-Linie im gesamten Kompaniebereich überblickt. Kein Schritt eines Schäfers in die verbotene Zone kann einem hier entgehen. Rundumsicht, ein Dutzend Kilometer weit. »Dieses Panorama! Diese Landschaft! Wird mir fehlen …«, bekennt wehmütig der sonst so gar nicht melancholische Stützpunktkommandant, dessen Einsatz in wenigen Wochen enden wird. Welch ein Arbeitsplatz ist je so prächtig gelegen? Du stehst mit dem Feldstecher am Geländer, spürst den Wind unter den Achseln, und Wind weht dir um die Stirn.

Der Shelter ist übrigens nicht nur eine beliebte Chillzone und Partylocation – durch das verzweigte System der Bunkerräume wälzt sich süßer Rauch von Wasserpfeifen –, der Shelter ist auch die bevorzugte Schlafstatt eines Katers. Zwar sind Katzen aus hygienischen Gründen auf allen UN-Stützpunkten verboten, der schöne schwarz-orange gestreifte Tiger ist demnach illegal, aber geduldet. Manchmal steigt er von außen hoch zur WaPo-Box. Die Katze auf dem heißen Wellblechdach.

Die tägliche Patrouille, die von der Mannschaft des Stützpunkts 37 durchgeführt wird, ist die D2A (sprich »Delta-Two-Alpha«), eine Fuß- und neuerdings auch motorisierte Patrouille entlang der A-Linie, immer in der Stärke von 2 Mann, für mindestens 10 Stunden (im Sommer auch deutlich länger), bei jedem Wind und Wetter. Jedes Mal, wenn Akin D. sich – bedachtsam, mit dunkler Stimme – über Funk als Fußpatrouille anmeldet, klingt das so, als mache jemand seiner Gegenfunkstelle einen verbitterten Vorwurf, alleine durch den Hinweis darauf, dass er da ist: »Three-seven, this is Delta-Two-Alpha.« Mit so viel Schweigen, Atmen und Windrauschen zwischen den Worten, dass es wie ein *Ecce homo* aus dem Funkgerät tönt (»Sieh diesen Menschen, der da Fußpatrouille gehen muss, das bin ich, und du hast das zugelassen …«).

»Die Sonne lacht so schadenfroh«, sagt Akin. 10 Stunden zusammen an der A-Linie bedeuten jede Menge Zeit für philosophisches Palaver. »Die Welt ist so g'schissen gebaut.« (Das erinnert an E.M. Cioran, *Die verfehlte Schöpfung.*) »Der Weg ist lang, das Leben kurz, und ich bin müde … Vielleicht braucht man gar nicht wirklich zu suchen; letztlich findet man, was man verdient.« Und mit dieser fatalistischen Einsicht eines 20 Jahre alten Kameraden schließen wir dankbar diese erste Betrachtung über das Leben auf Position Three-seven.

(19. Oktober 2008)

20 Chief of Tal Hawa

Auf Position 37 gibt es einen Kameraden mit dem Kosenamen »Schneckerl«, dem österreichischen Wort für Haarlocken. Der sympathische Zugsführer ist freilich ein Glatzkopf, und seine Schneckerl sind ein Phantom wie des Kaisers neue Kleider in dem Märchen von H.C. Andersen. – Ein Triumph der Illusionen, exemplarisch für so manches auf Tal Hawa.

Wir dürfen davon ausgehen, dass auch Begriffe wie Zuhause oder Kameradschaft eine Illusion und also kontrafaktisch sind. Dennoch trägt der Glaube an die Illusion, wenn man diese zur Prämisse seines Handelns macht, entscheidend zur Annäherung an das Ideal bei.

Korporal H. prescht durch den Korridor, wie es seine (leider) unabänderliche Art ist, und er dreht sich häufig um oder blickt zumindest über die Schulter. (Ruckartige Bewegung.) Fred 51 warnt die Mannschaft: »Einen Schritt zurücktreten, wenn der Schnellzug einfährt! Oder besser zwei. Der neue 37er Express.« Und an H. gewandt: »Warum reißt's dich denn so?« Vielleicht ist das eine Krankheit, die vom Schreiben kommt: ständig zu schauen, ob man dir folgen kann.

Zur Standardausstattung eines jeden Stützpunkts im österreichischen Bataillon gehört eine kleine Handbibliothek. Nur auf Stützpunkt 32 wurde diese vor Monaten geräumt und der gesamte Buchbestand an die Campbibliothek übergeben. Bücher gelten auf Position 32 als ein Ärgernis, das Platz wegnimmt. Eine Blitzumfrage in der Kompanie ergab, dass in der Freizeit tatsächlich gelesen wird. (Akin D., zum Beispiel, liest neuerdings den Koran.) Auf den Regalbrettern im Aufenthaltsraum von Position 37 stehen hauptsächlich dicke Bücher mit Titeln wie »Rache«, »Stirb ewig«, »Dreh dich nicht um«, »Der 13. Apostel«, aber auch Sachbücher über die Fremdenlegion und »Moderne Scharfschützengewehre« sind vertreten, und Groschenromane aus dem Verlag Bastei (das Verlagslogo ziert wirklich eine Bastei mit zinnengekrönten Wachtürmen), darunter die Reihe »Lassiter – Der härteste Mann seiner Zeit«.

Mit Sicherheit befindet sich einer der lautesten Männer seiner Zeit auf Position 37: Oberwachtmeister W., stellvertretender Stützpunktkommandant. Äußerlich stelle man sich einen cholerischen Kaiser Franz Joseph in den besten Jahren vor, mit rasiertem Schädel und großflächigen, Rücken, Beine und Arme bedeckenden Tattoos. Eine so bizarre wie liebenswürdige, aber auch unbedingt Respekt gebietende Mischung. Er ist kein Wiener, doch er beherrscht den Wiener Tonfall zur Perfektion.

»Allah hat hundert Namen«, heißt es. Oberwachtmeister W. hat nicht ganz so viele, aber doch eine schöne Menge: »Fred 51« alias »37/51«, ist gleich »Three-seven-niner-Alpha« (37/9A) alias »Three-seven-niner-Alfred«, oder »Chief of Tal Hawa«. Kurz: »der 51er« (Codename für den stellvertretenden Kommandanten).

Er ist der entschiedenste Förderer des Zusammenhalts in der Mannschaft. Sein Credo: »Was haben wir? Viel Zeit und weit heim.« Aber – was heißt heim? »In Österreich sind die Frauen, vielleicht, aber daheim sind wir hier, auf der Siebenunddreißiger. Home sweet home.« Gewiss, wahre Geborgenheit wird niemandem gewährt. UN-Soldaten sind »displaced persons«, und keiner findet Halt auf Dauer. Fred 51 aber versucht, den nomadisierenden Existenzen eine Zugehörigkeit und temporäre Heimat zu verschaffen, eine wehrhafte Ersatzfamilie auf Abruf. (»Your best friend or your worst enemy«, so steht es im Stützpunktwappen.)

Nach Monaten deprimierender Erfahrung auf Position 32 gibt dir Three-seven-niner-Alfred den Glauben an das Militär als eine sozial integrative Instanz zurück.

Die Tür zu seiner Kammer steht, bis auf wenige Stunden während der Nacht, immer offen, und das ist mehr als nur Zweckmäßigkeit, es ist das äußere Bild einer inneren Haltung. Wer das Zimmer betritt, wird eingeladen, Platz zu nehmen: auf dem Sofa, dem Drehsessel, dem Bett, wo immer es behagt. An der Wand hängt ein Hochzeitsfoto: Alfred W. mit Braut auf einer Wiese, sie in Weiß, er im »Kampfanzug 03« mit blauem Barett. Daneben Mecki-Postkarten von der Mama: »Herrn Oberwachtmeister Alfred W. / Mein liebes Kind! …«

Seine Stimme dringt in jeden Winkel des Gebäudes. *His Mastersergeant's Voice* zu überhören, ist ausgeschlossen. Oft äußern Gäste die Vermutung, die Besatzung von Stützpunkt 37 werde nur dann gut schlafen, wenn Three-seven-niner-Alfred nicht da sei. »Stimmt nicht!«, sagt dieser, »meine Buben können gar nicht schlafen, wenn ich nicht da bin, weil es dann zu ruhig ist, da fehlt etwas.« Wahrscheinlich hat er auch Spektralaugen, denn er sieht alles, und jeglicher Funkspruch, der Position 37 auch nur am Rande betrifft, wird mitgehört und von ihm mit »copy – out« bestätigt. Es ist dies sein Markenzeichen: »Copy – out.«

Akin: »Sag, weißt du, wo der 51er ist?« – Simon: »Keine Ahnung. Vielleicht kopieren.«

Bei der Morgentoilette: Vier Mann scharen sich um den Waschtisch (drei dicht aneinandergefügte Waschbecken), zudem auf beiden Seiten durch Regale eingeengt. Das Kabel des Rasierapparats schwingt an Köpfen vorbei, quer durch die Nische. »Schön, gell? So richtig familiär«, meint Fred 51, »wenn man in der Früh so beieinandersteht und es ist eng und warm.« (Ein Sensorium für Sinnlichkeit, das vieles auf die Schwelle bringt.)

Militärische Reglementierungskompetenz wird am deutlichsten im Sanitärbereich sichtbar (da, wo sie auch am nötigsten ist). Die Präzision und die Vehemenz, die in solchen Anordnungen für die Toilettenbenutzung zu Tage treten, sind nicht selten eindrücklich. Auch auf Stützpunkt 37 mussten anlassbedingt »grundlegende menschliche Mindeststandards« verlautbart werden, nebst einer bebilderten »Waschbeckenordnung«. Ein schriftlicher Erlass kann behelfsweise durch Interpunktion verstärkt werden. (Das Wort »Verstopfungsgefahr« ist mit gezählten 9 Ausrufezeichen versehen.) Die akustische Pegelstärke von Fred 51 wird jedoch wahlweise in Dezibel oder nach der Mercalli-Sieberg-Skala und der nach oben offenen Richterskala gemessen.

Bei Gedankenspielen, die sich nur auf Vergangenes, auf vollendete Tatsachen, beziehen, beginnt Fred 51 genervt die Augen zu rollen: »Wenn, wenn …! Wenn meine Tante einen Zipfel hätte, wär sie mein Onkel.«

Drei Mal pro Woche bringt der Wirtschaftsunteroffizier auf einem LKW Verpflegung zu den Stützpunkten. 37/51 schnappt sich ein Salzstangerl und verzehrt es. Der WaPo: »Ah, frisches Gebäck!« – Fred 51: »Neu bekommen, frisch ist es nicht.«

Für die Freude zwischendurch sorgen dann und wann die Jungs. »Da siehst du, wie lieb sie sind, meine Buben: bringen mir aus der Konditorei in Damaskus einen Kuchen mit, ohne Rum, weil sie genau wissen, dass ich keinen Rum mag. Sie sagen, sie hätten eh daran gerochen, es sei kein Rum drin. Wahrscheinlich sind da jetzt Rotzbakterien drauf, aber das macht nix, weil heikel sind wir ja nicht. Meine Verwandten aber schenken mir seit 20 Jahren, immer noch, jedes Mal zu Weihnachten Rumkugeln …«

Es ist übrigens auf Position 37 gar nicht möglich, sich eine Getränkedose aus dem Kühlschrank zu nehmen und diese einzeln zu bezahlen. Getränke werden nur in Paletten gekauft und damit sogleich der Gemeinschaft zur Verfügung gestellt – wie in einem Kibbuz, einer Kommune oder in Familien. Auf einem Zettel notiert man den Grund für die Spende. Auch gelten die üblichen Soldatenspielregeln: Wer versehentlich mit angestecktem Magazin am Gewehr die Unterkunft betritt, zahlt eine Kiste Getränke; ebenso wer seinen Urlaub antritt. Fred 51 zahlt immer wieder Paletten für die Mannschaft, mit dem Vermerk »Für die Hilfe!«, »Nur so!« oder einfach »Zusammenhalt«.

Wie danken für die Versetzung auf den Tal Hawa? Jeden Sonntag eine Messe lesen lassen? Antiken Göttern Opfergaben darbringen? Nein. Stattdessen ein kleines Heldenepos über Three-seven-niner-Alfred schreiben, eine Eloge. (Ist schon getan.) Und: Getränke für die Kameraden! »Anhaltender Dank – 37/H.«

(26. Oktober 2008)

21 Ümit

Der Tal Hawa mit Position 37 befindet sich 800 Meter westlich von Jabata, das ein elegant gelegener, von sehr viel Grün durchsetzter Ort auf abschüssigem Terrain ist, mit einem dichten Netz verwinkelter Straßen und Gassen. Auf den ersten Blick wirken die schlichten Hausfassaden ärmlich, doch dieser Eindruck mag täuschen. Hinter mancher halb geöffneten Tür ist ein behagliches Reich zu erahnen.

Ümit K. kommt aus einem Dorf im hinteren Anatolien, das Jabata nicht unähnlich ist; aus einer Landschaft am Fuß eines Bergmassivs, die erstaunliche Parallelen zum Golan aufweist.

Bei vielen Soldaten führt das Gewahrwerden von Ärmlichkeit in der Fremde zu der reflexhaften Feststellung, sie seien »froh und stolz, ein Österreicher zu sein«. Ümit wurde von so einem alpenländischen Chauvinisten gefragt, ob er denn stolz auf seine Herkunft wäre, wenn er in Jabata aufgewachsen wäre. Akin D., ein waschechter Wiener türkischer Ethnie, sprang dem Kameraden in der Diskussion zur Seite: Der Zufall der geografischen Herkunft sei nichts, auf das einer stolz sein könne. An einem bestimmten Ort geboren zu sein, sei keine Leistung. Aber dennoch, sagt Ümit, »lieben darf man seine Herkunft schon«.

Ümit ist Kurde, Türke, österreichischer Staatsbürger, UN-Soldat. (Mehrfachidentitäten, mehrfach gebrochene Identitäten.) Er ist ein Büchermensch. Er liest nicht nur Bücher, er kocht auch nach ihnen. Denn Ümit ist eingeteilter »WaPo-Koch«, das bedeutet: Wenn der Hauptkoch des Stützpunkts in Urlaub ist, tritt ersatzweise Ümit an den Herd. Er habe kochen nie gelernt, sagt er, aber er schlage das Buch auf – »Wiener Küche«, S. 64 –, halte sich genau an was da geschrieben stehe, und was er zustande bringe, sei allemal beachtlich, meinen die Kameraden.

Ümit ist Alevit, aber mehr noch ist er panreligiös. Ein für Wunder empfänglicher Soldat, fähig sich zu wundern, überwältigt von Schönheit, von berührender sinnlicher Offenheit, berührbar nicht nur von der grobstofflichen Ebene der Wirklichkeit. »Nicht nur der Teufel, auch Gott steckt im Detail«, so seine Haltung. Während andere auf dem Gipfel des Mount Hermon sich für die Schneeschmelzanlage interessieren, mit der die Mannschaft von Stützpunkt »Hermon Hotel« im Winter das

Wasser zum Duschen gewinnt, streift Ümit beglückt in den Resten des Baal-Tempels umher, einer antiken Kultstätte, die dort gleich neben der militärischen Radaranlage zu finden ist.

Ein so ernsthafter Mensch! Fast immer blickt er ernst drein, aber wenn er lächelt … (Hat man je ein Bild gesehen, auf dem Jesus lächelt, gar lacht? Du kannst dir den Gedanken nicht erklären, aber: Wenn, so war es bestimmt wie das Lächeln von Ümit.) Kein Jerusalem-Syndrom. Seine Empfindsamkeit ist existenzielle Unruhe. Er ist ein Suchender, und er sucht die körperliche Erfahrung. Es dürfe auch Schmerz sein, sagt er, es solle manchmal auch weh tun. »Ich will mich auf der Welt spüren, das heißt, ich will mich und ich will den Boden spüren, auf dem ich stehe. Ich will gehen, marschieren bis zum Umfallen, aufstehen und weitergehen.«

Auf Patrouille macht ihr einen »Beobachtungshalt« bei Barrel 29, in der Szenerie einer südlichen Gartenlandschaft, im Schatten eines Feigenbaums, dessen Früchte sich einem darbieten; man braucht im Sitzen nur die Hand auszustrecken – Arkadien, direkt an der Waffenstillstandslinie. Ümit meldet über Funk an die Position: »37, this is D2A – observation stop for 30 minutes.« (»Darunter zahlt es sich nicht aus.«) Kein Schäfer ist an der A-Linie zu sehen. Ümit hat immer eine Thermoskanne Kaffee dabei. Ihr sitzt unter dem Baum, und es ist wie in dem Lied von Van Morrison: »And we heard the bell without a church … no guru, no method, no teacher, just you and I and nature – *In the Garden.*«

Wenn man einen Snickers-Riegel oder eine Mehlspeise in zwei Stücke bricht, bietet man dem Gegenüber das größere Teil an. Im zivilen Leben ist das ein Gebot der Höflichkeit. Und beim Militär? Welches Stück erhält der Kamerad? Der Befund auf Position 32 war ernüchternd. Auf Stützpunkt 37 gibt man sich zivil. Ümit aber teilt die Mohnpotize bewusst in zwei ungleiche Hälften, um dem Kameraden das größere Stück anbieten zu können.

»Ich bin dein kleiner Bruder«, sagt Ümit, der 15 cm größer und 18 Jahre jünger ist als du. »Du darfst dir nicht so viel gefallen lassen.« Und als du einwendest, es gehe bei dem meisten Geplänkel doch um Dinge, die völlig unwichtig seien: »Aber dafür hast du ja jetzt mich: dass ich auf dich aufpasse.«

An manchen Tagen bringt der strenge Dienstplan es mit sich, dass ihr einander kaum begegnet. Erst am späten Abend, wenn ihr beide im Bad am Waschbecken steht, sagst du zu ihm: »Jetzt leb ich auf demselben Stützpunkt wie du und vermisse dich dennoch, weil wir uns so wenig sehen. Ich weiß, du bist da, und ich vermisse dich.« Und er lächelt: »Schön gesagt! Danke.«

»The soul does not love, it is love itself / It does not exist, it is existence itself / It does not know, it is knowledge itself« (*How to Know God*, aus dem Yoga-Sutra des Patanjali).

(2. November 2008)

22 Die Brotgemeinschaft

Der Kompaniekommandant, Major F., bat Korporal H. erneut um einen Beitrag für die Zeitschrift »AUSBATT-Splitter«, über die Kompaniefeier am 17. Oktober 2008, »aus der Sicht eines Enzianempfängers«. – »Sehr gerne, Herr Major. Darüber zu schreiben, ist mir mehr als nur Auftrag, eher ein Bedürfnis.«

Im Vorzimmer des Kompaniekommandos hängen 17 eingerahmte Bilder an der Wand: 17 Mannschaftsfotos der 2. Kompanie; vergangene Rotationen in lückenloser Aufeinanderfolge, in der immer gleichen Ansicht: die Soldaten in drei Reihen aufgestellt vor dem Gebäude des »HQ 2nd Coy« auf Posn 27, flankiert von zwei SISU-Panzern. Eine Ahnengalerie, die zugleich die Konstanz wie auch die steten Wandlungen der »Enziankompanie« veranschaulicht.

Das Callsign der 2. Kompanie ist das D, im militärischen Alphabet als »Delta« ausgesprochen. Delta bezeichnet aber auch die Mündungsform eines Flusses oder Stroms, und dieser Wink, den die Sprache uns gibt, führt zu dem bekannten Gleichnis vom ewig gleichen Strom mit seinem ewig ungleichen Wasser, das auch als Sinnbild militärischer Tradition gelesen werden kann. Denn genau das ist Militär: ein ewig gleicher Strom mit immer anderem Wasser. Wir alle, als Soldaten, sind Partikel im Strömenden, sind eingefügt in den Strom der Zeit und der Militärgeschichte – als Peacekeeper, als Soldaten der 2. Kompanie des Austrian Battalion von UNDOF, der UN-Mission auf dem Golan.

Tradition darf und soll gefeiert werden, auch in einer Mission, die in ihr 35. Jahr getreten ist. Und Tradition braucht Symbole. »Symbol für die 2. Kp des österreichischen UNDOF-Bataillons ist der Enzian«, lesen wir in einer Aussendung des Bundesheers. »Im Gegensatz zum Abzeichen der 1. Kompanie, dem Edelweiß als Blume des Hochgebirges, ist der stängellose Enzian in Österreich jene Blume, die auch im Tal und auf Almen wächst. Dies entspricht dem Einsatzgebiet der 2. Kompanie am Golan – und daher ist der Enzian als Abzeichen auch bestens geeignet.«

Der Enzian wird frühestens nach vier Monaten Dienst in der Kompanie verliehen, im Rahmen der traditionellen Enzianfeier auf Stützpunkt 27. Jeder Enzian ist nummeriert, die Namen der Träger sind im Archiv verzeichnet – eingereiht in eine Filiation, die bewusst macht, dass jeder Soldat nicht nur Nummer, sondern auch Glied einer Kette und somit Teil einer Traditionslinie ist, in der er steht. (Böse Zungen behaupten, die Nummerierung beuge einer möglichen Veräußerung des Abzeichens vor. Es solle nicht dazu kommen, dass in den Shops von Khan Arnabeh neben UN-Medaillen und anderen militärischen Abzeichen auch Enziane feilgeboten werden.)

Die Verleihung erfolgt jeweils durch den Kompaniekommandanten. So rituell und voraussehbar die Feier als Ganzes auch immer ablaufen mag, so nuanciert, mit feinem Sinn für Zwischentöne, wurde sie am 17. Oktober von Major F. gestaltet, ganz ohne das obligate »Vorüben«. Die Ehrengäste, darunter UNDOF-Oberbefehlshaber Generalmajor J. (der »Force Commander«), wurden sämtlich »recht herzlich« begrüßt: einzeln zwar und auch glaubwürdig, aber doch unterschiedslos herzlich. Jene Soldaten aber, die im Mittelpunkt des Festakts standen – jene, an die der Enzian verliehen werden sollte –, wurden mit individuellen Worten bedacht. Eine knappe Ansprache nur, in der die effiziente Leistung der Kompanie gewürdigt wurde, danach bekamen die zu Dekorierenden das metallene Abzeichen an die Dienstgradschlaufe geheftet, begleitet von Dank, der dem je persönlichen Akzent galt, den jeder Einzelne in die Mission mit einbringt – gemäß dem Motto »mit Herz, Hirn und Humor«, das Major F. seinen Mannen für die tägliche Arbeit anempfohlen hat.

Dem Kommandanten zur Seite (»ad latus«): der Spieß, »die Mutter der Kompanie«. Er überreichte die Verleihungsdekrete. Und es erstaunte, dass nicht auch auf diesen Papieren der Vermerk prangte: »Bitte nach Erhalt auf Richtigkeit überprüfen und unmittelbar danach Rückmeldung an DfUO oder dessen Vertreter. / G'schamster Diener – Euer DfUO – Karl«

Das Wort Kompanie übrigens wird vom mittellateinischen »companium« abgeleitet, das sich aus cum (= mit) und panis (= Brot) zusammensetzt und also »Brotgemeinschaft, Tischgenossenschaft« bedeutet. »Kumpane« sind demnach Leute, die miteinander ihr Brot essen. Jede Gemeinschaft vollzieht sich wesentlich auch in der gemeinsamen Einnahme der Mahlzeiten. Deshalb kommt eine gelungene Feier nicht ohne Gaumenfreuden aus.

Und der Kompaniekommandant ging voraus: trug die Teller für das gemeinsame Mahl aus der Küche hinaus zum Büffet, fürs »gesellige Beisammensein«.

Auch der Force Commander suchte das Gespräch mit den Soldaten niedriger Dienstgrade und gesellte sich an die Tische. Der höflichen Frage nach der Herkunft eines jeden folgte alsbald ein lakonischer Diskurs über einen kurz zuvor verunglückten, international bekannten Regionalpolitiker aus Kärnten. »Foxtrot Charlie« (in britischer Manier, leicht nasaliert, den Blick in die Ferne gerichtet): »Dieser Mann hatte immer schon einen Hang zur Selbstzerstörung, und er hat sich letztlich ja auch selber aus dem Rennen katapultiert.« Eine Sekunde des Abwartens, wie die versammelte Runde darauf reagieren würde, und siehe: Drei Korporäle brachen in Lachen aus, während der große Rest mit Trauermiene wie abwesend auf den Tisch blickte.

Die Enzianfeier gelang. Gemeinschaft braucht dann und wann solche Feste. Das wahre Fest der Gemeinsamkeit aber ereignet sich tagtäglich – im kameradschaftlich geleisteten Dienst, »mit Herz, Hirn und Humor«.

(9. November 2008)

23 The Voice on the Radio

Auf der obersten Stacheldrahtzeile des Stützpunkttors sitzt ein Vogel, wie die Elster auf dem Gatter in dem berühmten Bild von Claude Monet (*La Pie*). Eine gefiederte Note auf den Linien eines Notenblatts, die quer über den Hof von Position 37 tschilpt. Signale, die dem Funkverkehr auf deinem Radioset ein sonores Double bieten. Was sich dem aus der WaPo-Box spähenden Wachsoldaten zeigt, ist ein klingendes Tableau in Erdtönen, Steinfarben und Licht. Natura viva. Die Spuren im Schotter, wo zuvor die Fahrzeuge standen. Der halb verlassene Stützpunkt. Spuren vom Fest der Gemeinsamkeit, das hier gefeiert wird, indem man Dienst versieht.

Auf dem Dach des Wachturms sind Antennenmasten angebracht. Kein Stützpunkt und auch kein Jeep kommt ohne Funkanlagen aus. Funksprüche sind ein elementarer Teil von Militärsound; sie sind Klangwerdung (Sonifizierung) von Beobachtung, und jede Bewegung von Truppen oder Truppenteilen wird erst durch den entsprechenden Funkspruch zu einem Fakt. (Nur wo man sich offiziell aufhält, befindet man sich wirklich.) Außerhalb militärischer Einrichtungen darf der Soldat keine Standortveränderung vornehmen, ohne sie über Funk zu melden.

Die Süße des Vergnügens, an einem Ort nur insgeheim zu sein: Der Welt ein Schnippchen schlagen (»Ich bin gar nicht da!«), es auskosten wie das Überwinden der Fallgesetze.

Eine der schönsten Antennen steht auf Position 27, wo sich die Kommunikationszentrale der 2. Kompanie befindet: fünfundzwanzig, vielleicht dreißig Meter hoch aufragend. »The aerial.« Immer wieder sitzen Vögel auf den Gitterstäben, flattern zwitschernd die Zickzacksprossen hoch, stürzen sich hinab und erheben sich in die Luft. Funksignale gehen als unsichtbare Wellen aus und ein.

Das Communication Center einer Einheit wird abgekürzt COMCEN genannt. Den deutschen Begriff »Leitfunkstelle« benutzt niemand. Emrah H. sagt: »Meine Mutter.« (Wo immer man hingeht, wo immer man war, es ist meldepflichtig.)

Das COMCEN der 2. Kompanie hat das Callsign 1D1 (sprich »One-Delta-One«). Es ist ein Team aus fünf Soldaten, die einander in 6-Stunden-Intervallen abwechseln. Die »Comsingers«. Man hört sie täglich, aber man sieht sie nie, denn ihr Arbeitsplatz ist im Shelter. In den übrigen Dienstbetrieb sind sie nur wenig eingebunden, sie führen eine weitgehend isolierte Bunkerexistenz und bleiben so von manchem unbehelligt. Die Schwierigkeit beim Dienst im COMCEN, erklärt Korporal M., sei, dass man von einem Augenblick zum anderen präsent sein müsse, auch wenn längere Zeit zuvor nichts los gewesen sei. Jederzeit, auch in Stunden der Flaute, müsse man auf alles gefasst sein, um nicht in der entscheidenden Sekunde überrumpelt zu werden. Die oft heitere Gestimmtheit beim morgendlichen Radiocheck um 04.30 Uhr (»All stations, all stations, this is 1D1 …«) habe zwei Gründe: Zum einen habe man die ganze Nacht zuvor alleine Dienst versehen (und habe dies auch durchaus genossen!) und freue sich einfach, wieder eine menschliche Stimme zu hören, die der eigenen antwortet. Zum anderen finde der Radiocheck kurz vor Dienstablöse statt, und danach dürfe man schlafen gehen.

Das englische Wort für Funk ist schlicht »radio«, und die deutlichste Parallele zum Rundfunk ist ein Phänomen, das man von Radiomoderatoren her kennt: Die Stimmen der Sprecher sind allen vertraut, doch kaum einer kennt die Gesichter, die zu diesen Stimmen gehören. Aus dem Umstand, dass man sie täglich hört und dass sie immer da sind, unabhängig vom eigenen Befinden, entsteht eine quasi-persönliche Beziehung, die der Radiohörer in den Sprecher projiziert.

Mit der Zeit erkennt man in der Stimme eines jeden Funkers auch die Stimmung, die gelegentlich durchschlägt, sowie feinste Nuancen, Unter- und Zwischentöne, mit denen der Comsinger gerade die rituellsten Funksprüche wie das abschließende »roger – out« ausstatten kann. Obwohl die Möglichkeit, einem Funkspruch inhaltlich eine individuelle Note zu verleihen, gleich Null ist, hat jeder der fünf COMCEN-Funker einen unverwechselbaren Kommunikationsstil, der freilich ganz auf die Stimmführung beschränkt ist.

E. schmettert alle Meldungen, gleich welcher Tonlage, wie Volleyschläge beim Tennis ab. Neigt manchmal zur Outrage (rollendes R!). – Die Stimme von M. ist die gleichmäßigste von allen, ohne große Oszillation, von konstanter Temperiertheit, angenehm, ruhig. Absenz jeder Launenhaftigkeit. Wenn sie gelegentlich etwas verschlafen wirkt, so ist dies vielleicht mehr der Widerhall der aktuellen Verfassung, in der der Hörer sich selbst befindet. – F. hat eine angenehm dunkle, aber wenig charakteristische Stimme. Er verfällt mitunter in ein Brabbeln, in dem nichts deutlich wird außer Geringschätzung, Unwille und Langeweile. – S. geht am stärksten auf den Tonfall am anderen Ende der Leitung ein. Die Breite seines stimmlichen Registers gewährleistet einen abwechslungsreichen Funkverkehr. Jedweder Funkspruch wird von ihm mit adäquaten Mitteln, bis zur Imitation, erwidert. Meldet sich aber (selten genug!) eine weibliche Stimme über Funk (die 2. Kompanie ist ja eine reine Männerkompanie), nimmt die sonst so geschmeidige Stimme von S. eine offiziöse Klangfarbe an.

Ein akustisches Pendant zum Habtacht-Stehen. Ebenso selten und dadurch auffallend: Korporal S. nach mehrtägiger Abwesenheit, frühmorgens mit grimmigem Unterton. – COMCEN-Kommandant T. ist der freundlichste aller Funker, der Älteste im Team. Der zwingende Eindruck von Leichtigkeit in seiner Aussprache resultiert aus der Behauchtheit der entscheidenden Konsonanten. Sogar das »Delta« in 1D1 spricht er wie die Initiale seines eigenen Namens (T wie »Telta«). Sein Äußeres ist den meisten unbekannt, und die ihn erstmals sehen, sind in der Regel erstaunt: Sie hätten sich zu dieser Stimme jemand ganz anderen vorgestellt.

1D1 ist die Funkzentrale, die uns auf Schritt und Tritt begleitet. Im weißen UN-Wagen fährst du allein vom Camp zurück auf deinen Stützpunkt, durch die steinige Landschaft. Auf *Radio Jordan* schwingt der Rhythmus eines Songs von Bruce Springsteen, der vom Nachhauseweg und unterbrochenem Funkkontakt erzählt (»This is *Radio Nowhere*, is there anybody alive out there?«), und zwischendurch tönen immer wieder die vertrauten Stimmen aus dem Funkgerät (Patrick, Nemo, Tristan – die Patrouillen draußen an der Alpha line), auch jene deines Lieblingscomsingers: »This is 1D1 – roger – out.« Es ist schwer zu benennen, aber doch der Kern einer Empfindung: zurück in ein temporäres Zuhause zu fahren.

Natürlich ist der in miserablem Englisch geführte Funkverkehr oft grauenhaft. Auch nach Monaten werden die immer gleichen Meldungen weiterhin falsch gebildet, Einzahl/Mehrzahl, Vergangenheit/Gegenwart und alle Personalformen vertauscht und falsche Fragewörter benutzt. Was auch sonst, wenn niemand korrigiert?! Wenn selbst der Comsinger das englische »kilometer« als ein »kilo matter« spricht! Eingeschritten wird nur, wenn die »Funkdisziplin« verletzt wird. Dennoch kann man nicht verhehlen, dass »Radio Delta« uns immer wieder überraschendes Amüsement in homöopathischer Dosis beschert.

Aus dem Wissen, dass stundeslanges Im-Fahrzeug-Sitzen als stehender Spähtrupp bei manchem Soldaten Begierden weckt (»Du, ich bin so geil, was hältst du von einer Nummer im Auto?«), eröffnet die Frage an den Patrouillenkommandanten »Who is your present location?« interessante Dimensionen.

Stützpunkt 27 fragt statt der Patrouille D1B irrtümlich das COMCEN: »1D1, where is your present location?« Korrekte Antwort von 1D1: »My present location is in the shelter.«

Die D2A meldet, dass der letzte Schäfer im Bereich der Alpha line vor einer Stunde nach Hause gegangen sei: »The last shepherd go to Jabata for one hour.« (Vielleicht trifft man sich ja noch zu einer Soirée, wenn er in einer Stunde wiederkommt?)

Der COMCEN-Kommandant funkt an den diensthabenden Kollegen: »1D1, hier spricht dein Gewissen.«

Dann wieder der Wirtschaftsunteroffizier, quälend langsam und gedehnt: »1–D–1, –––, this is 1–D–4–A, –––, arrived 3–2, –––, over.« Und der Zuhörer am Funkgerät ist mit ihm froh und erleichtert, dass er nicht nur auf Stützpunkt 32, sondern auch am Ende des Funkspruchs angekommen ist.

Highlight der vergangenen Woche war ein (wie du weißt, inszenierter) Verkehrsunfall spätabends. Der Fahrer des UN-Wagens meldet, er habe bei einem Wendemanöver in der Dunkelheit die Meldetonne 36 touchiert. Es sei ein geringer Sachschaden am Fahrzeug entstanden, der nun durch die Militärpolizei aufgenommen werden müsse. So weit, so gut. Die MP aber, dem Akzent nach eindeutig polnisch, findet kurioserweise den Weg zum Barrel 36 nicht. Daraus entspinnt sich ein mehrstündiger, zunehmend verzweifelter Funkverkehr, der sich dem rudimentären Englisch beider Seiten verdankt, gepaart mit der unklaren Schreibweise und Aussprache arabischer Ortsnamen wie »Al Haraye«, das je nach verwendeter Karte auch »Al Hourie« genannt wird. Der polnische Militärpolizist wiederum gibt an, in »Al Hara« zu sein.

Der (unverkennbar steirische) Kamerad im Unfallwagen versucht sich an einer Wegbeschreibung, wobei er die markante Moschee von Al Hourie, deren neongrün leuchtendes Minarett einen Orientierungspunkt bietet, statt »mosque« als »Mushee« bezeichnet: »The Mushee muss sei' on the right side of you. When you drive outside from Al Hourie, you can see my car blink with the yellow light. You are on the street by the Mushee? – Over.« Statt einer Antwort kommt die überraschende Gegenfrage: »In which city are you? Musharie?«

Von der so herrlich gelegenen WaPo-Box auf dem Tal Hawa aus überblickst du das Geschehen: das seit zweieinhalb Stunden blinkende gelbe Licht inmitten der Ödnis um Barrel 36, dazu die Lichter eines herumirrenden Fahrzeugs in Al Hourie. Wenn du wolltest, könntest du die MP über Funk wohl zum Hotspot dirigieren, doch damit würdest du dich deines Abendunterhaltungsprogramms berauben. (Und für den Fahrer des Unfallautos ist es ohnehin die gerechte Strafe für den Fake.)

Es gibt zwei Möglichkeiten, den Funkverkehr in der 2. Kompanie zu bewerten – auf den Punkt gebracht von zwei Offizieren der *Observer Group Golan*. Ein schwedischer Captain, als er das Set einschaltet und auf Kanal 13 unverkennbar Funksprüche der Enziankompanie zirkulieren, meint genervt: »Oh, why do we have to listen to Delta?! It's so …« Der Schweizer Lieutenant Colonel widerspricht dem heiter und bestimmt: »I'm gonna miss that radio!«

(16. November 2008)

24 You'll Never Walk Alone

Geräuschmitschrift (Sonagramm) während 15 Minuten einer Patrouille am Samstagnachmittag, im Fahrzeug bei Barrel 28, an der A-Linie: Der Sound der Waffenruhe.

Das unrhythmische Klicken der Kugelschreiberspitze, jedes Mal wenn sie neu auf dem Papier aufsetzt. Das Surren lästiger Fliegen. Zwei Schafherden, die sich grasend durch Olivenhaine drängen. Das Rascheln der Äste von Feigenbäumen, wenn Schafe an den Blättern reißen. Das Knurren eines Hirtenhunds. Der Hirte selbst, sein gellender Lockruf, der die Schafe imitiert. Das Knistern der verdorrten Gewächse auf dem trockenen Boden, während die Herde dicht an eurem Wagen vorbeizieht (Fahrzeugaußenreinigung mit echter Schafwolle). Wind, der durch die Feigen- und Olivenbäume weht, die flatternde UN-Fahne auf dem Fahrzeug, das Atmen des Kameraden am Nebensitz. Die »Happy Birthday«-Melodie als Klingelton von einem Mobiltelefon westlich des Technischen Zauns, vom Wind hierher geweht. Geräusche von zufallenden Autotüren und startenden Motoren außerhalb des Sichtbereichs. Und auf dem Radioset: nur Funksprüche von der Sector Patrol, die gerade alle Sektoren der 2. Kompanie in der Pufferzone befährt; Blitzvisitationen; am Funk der elende Korporal L. von Position 32 (Purgatorium), der in Abständen von wenigen Minuten das Passieren eines jeden Meldepunkts durchgibt, als wär seine Fahrt eine hoch brisante Mission. »Fahr zur Hölle!«, denkst du und drehst den Ton auf Minimum.

»Das, was man als schön bezeichnet, entsteht in der Regel aus der Praxis des täglichen Lebens heraus«, schreibt Jun'ichiro Tanizaki.

Patrouillen sind eine Art Offizium, eine Tagzeitenliturgie, ideal für Menschen mit Lust am Beobachten kleiner und kleinster Veränderungen, für Minimalisten, die lieber immer dieselben Wege gehen. Der Auftrag bleibt immer gleich, doch die Patrouille ist mit jedem Kameraden anders.

You'll Never Walk Alone ist der Titel einer britischen Fußballhymne, deren Text gar nichts mit Fußball zu tun hat (von Gerry and the Pacemakers). Es wäre auch ein Motto für Patrouillengänge, denn ein Soldat darf Patrouillen nie alleine gehen. »Walk on, through the wind / Walk on, through the rain (…) / And you'll never walk alone / You'll never walk alone.« Ebenso aber gilt:

You'll never sit alone. Und das ist auch das Problem. Es ist allemal entscheidend, mit wem man da gemeinsam geht oder sitzt. Die Schwierigkeit ist ja nicht, vier oder zehn Stunden beobachtend auszuharren, sondern es mit jemandem zu tun, der mehr zur Langeweile als zum Sehen begabt ist.

Dabei wäre schon das Landschaftskino imposant genug. Tal Hawa und Mount Hermon wechseln ständig ihr Gesicht. Am Morgen ist der kahle Bergrücken des Hermon-Massivs als eine Fläche ausgeleuchtet und abgehoben vom Firmament, wie gemalt vor monochromem Hintergrund: von intrinsischer Schönheit. Nur an der äußeren Flanke ist Bewuchs von Buschwerk zu erkennen, ein Farbgeflecht wie Blauschimmelkäse. Sowie Wolken aufziehen, verändert sich das Panorama unablässig, alles changiert im Licht. Als stünde man in einer Wetterküche, brodelt das Gewölk rund um den Hermon, türmt sich auf, wirft schwere Schatten, erstickt das Licht.

Oberleutnant G. sagt, er würde den Patrouillenweg D1A am liebsten jeden Morgen gehen. Und gerne auch allein, aber das sei eben nicht möglich – you'll never walk alone.

Der gecheckte (»geclearte«), d.h. von Minen geräumte Patrouillenweg ist oft nur zwei Lineallängen, vielleicht einen halben Meter breit. Ein falscher Tritt im ungecheckten Gelände und es heißt wie in einem anderen Popsong (von der britischen Gruppe Gene): »*You'll Never Walk Again* / invalid till the end« – wie jene Ziege, die auf eine Mine stieg, an dem Tag, da du zum ersten Mal mit Ümit Fußpatrouille gingst. Was du nach dem Knall bei Barrel 25 sahst, war eine Ziege mit weggerissenen Hinterbeinen, die von zwei Hirten weggezerrt wurde. Ümit zitterte vor Aufregung.

Über den Feldern zwischen Jabata und dem Technischen Zaun bewegen sich Vogelschwärme in stetig veränderter Formation, zentrifugal und konzentrisch wie ein Akkordeon, auf und nieder. Vor einigen Wochen tauchten unbekannte Männer auf, die eigenartige Vorrichtungen mit Schnüren und Käfigen aufstellten, und seither sind sie jeden Morgen an der Alpha line. »One bird – one Dollar«, so das Angebot, das man auch euch unterbreitete.

Die Verständigung mit den syrischen Schäfern beschränkt sich auf wenige englische Vokabeln. Der Rest muss aus Gestik und Tonfall des Gebrabbels erschlossen werden. Im Allgemeinen gilt: Je geringer die Englischkenntnisse eines UN-Soldaten, umso besser funktioniert das Gespräch. Manche Soldaten lassen sich zu kleinen Gefälligkeiten bewegen (eine Flasche Mineralwasser im Tausch gegen ein versprochenes Päckchen Tee, das dann auch zuverlässig überbracht wird), andere weisen Gesprächsanbahnungen und sonstige Begehrlichkeiten (»Mister, give me banana!«) strikt zurück: »Wir sind ja nicht die UNICEF!« Ohnehin ist engerer Kontakt nicht erlaubt, denn die Israelis, auf dem Hügel nebenan, schauen zu.

Die übliche Rechtfertigung eines Schäfers, warum er über die A-Linie getreten ist: »Crazy sheep! Grrrrrrrr!« (Er intoniert ein irres Schnarren). »Wieso crazy sheep?«, sagt Akin, »das arme Viech kann ja nix dafür. Deppert shepherd!«

Harry (»Dirty Harry«) ist bei den Schäfern der unbeliebteste, gar ein gefürchteter UN-Soldat. Sein Standpunkt ist die Nulltoleranz. Jedes auch nur geringfügige Überschreiten der A-Linie wird von ihm mittels Foto- und Videokamera dokumentiert, und rasch sind auch syrische Verbindungsoffiziere und die Geheimpolizei Muhabarat zur Stelle. Als du einmal mit einem anderen Kameraden draußen an der A-Linie stehst, fragt dich der Schäfer: »Where is Harry? No Harry today?« Du zeigst auf den Tal Hawa, auf dem Position 37 thront, und sagst: »Harry is watching you.«

Seit Kurzem erst verfügt der Stützpunkt über ein separates Patrouillenfahrzeug, was bei den Schäfern zu deutlich mehr Respekt gegenüber den UN geführt hat. Ebenso zeigt sich: Man verkörpert mehr Autorität, wenn man ein Handfunkgerät eingesteckt hat. (Wer den Funk bedient, hat offenkundig etwas zu sagen.) Ein Barett wirkt seriöser als eine himmelblaue Schirmkappe.

Patrick kehrt von der D2A immer winkend, lachend, kappenschwingend zurück nach Hause auf den Stützpunkt, ganz der siegreiche Soldat, und tatsächlich gibt es ja auch täglich Violations zu bereinigen. »The situation is cleared«, lautet der Funkspruch, »the shepherd has left the forbidden area.« Jede beendete D2A ist eine gewonnene kleine Schlacht (zwischen Schäfern und UN) zur Sicherung des Waffenstillstandsabkommens zwischen Israel und Syrien.

Wie gesagt, mit jedem ist es anders.

Verhaltensforscher sprechen von Bewegung als »Lokomotion«. Die Lokomotionsspuren einer D2A aufzuzeichnen, das ergäbe bei jedem Soldatenpaar – je nachdem, wer gemeinsam unterwegs ist – unterschiedliche Linien und Frequenzen (Lokomotionsphasen). Es gibt jene, die sich am liebsten im Gelände bewegen, also möglichst viel marschieren (»lokomotorische Aktivität«), andere, die gerne über Stunden an ein und demselben Standort verharren (samt eventuell aufkommender Begierden), wieder andere, die ruhelos mit dem Wagen von einem Sektorenende zum anderen streifen, rauf und runter. Aus individuellen Lokomotionsdaten ließe sich eine »Gruppenlokomotion« bestimmen: die Durchschnitts-D2A, die es so nie gibt.

Simon, der Stillste von euch allen, mit dem du wie mit keinem anderen auf Patrouille schweigen kannst, Simon schlägt vor, ihr beide könntet euch splitten, nur müsse die Funkverbindung zueinander gesichert sein. Du, mit dem Callsign D2A/Romeo, bleibst beim Fahrzeug, während er als D2A/Juliett den »Alpha Corner« ausschreitet, entlang des Technischen Zauns flaniert, für eine dreiviertel Stunde des Alleingehens in Kontemplation und Meditation dem Alphaland nah. Danach die Meldung: »D2A/Romeo from D2A/Juliett – message – meet me at barrel 29 – over.« – »From D2A/Romeo – roger – out.« Ein Date unter dem Feigenbaum, vereinbart über Funk, militärisch verschlüsselt, aber dennoch ein Date, with Juliett on the Alpha line.

Simon, der ein Sergeant von außerordentlich integrer Erscheinung ist, bekennt, die groteske Auftragslage habe ihm in der ersten Phase des Einsatzes »fast das Genick gebrochen«: nichts tun zu können, weniger zu kontrollieren als vielmehr selber ständig kontrolliert zu werden; frustrierend sei das gewesen.

Nahe der A-Linie werden von syrischen Farmern Bäume angepflanzt. Die UN-Truppe muss einschreiten. »The trees are not a problem, but the activities are.«

Der Begriff »Barrel 36« wurde für die 2. Kompanie im Lauf des Sommers zum Reizwort schlechthin, zum Synonym für das Erstarren von Lokomotion und für Blockade. Unmittelbar bei der Meldetonne befindet sich eine Erdgrube, in der seit Juli durch syrische Bauarbeiter Erde abgebaut wird. Dem Vernehmen nach soll hier eine Trinkwasseranlage entstehen. Der Abtransport der Erde erfolgt Richtung Al Hourie, über eine asphaltierte Straße, die in diesem Bereich westlich der A-Line verläuft. Sie zu benutzen, stellt somit ein Vergehen gegen das Genfer Abkommen dar. (Kurios ist freilich, dass die Straße von den Syrern erst während der UN-Präsenz auf dem Golan gebaut wurde.) Der Force Commander ordnete eine ständige Überwachung der Bauarbeiten und des Baustellenverkehrs an, und seither wird die Sektorpatrouille täglich als stehender Spähtrupp bei Barrel 36 eingesetzt, solange die Arbeiten andauern, das heißt, auch über die regulären Patrouillenzeiten hinaus. »Beobachten und melden«, so der Auftrag. Die Genehmigung, jene asphaltierte Straße zu benützen, wird von oberster Stelle aber immer nur befristet erteilt, sodass es regelmäßig vorkommt, dass die UN-Soldaten den LKWs die Zufahrt über jene Straße verweigern müssen und sie Stunden später vielleicht doch wieder gewähren, gemäß der neuen Order. Keiner vor Ort, am wenigsten der einfache Soldat, der Aufträge ohne dazugehörige Information erhält, versteht, warum man etwas Bestimmtes darf und etwas anderes nicht, warum jemand dieses Bestimmte nicht tun darf, ein anderer hingegen sehr wohl etcetera.

Die Sektorpatrouille, die anfangs der beliebteste von allen Diensten war, weil man da in streunender Fahrt die Gegend kennenlernte, mutierte so zum entsetzlichsten Job. Im Jargon der 2. Kompanie wurde die Baugrube ziemlich rasch als »Drecksloch« bzw. »Dreckshole« bezeichnet. Der Vorarbeiter unter den syrischen Bauarbeitern, der einzige mit (minimalen) Englischkenntnissen, ist der »Chief of Erdloch«. Der gängige Funkspruch an das COMCEN: »1D1, this is sector patrol – stationary at dreckshole – over.« Der Kompaniekommandant spricht etwas diskreter vom »D hole« (Delta hole).

Vier bis viereinhalb Stunden Barrel 36. Allmählich entwickelt man ein genaues Gespür für das Zeitmaß und lernt, wie man eine halbe Stunde leicht und möglichst abwechslungsreich über die Runden kriegt. So wie man früher, in der Schule, die 50 Minuten einer Unterrichtseinheit (oder 90 Minuten an der Uni), auch ohne auf die Uhr zu schauen, präzise im Gefühl hatte.

Ende August kam es zu einer massiven Verschärfung der Situation durch einen weiteren Auftrag des Force Commanders. Schräg gegenüber dem Erdloch, also westlich der Meldetonne, befindet sich ein Tomatenfeld, auf dem syrische Bauern Erntearbeiten durchführen. Der neue Befehl sieht vor, dass der stehende UN-Spähtrupp seine Beobachtungen nunmehr auch auf diese »tomato picking activities« auszudehnen hat. Der zum Verständnis nötige Hintergrund, der erst nach einigen Wochen durchsickerte: »Foxtrot Charlie« versucht in Verhandlungen mit der israelischen Seite zu erwirken, dass in Zukunft mehr Felder westlich der A-Linie von syrischen Farmern bewirtschaftet werden dürfen. Deshalb ist es erforderlich, den Israelis zu signalisieren, dass die

UN jegliche Aktivitäten westlich der A-Linie beobachten und unter Kontrolle haben. (Vermutlich wird in Zukunft eine komplette Stützpunktbesatzung vonnöten sein, um die Erntearbeiten auf den dann neu angelegten Feldern zu beobachten.)

Eine direkte Folge der UN-Dauerpräsenz bei Barrel 36: Die WaPo-Box von Position 32 wird vielfach von vorbeifahrenden Erntefahrzeugen herab mit Tomaten und grünem Paprika beschossen. Ein Baggerfahrer streckt die Hand mit nach unten gerichtetem Daumen aus dem Fenster. Ein weiterer deutet einen Messerschnitt an der Gurgel an.

Frage von 1D1 an die Patrouille: »Can you give me an update about the situation on the tomato field?« – Die Frauen arbeiten, die Männer auf den Traktoren schauen zu oder sitzen im Schatten und trinken Tee. (Empörung auch bei deinen Kameraden.) – Wachtmeister H. funkt folgende Lagemeldung: »We are observing 1 tomato field, 5 workers, 1 shepherd, 1 donkey and 48 sheep.«

Emrah, der in regelmäßigen Abständen (in Intervallen von 10 Minuten) Krisensymptome zeigt: »Fuck, Alter, was machen wir da?!« Du sagst: »Wir sichern den Frieden.« Und Emrah kippt die Rückenlehne nach hinten, streckt die Beine durchs hinuntergekurbelte Seitenfenster, schaut gequält hinaus auf das Tomatenfeld, und aus dem Autoradio, an das er seinen iPod angeschlossen hat, klingt die ranzige Milchkaffeestimme der Norah Jones: »*Don't Know Why …*«

(23. November 2008)

25 Lob der Köche

Die österreichische Soldatenzeitung (*Der Soldat*) berichtet in ihrer Ausgabe vom 19. November 2008 unter der Überschrift »Österreichisches Brot in den Tschad«, die Firma Ströck, ein bekanntes heimisches Backwarenunternehmen, habe auf Ersuchen des Militärkommandos Wien »100 kg schmackhaftes Schwarzbrot« für Österreichs Soldaten zur Verfügung gestellt. In der tschadischen Truppenküche gebe es nur Baguette. (Die EUFOR-Mission im Tschad läuft unter französischem Oberbefehl.)

Es wäre mehr als leichtfertig zu verlangen, die Österreicher sollten mit dem Gebotenen vorlieb nehmen. Ist nicht schon von Frankreichs Königin Marie-Antoinette der Ausspruch überliefert: »Wenn sie kein Brot haben, dann sollen sie halt Kuchen essen«? Die Folgen des Satzes sind bekannt.

Die Zeitung weiters: »Die Freude über Brot aus der 4000 km entfernten Heimat war besonders groß. Mit dem wöchentlichen Versorgungsflug hob die schmackhafte Fracht am 21. Oktober in Linz-Hörsching ab, damit unsere Soldaten am Nationalfeiertag ›heimatliche Kost‹ genießen konnten.« Vermutlich gelang es so, einer drohenden Revolte der Österreicher vorzubeugen.

Im Ernst: Die Verpflegung ist ganz und gar entscheidend für die Truppenmoral. Der wichtigste Mann auf einem Stützpunkt ist eigentlich der Koch, und es ist eine Schande, dass von den Köchen bisher nicht die Rede war. So ist es leider in vielen Dingen: Die wahren Heroen sind oft jene, von denen nie die Rede ist; jene, die ihre Arbeit mit der größten Zuverlässigkeit und Fürsorge für andere leisten, nie ein Aufhebens um ihre Anstrengung machen und sich nie in den Mittelpunkt drängen.

Stützpunktköche sind eine eigene Spezies von Soldat. In den militärischen Dienstbetrieb nur wenig eingebunden, führen sie ein weitgehend eigenständiges Dasein. Die Küche ist ausschließlich Reich des Kochs und für alle anderen Tabuzone, Sperrgebiet, »out of bound«. Der Koch hat sogar ein separates WC, das von niemandem sonst benutzt werden darf. Wenn er den ganzen Vormittag in der Küche verbringe, gesteht Wolfgang K. (Position 32), so sei vieles daran Show. Im Grunde brauche man nicht mehr als zwei bis zweieinhalb Stunden für das Mittagessen. Was allen Stützpunktköchen gemein ist: Sie halten sich eher im Hintergrund, pflegen Äquidistanz gegenüber den Kameraden und wissen aus der Beobachtung heraus um die besonderen Vorlieben und Macken eines jeden Einzelnen – woraus gewisse psychologische Qualitäten erwachsen. Der Koch ist oft genug ein Mediator, der mit allen kann und von allen geschätzt wird. Und da sie, anders als die Wachsoldaten, mit niemandem eng zusammen sind, werden sie auch nicht so rasch verbraucht (»abgefeuert«). Sie sehen Kontingente kommen und gehen, bleiben manchmal über Jahre durchgehend im Einsatzraum, denn gute Köche sind immer begehrt. Und werden sie eines Tages doch repatriiert, gehen sie meist auf ausgedehnte Reisen (Fahrradtouren durch Australien, »long distance walks« durch die Prärie), ehe sie wieder auf den Golan zurückkehren. (K. ist bereits das 17. Halbjahr hier.) Stützpunktköche sind Weltbürger und Weltenbummler.

Selbst ein Gourmet, für den die Kochkunst zu den höchsten aller Künste zählt, muss bekennen, dass Wolfgang K. ein Spitzenkoch ist. In einem Restaurant in Österreich, wo ihm noch etwas bessere Zutaten zur Verfügung stünden, hätte er sich längst eine Haube von Gault Millau erkocht. Diese Raffinessen werden auf einem UN-Stützpunkt freilich nicht immer gebührend gewürdigt. Die jungen Burschen bevorzugen teilweise eher simple Kost wie Pizza, Spaghetti oder Fleischlaberl (Hamburger) – was so absurd ist wie ein Ferrari, den man nur im 1. Gang fährt. Soldaten sind eine genügsame Klientel. Vielleicht ist das mit ein Grund, warum so mancher exzellente Koch ein weitgehend stressfreies, gut bezahltes Leben im Militärverband doch vorzieht gegenüber den mannigfachen Zwängen der zivilen Welt.

Wo sonst als auf den Golan-Stützpunkten bekommt man zwei bis drei Mal täglich die größten Köstlichkeiten frisch aus der Pfanne serviert, ohne einen Cent dafür zu bezahlen? Robert R. (Position 37) kocht für seine Mannen auf Tausend. Jedes Gericht wird auf die feinste Nuance hin abgeschmeckt – was sich im Bauchumfang des Kochs niederschlägt –, die Ingredienzen sind immer überraschend und ausbalanciert. Hat man, von einer Patrouille zurückgekehrt, die Essensausgabe verpasst, stehen mehrere Töpfe und Pfannen bereit; man braucht sich nur zu nehmen. Und immer wieder zieht der süße Duft eines im Backrohr stehenden Kuchens durchs Gebäude, bis hinauf in den Turm der WaPo-Box. Mehlspeise gibt es täglich, mindestens eine.

Verzauberung ist eine Frage des Bewusstseins. Man sitzt an einem Tisch im Nahen Osten, irgendwo in der syrischen Pampa, 2000 km entfernt von daheim, und isst

Tafelspitz (Rindfleisch mit Semmelkren, das klassische österreichische Hochzeitsmahl), den Stabswachtmeister R. für die Mannschaft zubereitet hat. Es ist beglückend, ja bewegend. Danach eine Mandarine, die erste der Saison, und was war die erste Mandarine doch immer für ein Ereignis! Der Zauber ist nicht verflogen. Aber man bewahrt natürlich Contenance und sagt einfach nur: »Super war's! Wie immer. Danke!«

(30. November 2008)

26 Noch einmal für Position 37

Noch einmal vom Leben auf dem Stützpunkt. – Das Bewohnen einer militärischen Einrichtung und der Dienstbetrieb funktionieren nach einem insgeheimen Gesetz, es heißt Paarungen. Es ist nicht gut, dass der Soldat allein sei.

Zwischen sozial nahestehenden Personen, vor allem wenn sie wie Soldaten in einer Gruppe leben, bestehen starke Verhaltensbindungen. Bereits die bloße Beobachtung des Verhaltens anderer fördert die Tendenz, es ihnen gleich zu tun. Es kommt zu einer Angleichung von individuellen Verhaltensrhythmen.

P. und H., die zusammen eine Barackenkammer belegen, beschließen das Licht auszumachen und versuchen synchron Schlaf zu finden. Der Zeitpunkt des gemeinsamen Ruhens ist abhängig vom jeweils anderen, auch wenn nur einer der beiden vor Mitternacht wieder aufstehen muss, um in der WaPo-Box Dienst zu versehen. Dieses Handeln aus Rücksicht aufeinander, das Synchronisieren von Aktivität, ist, was die Sozialwissenschaft das »Maß der sozialen Aggregation« nennt.

»*I'll Be Your Mirror* / reflect what you are / in case you don't know«, heißt es in einem Song von Velvet Underground. Man spiegelt das Bild, das der andere gibt, man wird einander ähnlich. (Eine Ursache wird durch die Wirkung, die sie hervorbringt, immer mit verändert. Alle Erscheinungen sind demnach gegenseitig abhängig verursacht und durchdringen einander. Kausalität ist stets dynamisch und reziprok.)

»Gemeinsame periodische Gruppenaktivität«, das ist zum Beispiel das Shisha-Rauchen im Shelter, an dem fast alle aus der Mannschaft sich beteiligen. Nur 2 von 14 Mann rauchen Zigarette. (Anfangs waren es mehr, aber … wie gesagt.) In den vergangenen Wochen wurde die Chillzone deutlich aufgewertet: Teppiche wurden ausgebreitet, ein behaglich abgenutztes Sofa und Fauteuils in die Bunkerräume gebracht. Auch die Katze scheint mit dem Gebotenen zufrieden. (Ein verlässlicher Indikator.)

Tristan P. ruft an und berichtet, es sei auf Position 32 unerträglich geworden, zurzeit eskaliere alles. (Das tat es doch von Anfang an, denkst du.) »Ich wollte nur sagen: Gratulation, dass du es rechtzeitig erkannt hast. Ich fürchte, ich hab alle Chancen, im zweiten Halbjahr wegzukommen, verpasst.«

Hängen Rauch- und Gesprächskultur zusammen? Man kann sich dieses Eindrucks nicht erwehren. Auf Position 32 hat niemand Wasserpfeife geraucht. Die Zigarette ist ein Genussmittel, das zu kurzzeitigen Denk- und Sprechmustern und zu Fahrigkeit verführt. Produkt des nervösen 20. Jahrhunderts. Die Wasserpfeife fördert die Bedachtsamkeit. »Dar tiempo al tiempo«, ist ein aus dem Arabischen stammendes spanisches Sprichwort. Man muss der Zeit Zeit geben. Darius L. erzählt, sein Deutschlehrer habe immer gesagt: »Die Europäer haben die Uhr, die Araber hingegen die Zeit.«

Darius ist Kadersoldat beim Österreichischen Bundesheer. Rekrutenausbilder. Als du mit ihm auf dem Sofa sitzt, vertraut er dir überraschend, aus heiterem Himmel, an: Er sei in diesem Einsatz draufgekommen, man dürfe das Bedürfnis nach Nähe nicht mit Liebe verwechseln. Er habe irrtümlich, weil er die körperliche Nähe genossen habe, gemeint, sich verliebt zu haben.

Sein letzter Zivilberuf war Buchhalter (nicht Hilfs-, sondern Hauptbuchhalter): Key account manager. Und um diese Qualifikation nicht zu verlieren, hat er seine Buchhaltungs- und Mathematikschulbücher mit in den Einsatz genommen. Auf der Impressumseite ist als Widmung zu lesen: »Liebe Schülerin, lieber Schüler! Sie bekommen dieses Schulbuch von der Republik Österreich für Ihre Ausbildung. Bücher helfen nicht nur beim Lernen, sondern sind auch Freunde für das Leben.« Freunde für den Auslandseinsatz, Freunde für die WaPo-Box. Während nächtlicher Stunden übt Darius Buchungssätze (AfA = Absetzung für Abnutzung, Wertminderung von Anlagevermögen).

Darius führt auch eine »doppelte Buchhaltung« über seine privaten Ausgaben, mit Bilanzen, Saldi, Budgetvoranschlägen, Budgetüberschreitung. Überhaupt plane und verwalte er seine eigene Lebensführung buchhalterisch. Das Problem, das sich daraus ergebe, sei mangelnde Spontaneität: Mitunter verspüre er den Wunsch, etwas zu tun, das mit seiner festgelegten Lebensplanung nicht vereinbar sei, und da gelinge es ihm oft nicht, Entscheidungen zu treffen. »Was würdest du mir raten? Du stehst so über den Dingen, du kannst mir sicher was empfehlen.« – »Nein«, sagst du, »ich stehe nicht darüber, sondern mittendrin. Ich gehe mit den Dingen nur anders um. Let it flow.«

Akin D. hatte Recht. »Wir sind eine super Mannschaft, wir verstehen uns untereinander sehr gut, weil wir alle verschieden sind.« Das ist das Rezept. Beim Shisha-Rauchen im Shelter wird viel, und zwar kontroversiell diskutiert, aber die Meinung des anderen wird immer respektiert, und das Wasser im Gefäß blubbert, während man den nach Apfel oder Kirsch schmeckenden Rauch inhaliert. Gerhard Meier, der Schweizer Schriftsteller, hat die Wörter *Anstand* und *Abstand* beinahe synonym verwendet: Anstand habe viel mit Abstand zu tun. Und das definiert auch die Mannschaft von Position 37: Respekt und Abstand. Einander ähnlich wird man ohnehin genug.

Eines Tages bemerkt Korporal H., dass sich in seinem Umfeld immer wieder Kameraden ein Fremdwörterlexikon anschaffen wollen und er deshalb wiederholt um Rat gefragt wird. (Die soziale Aggregation schreitet voran.) Weiß der Teufel, ob sie es je benutzen. Einen reicheren Wortschatz bekommt man ja nicht durch Besitz eines Fremdwörterlexikons, sondern durch Auseinandersetzung mit Sprachmaterial, das einen fordert. »Der Mensch ist, was er liest«, so Joseph Brodsky.

Akins Koranlektüre hat übrigens nicht gehalten, was er sich davon versprach. Man könne, sagt er, den Koran nicht einfach lesen, man müsse ihn studieren, und dazu sei er derzeit nicht in der Lage. Es ging ihm auch nicht wirklich ums Verstehen (»Bitte nur den Koran, keine kommentierte Ausgabe, ich mach mir meine eigenen Gedanken!«), sondern um eine Legitimierung des eigenen Lebensvollzugs durch ein paar schmucke Zitate, und die ist so billig nicht zu bekommen.

Die Geschichte mit P.: wie zwei Menschen, die sich nicht wirklich etwas zu sagen haben, dennoch versuchen, respektvoll miteinander umzugehen, und Anläufe zu freundlichen Gesprächen nehmen, die sogleich versanden.

Was man in übersteigerter Form miterlebt, ist die körperliche Veränderung bei fast jedem Kameraden innerhalb kurzer Zeit. Manche bauen durch gezieltes Training Muskeln auf, viele setzen Fett an, schon nach wenigen Wochen sichtbar am Bauch, an der Hüfte und im Gesicht, das schwammiger wird. Der Soldatenkörper ist in unausgesetzter Gefahr, aus der Form zu geraten. Und die Uniform verhüllt nichts; sie stellt ihn, da alle das Gleiche tragen, eher bloß. Der Grund für diese unästhetische Entwicklung: Man glaubt, sich für sonstige Entbehrungen entschädigen zu dürfen, und isst zu viel. Gefreiter S. fasst einen riesigen Teller Kaiserschmarren, dazu eine Suppenschale, randvoll mit Apfelmus gefüllt, eine Suppenschale voll Zwetschkenröster und eine weitere Schale mit Obstsalat. Als die anderen amüsiert auf seine Mahlzeit starren, meint er: »Lebe jeden Tag so, als ob es dein letzter wäre.« Zumindest beim Essen scheint er dieser Devise zu folgen.

Knapp vor dem Ende des dienstlichen Halbjahrs, kurz vor der Rotation, kommt es zu Vorfällen, die einen intensiven Reinigungsaufwand nach sich ziehen. Einmal entleert P. seinen Mageninhalt quer durch das Zimmer, den Flur und das Bad; wenige Tage später überflutet er die Kammer durch missglücktes Hantieren am Lüftungsventil des Heizkörpers. Die Kameraden nehmen's gelassen, sogar heiter. Ein jeder greift zu Schaufel, Kübel, Besen und Lappen und hilft mit, die Überschwemmung zu beseitigen. Dem Verursacher ist es außerordentlich peinlich: »Jetzt hast du was, worüber du schreiben kannst.« Aber Korporal H. schreibt selten über das Besondere, lieber über das Alltägliche, zum Beispiel das Putzen. Es gehört zum »daily business« einer militärischen Friedensmission.

Der Stützpunktkommandant, Stabswachtmeister R., hat sich die Worte »Klagt nicht, kämpft!« in altdeutschen Lettern in den rechten Unterarm tätowieren lassen, und ebenso findet man diesen sonderbaren Spruch auf T-Shirts, Schlüsselanhängern und Kaffeetassen. Dabei haben UN-Soldaten bekanntlich keinerlei Mandat zu einem veritablen Kampf. Wacker Dienst zu versehen, heißt, dass man Putzdienste leistet, ohne zu murren. In Wahrheit müsste es also lauten: »Klagt nicht, putzt!«

Der Satz ist freilich bezeichnend für die enorme Diskrepanz zwischen dem Anspruch (dem Selbstbild) der Soldaten und der Alltagswirklichkeit in der Mission. Hier der Kämpfer mit geladener Waffe im Anschlag, da ein Beobachter von Schäferaktivitäten und Tomatenernte. Harry hat einen Schlüsselanhänger, beidseitig bedruckt: »Lernen durch Schmerz« und »Motivation durch Entsetzen«. (Letzteres kommt dem Alltag näher.)

Noch einmal, spätabends in der WaPo-Box von Position 37, blickst du über die Zone, den Bereich der 2. Kompanie, und ringsum funkeln die Lichter. Du weißt, du wirst diesen Ort verlassen müssen. Du wirst ihn verlassen. Die Versetzung ins Camp, von dir selbst vor Langem beantragt und »von oben« genehmigt, ist ein Befehl. Vom inoffiziellen Stützpunktschreiber zum Schreiber in der Hauptkanzlei des Bataillons – ist das nicht ein sozialer Abstieg?

Deine Versetzung fällt in eins mit dem Heimflug vieler Kameraden, so auch Fred 51, Chief of Tal Hawa. Inzwischen ist nicht mehr *er* der 37/9A, der Nachfolger hat die Agenden längst übernommen. Er ist der »Ex-« bzw. »37/9A alt«. In den Tagen der Rotation ist dies eines der meist benutzten Wörter: »Mein Ex.« Das klingt nach »glücklich geschieden«. Aber Three-seven-niner-Alfred gibt es nur einen, also auch keinen Ex.

Es ist ein strahlend schöner Spätnovembertag: eine Violation an der A-Linie schon um 07.30 Uhr, Liaison Officer und Muhabarat (»Lima Oscar and Mike«) wurden angefordert. Hinzu kommt eine Brigadeübung der IDF. Aufgeregter Funkverkehr in der Kompanie. Für Wehmut bleibt keine Zeit. Es heißt, man solle gehen, wenn es am schönsten ist. Würdest du denken und fühlen zugleich, wäre das Herz jetzt schwer, da der Wagen, in dem du sitzt, den Tal Hawa hinunterfährt.

Abschiedswort von Fred 51: »Vergiss den Three-seven-niner-Alfred nicht!«

Stabswachtmeister R.: »Deine Bücher werde ich kaufen, und ich sag dir's: Ich find dich!«

Vizeleutnant S., der Spieß, spricht dich noch einmal in jener Koseform an, die nur er benutzen darf: »Magisterlein, viel Soldatenglück!«, und empfiehlt sich, mit einer angedeuteten Verbeugung: »G'schamster Diener«, und einem abschließenden Salut.

Das letzte Wort aber hat 37/9Alfred, der sich mehrmals über Funk von der Kompanie verabschiedet: als er den Stützpunkt verlässt, beim Eintreffen im Camp, beim Verlassen des Camps Richtung Flughafen und schließlich, ein letztes Mal, über ein Funkgerät, das nicht mehr seines ist: »1D1, this is 37/9A – passing Saasaa Checkpoint – close down radio set – thank you – out.« Ganz rasch noch, vor dem Sendeschluss, die ruhige Stimme von Oberleutnant G.: »This is 1D9A – have a nice flight home – out.« Und noch ein letztes, ein wirklich allerletztes »from 37/9A – copy – out« um 11.05 Uhr Local Time. Es ist klar, er wird bald wiederkehren. »Demnächst in diesem Theater.«

(7. Dezember 2008)

27 Geschlossene Gesellschaft

Es gibt Orte, an denen das Wissen um all jene, die schon vor einem hier ankamen und wegfuhren, das eigene Erleben intensivieren. Manche Bahnhöfe, Hotels, Schiffshäfen und Pilgerorte zählen dazu, und auch über Camp Faouar, seinem gleich hinter dem Haupttor gelegenen Antreteplatz, weht dieser Geist des Fluiden, der den Einzelnen minimiert und heraushebt zugleich. Generationen von UN-Soldaten sind hier angekommen und abgereist, seit 1974 in halbjährlichen Rotationen. Auch du bist vor sechs Monaten hier eingetroffen, wurdest hier vom Bataillonskommandanten per Handschlag begrüßt, vor dem Weitertransport auf die Stützpunkte. Der Antreteplatz (parade square) als Umschlagplatz des Bataillons. Quadratische Fläche, neuralgischer Punkt.

Nun, an dem Tag, da du von Position 37 ins Camp versetzt wurdest, einige Stunden nach der Abreise der »Auschecker«, treffen nachmittags die »Neurotanten« (Neu-Rotanten, keine Neuro-Tanten) ein, darunter jener dir noch unbekannte Mensch, mit dem du die nächsten sechs Monate zusammenarbeiten und -wohnen wirst, in einer symbiotischen Form, die kein Pendant im zivilen Leben kennt. Alles, was du von ihm weißt, sind Name und Alter (E. T., 22 Jahre). Ihm ist die Funktion des Schreibers im Personalbüro zugedacht, dir die Schreiberstelle in der Hauptkanzlei. (Die beiden Büros liegen einander gegenüber.)

Die neue Mannschaft steht in Reih und Glied, du musterst die Gesichter. Wen würdest du dir wünschen? Wen hoffst du, *nicht* zum Gefährten zu bekommen? Namen werden aufgerufen. Der Name deines Compagnons steht in der Liste ganz zuletzt. Die Gruppe wird mit jedem aufgerufenen Namen kleiner, nur noch wenige Soldaten bleiben stehen, und schließlich nur noch einer: voilà! Und von diesem Moment an werdet ihr für Tage, vermutlich Wochen, einander kaum noch von der Seite weichen, auch alle Freizeit gemeinsam verbringen. Eine Beziehungsform sondergleichen, wie man sie allenfalls in Kampfeinsätzen praktiziert, wo man sich hundertprozentig auf seinen Buddy verlassen können muss.

Und Wachtmeister K., Kanzlei-Unteroffizier, spricht es auch noch aus: »Ihr zwei müsst miteinander gut auskommen. Wenn ihr euch nicht versteht, ist das sechs Monate lang die Hölle.« Das erinnert an Sartre: »L'enfer c'est les autres.« (Die Hölle, das sind die andern.) Will sagen: Wenn es nicht gelingt, eine lebbare Beziehung zu den anderen herzustellen, ist man tatsächlich in der Hölle. Höflichkeit wird nicht genügen. Man muss sich füreinander interessieren, auch wenn einen fast 20 Lebensjahre trennen und man im Zivilen nicht auf den Gedanken käme, gerade diesen Menschen anzusprechen.

Die Einrichtung des Zimmers, das ihr bewohnt, trägt die Handschrift eurer beiden Vorgänger – ein ideales, komplementäres Gespann: der eine ein Verkabelungsfetischist, der andere ein ins Neurotische gekippter Ordnungs- und Regalsystemfetischist. Leere Schachteln von Kopierpapier dienen als Ablagefächer.

Wenige Tage später sind die letzten Rotanten im Camp Faouar eingetroffen. Man überblickt den Pool an neuen Kameraden – das Vielfache einer Stützpunktmannschaft – und weiß, mit diesen Leuten wird man die nächsten Monate das Auslangen finden müssen. Keine Möglichkeit, nach immer neuen Kontakten Ausschau zu halten. Die Tore sind jetzt geschlossen. Alle Glücksmöglichkeiten befinden sich intern, und es wird einer gewissen Anpassungsleistung bedürfen.

Der Gehilfe des Feldpostmeisters, Zugsführer T., geht in die Sondierungsoffensive und fragt die Neuangekommenen, ob es im Flugzeug Stewards gegeben habe. »Ja, so drei, vier Flugbegleiterinnen waren schon an Bord«, meint einer. – »Ich interessiere mich aber mehr für Männer«, sagt T. – Leichte Irritation beim Gegenüber.

Die Frage nach der sexuellen Orientierung ist freilich eine, die man einem Soldaten nicht stellen sollte, denn sie geht am Wesentlichen vorbei; sie verdeckt mehr, als sie enthüllen könnte. Soldaten mögen ihre Schlafstatt teilen mit wem immer, kuscheln tun sie doch am liebsten mit ihresgleichen.

Auf dem Abort der Unterkunft, einem Gemeinschaftsklo, befindet sich »one hand reading stuff« (Einhandlesestoff): Erotikmagazine wie das ÖKM, Hefte aus verschiedenen Jahrgängen, das älteste von 1992, schon ziemlich abgegriffen.

Betritt man das Feldpostamt, wird man mit einem saloppen »Begrüße!« empfangen. Manche erwidern den Gruß in Abwandlung des italienischen Buon giorno: »John Porno!«

Ein Koch fasst in der Bekleidungskammer ein Bettlaken aus, um für die Kompanie einen Strudel zu backen.

Im Kanzleidienst gibt es nichts, kein Schriftstück, das wertloser wäre als der Speiseplan der vergangenen Woche. Überzählige Kopien, für die es keine Verwendung mehr gibt.

Täglich um 07.30 Uhr ist Standeskontrolle auf dem Antreteplatz. Einige kommen mit ihren Dienstfahrrädern angefahren. (Warum denkst du immer, wenn du einen Uniformierten in die Pedale steigen siehst, an einen Briefträger? Es muss an frühen Filmen von Jacques Tati liegen.) Auf der Hauptachse des Camps fließt der Radverkehr von früh bis spät. Im Film fahren Soldaten nie mit dem Fahrrad, Briefträger hingegen sehr oft.

Die Geburtstagskinder der Woche haben sich jeden Freitagmorgen beim Bataillonskommandanten zum »Tortenempfang« zu melden. Wachtmeister K. machte folgende Aussendung:

»Da es in der Vergangenheit sehr oft zu Problemen beim Tortenempfang gekommen ist und die jeweiligen Personen nicht erschienen sind, müssen wir neue Regeln aufstellen.

- Meldung der Kompaniekanzlei/Stabskompanie an Hauptkanzlei/Bataillon bis Donnerstag 0900 LT bzgl. Anwesenheit/Abwesenheit bei Tortenempfang.

- Falls jemand nicht am Tortenempfang teilnehmen kann, muss ein geeigneter Ersatz aus dem jeweiligen Zug teilnehmen.

- Die Abholung der Torte ist eine MUSS-Bestimmung.

- Die Zeit der Abholung richtet sich nicht nach dem jeweiligen Empfänger, sondern nach dem Commanding Officer/AUSBATT, deshalb ist der Zeitpunkt im Anschluss an die Standeskontrolle unbedingt einzuhalten.

- Stabskompanie ist für die Anwesenheit verantwortlich.

MfG
Sergeant K.«

Ein militärisches Grundgebot ist die »Grußpflicht auf Verdacht«, das vorsorgliche Grüßen eines jeden, der ranghöher sein könnte als man selbst. (Für einen Korporal so gut wie alle.) Salutieren hat etwas ausgesprochen Angenehmes, man braucht bei der Begegnung nichts zu sagen, auch nicht zu lächeln. Einfach nur die Flosse hoch – ein nichtssagender Gesichtsausdruck (Pokerface) genügt. Grußpflicht ist übrigens keine Einbahnstraße, ein Salut ist ausnahmslos zu erwidern.

Gefunkt wird hier nicht an 1D1, sondern an 1, einfach »one«, das COMCEN des Bataillons, genannt »Tigercomcen«. E.T. bringt eine reizende Erklärung vor, warum Österreichs Soldaten auf dem Golan auf Englisch funken: weil man nämlich wisse, dass der syrische Geheimdienst mithöre und der Gebrauch des Englischen somit ein Signal an unser Gastgeberland sei, dass wir keine Geheimnisse hätten. Korporal H. hingegen ist überzeugt, dass der syrische Geheimdienst nur mithört, weil »Radio Delta« Kult ist. Wahrscheinlich zirkulieren bereits »Best of«-Kompilationen auf selbst gebrannten CDs und in Internet-Tauschbörsen.

Am ersten Wochenende findet die Hauptdichteprüfung der ABC-Schutzmaske statt. Mit übergestülptem Schutzanzug und aufgesetzter Maske betritt man – in einer Gruppe von 10 bis 12 Mann – einen kleinen, fensterlosen Raum, in dem mittels Gaskocher ein bestimmter Reizstoff freigesetzt wird. In diesem Outfit, das einem Weltraumanzug nicht unähnlich ist, läuft man üblicherweise einige Runden im Kreis, macht Armbewegungen und Kniebeugen mit dem Ziel, die Atmung zu beschleunigen und so die Dichte der Schutzmaske zuverlässig überprüfen zu können. Diesmal aber schlägt der Kommandeur stattdessen eine persönliche Vorstellungsrunde vor. Denn auch Sprechen bewirkt verstärkte Atmung. Sowohl das Gesicht als auch die Stimme des Sprechenden sind freilich kaum wiederzuerkennen. Es ist eine bizarre Veranstaltung. Eine amorphe Gestalt im silbergrauen Plastikanzug mit ABC-Schutzmaske stellt sich vor, schildert ihren Werdegang und nennt persönliche Hobbys.

Aufgrund der nach wenigen Tagen schon offenkundigen Unfähigkeit eines Unteroffiziers sieht E. T. im Personalakt nach, worin denn die spezifische Qualifikation dieses Herrn liege. Irgendeine Stärke werde er doch wohl haben. In den Unterlagen heißt es, er sei im Zivilberuf »Facility manager«. – »Was ist das eigentlich?«, fragst du. – Die Antwort: »Ein Bademeister.« Kein Scherz! Stabswachtmeister O. ist wirklich ein bei der Gemeinde bediensteter Badewärter. Managementerfahrung also. Hausfrauen werden dementsprechend, politisch korrekt, als »Manager of home affairs« bezeichnet.

Kamerad Karl S. erzählt dir von der Schwierigkeit, einem Außenstehenden den Charme eines Lebens im Militärcamp zu vermitteln. Er habe eine aufwändige Powerpoint-Präsentation mit vielen tollen Fotos erstellt und habe diese während des Heimaturlaubs seinen Angehörigen mittels Videobeamer gezeigt. Ein paar seien dabei leider eingeschlafen.

(14. Dezember 2008)

28 Visagen

Was dich 15 Jahre lang kaum einer fragte, hier fragt man dich täglich: »Was haben Sie studiert?« Darauf zu antworten, gar Details über Studienpläne zu nennen, grenzt an persönliche Lebensgeschichtsarchäologie, so lang ist das her.

Es gibt aber einen aktuellen Publizistikstudenten im Team, er heißt Max H., ist vom Dienstgrad Wachtmeister und hier als Bataillonsfotograf eingesetzt (militärisch »Blitz 50« genannt). Groß gewachsen, von athletischer Statur, bewegt er sich mit der Samtpfotigkeit einer Katze, die freilich, wenn nötig, auch anders kann. Sehr dunkles, kurzes, glattes Haar, Augen wie Mandeln, der Blick so ruhig (nicht stechend, aber genau), das Gesicht so klar, das gesprochene Wort sehr gelassen. Er ist vollkommen präsent, erfasst sein Gegenüber »en détail«, wirkt zugleich aber wie aus einer anderen Sphäre, ganz da und doch nicht da. Während andere Fotografen so auffällig und plump agieren, dass letztlich sie selbst mehr als die Fotografierten im Rampenlicht stehen, ist Max H. ein diskreter Geist, laut- und spurenlos wie Wolken und Wasser, »silently, and very fast«.

Blitz 50 bringt einen Stoß Blätter in deine Kanzlei, mit der Bitte um Verteilung: eine Fotogalerie der 53 österreichischen und kroatischen Offiziere in UNDOF, allesamt abgelichtet vor der Tür zu seinem Büro. Ein minimalistisches Setting, das den Blick auf Kontraste, auf markante Abweichungen zwischen den Köpfen lenkt. Die Vorlage dieses Papiers ist ein Ereignis. Keiner kann sich dem Anblick dieses »Who's who« entziehen.

Korporal H. beschäftigt sich seit geraumer Zeit mit der Frage, wie sehr das Wesen eines Menschen (seine relativ konstanten Verhaltensmuster im sozialen Gefüge, das, was man Charakter nennt) körperliche Ausprägung findet; mit anderen Worten: wie weit Psychisches sich physiologisch niederschlägt. Der Körper, vor allem das Gesicht eines Menschen, so lautet die These, ist eine geronnene, vergangene Form seines Bewusstseins und seiner Lebenskraft. Körper und Bewusstsein sind ein Kontinuum.

Im Allgemeinen gilt wohl, was Ilse Aichinger so formulierte: Man sehe auf Fotografien jeweils mehr dem Fotografen ähnlich als sich selbst. Es gibt jedoch gravierende Fälle, wo selbst Blitz 50 keine Milderung erwirken kann. Manche Fotoporträts der UNDOF-Offiziere verstören nachhaltiger, als der Besuch eines Gruselkabinetts es vermöchte. Entsetzliche Visagen, Mienen wie die vom Abstreicher in der Essigfabrik. Der Major mit dem stieren Blick, sehr viel Augenweiß und hinuntergezogenen Mundwinkeln. Fleischerwangen, Würgeeffekt. Einer muss ja die Rolle des Ekels spielen, die Stelle war bisher vakant.

Klar gibt es auch erfreuliche Erscheinungen, gar nicht wenige, Gesichter, denen man Vertrauen im Vorschuss gewährt. Dein Chef (der leitende Offizier für Personalwesen), der Feldpostmeister und auch der Militärpfarrer gehören dazu. Überhaupt ist der neue »Padre«, so die Bezeichnung für den Militärseelsorger auf dem Golan, ein bemerkenswertes Subjekt: ein Intellektueller (mit abgeschlossenen Studien in Germanistik und Theologie), dem eine Form der Heiterkeit ins Gesicht geschrieben steht, die durch genügend Traurigkeit gedeckt ist. In seinem Pavillon siehst du Bücher aus feinen Literaturverlagen, obenauf eines von George Steiner, das gerade auch auf deinem Lesetisch liegt.

Als er dein Büro betritt und den Adventskranz sieht, bemängelt er, dass erst eine statt drei Kerzen angezündet worden sei. Du erwiderst, dies sei eben ein Gradmesser der Besinnlichkeit, die in diesen Räumlichkeiten herrsche. »Morgen werde ich wiederkommen, es wäre schön, wenn dann schon drei gebrannt haben.« – »Zu Befehl!« – »Na na, nix Befehl.« – »Aber ja doch, befohlene Besinnlichkeit!« Und du setzt dich mit Wachtmeister K. an den Couchtisch, auf dem etwas verloren der Adventskranz steht, und ihr entzündet drei Kerzen. – K. meint, während er auf die flammengekrönten, wulstigen Stumpen auf dem verdorrten Reisigkranz starrt: »Also ich bin begeistert.«

Dabei hat die Woche schon so adventlich begonnen: Bei der Flaggenparade am Montagmorgen sprach der höchste kroatische Offizier, der ein Kenner der österreichischen Kultur ist und auch etwas Deutsch spricht, über das Lied *Stille Nacht, heilige Nacht*, das bekanntlich in Oberndorf, einem Ort nahe Salzburg, entstanden sei. Alle Welt bringe Salzburg mit dem Namen Mozart in Verbindung. Aber noch viel berühmter als Mozart sei jenes *Stille Nacht, heilige Nacht* von Franz Xaver Gruber aus dem kleinen Nest Oberndorf bei Salzburg, das von Menschen in aller Welt gesungen werde. Das sollten wir nicht vergessen. »Danke. Abtreten lassen und mit dem Dienst beginnen!«

Eine Stunde später, als der Lieutenant Colonel in die Kanzlei zum Kaffeetrinken kommt, fragt er dich zögernd: »May I ask you something? Do you think that the soldiers could understand what I wanted to say?« – Schmeichelnd versuchst du zu beschwichtigen: »I think everybody understood very well, Sir. You have found the right words at the right moment, Sir.« – »Hm … because I am not sure if I expressed myself clearly enough.« – »Oh, you did!« – »I mean, everybody is talking about Mozart and Salzburg, but that song *Stille Nacht, heilige Nacht* is something you may be really proud of.«

Nationalstolz also. Natürlich ist das ein horrender Schwachsinn, der aber für viele Menschen gewiss tröstend ist. Wenn einer schon nichts Eigenes vorzuweisen hat, darf er immerhin stolz sein auf die Leistungen, die ein anderer aus demselben Volk (»aus den eigenen Reihen«, »aus unserer Mitte«) erbracht hat. Das ist die Kernaussage von Patriotismus. Sie basiert auf der Annahme, dass jede Leistung, sei es die eines Sportlers oder eines Künstlers, nur zu einem Teil individuell errungen, zum anderen aber immer auch Ergebnis einer kollektiven Anstrengung ist (weil die Gemeinschaft, in der einer lebt und arbeitet, ja an allen Rahmenbedingungen beteiligt ist).

Der so freundliche kroatische Oberstleutnant ist ein recht großer, korpulenter Mann von blassem Teint, mit charmant dezentem Lächeln. Bei der Flaggenparade, während er das Wort an die versammelte Kompanie richtet, verlagert er das Gewicht unaufhörlich von einem Bein auf das andere, die Hände befinden sich rastlos in Bewegung. Ein Eindruck von liebenswürdiger Unsicherheit. Aber, wer weiß? In manchen Momenten bist du überzeugt, der Herr Oberstleutnant ist der Verwegenste, auch Unnachgiebigste von allen. Er setzt die Strenge seiner Mittel nur sehr sparsam und zielgenau ein.

Eines Abends, als du am Camptor Wache stehst, passiert der Lieutenant Colonel das Gate. (Zum ersten Mal siehst du ihn nicht im kroatischen Flecktarn, sondern zivil. Eine späte Ausfahrt, wer weiß wohin.) Als er dich erkennt, ruft er erstaunt aus: »Was machst du hier?« – Du sagst: »I am a guard, for 24 hours, Sir.« – Er mustert dich und meint schmunzelnd: »I feel pretty safe«, salutiert und fährt davon.

(21. Dezember 2008)

29 Von Sternen und Starlights

Wie viele andere Staatsoberhäupter und Regierungschefs veröffentlicht auch die britische Queen Elizabeth ihre Ansprachen seit einiger Zeit als Podcast im Internet. Neben diversen Tisch- und Geburtstagsreden findet man da auch ihre alljährliche Weihnachtsbotschaft. Liebhabern unfreiwilliger Peinlichkeit sei ein Abonnement dieses Podcasts wärmstens empfohlen. Ihren *Christmas Broadcast 2006* leitete Her Majesty mit dem bezaubernden Satz ein: »I have lived long enough to know that things never remain quite the same for very long.« (Zu dieser trivialen Erkenntnis brauchen manche eben ein Leben lang.)

Wie gut, dass es noch Horte der Beständigkeit gibt! Eine echte Bastion ist z. B. die katholische Presse in Österreich. Man ist baff vor Staunen, wie viele kirchennahe Zeitungen in diesem Land erscheinen, wenn auch eher in einer Art Samisdat. Selbst *Die Furche*, von Soldaten oft »Die Ritze« genannt, ist nur im Abonnement, nicht am Kiosk erhältlich. Von der Öffentlichkeit kaum wahrgenommen, trotzen sie dennoch jeder Finanzkrise.

Ein Kleinod unter diesen Medien ist *Das Neue Groschenblatt* (Kleine Monatsschrift katholischen Glaubens, 38. Jahr). In schlichter Aufmachung werden hier »alte richtige Wahrheiten, wie wir sie als Kinder gelernt haben« von Neuem vermittelt, »um unseren Glauben zu stärken«, gespickt mit Zitaten, die von den Herausgebern selbst stammen: »Der Preis für eine Seele ist hoch!« oder »Mag sein, daß der Jüngste Tag morgen anbricht, dann wollen wir gern die Arbeit für eine bessere Zukunft aus der Hand legen, vorher aber nicht!« Die Leserinnen und Leser danken es in Briefen: »… eine der besten Orientierungsschriften für die echte katholische Lehre«, »ein sehr gutes Blatt, wo noch alles in Ordnung ist«. Eingerüsteter Glaube, Verlustanzeige. Allerdings, im Impressum heißt es: »Bei etwaiger Einstellung des Blattes besteht kein Anspruch auf Rückerstattung des eingezahlten Abonnementbetrages.« So viel zur Finanzkrise, 38. Jahr.

Österreichs Soldaten auf dem Golan werden von all diesen Zeitungen frei Haus mit den neusten Ausgaben versorgt. Außer Korporal H. wurde aber noch niemand bei der Lektüre ertappt. Die meisten Exemplare landen unbesehen (»ungschaut«) im Mülleimer.

Der Padre erzählt dir, er sei gerade von einer Tour über alle Stützpunkte der 2. Kompanie zurückgekehrt. Er wolle ja für alle Kameraden da sein und suche das offene Gespräch, aber sie sähen in ihm vor allem den Priester. »Es ist klar, dass sie nach Thailand fahren zum Bumsen, aber zeigen tun sie dir das Holzkreuz, das sie in Jerusalem gekauft haben.« Einer habe sich Laudes (Morgenlob) gewünscht, und also werde es demnächst eine frühmorgendlichen Messe geben, auch wenn vielleicht nur ein

Einziger komme. Wer »die Schwerkraft des Hinterns« besiegen könne, sei herzlich eingeladen.

Driving Home for Christmas – der Song, der seit Wochen aus dem Radio tönt, verheißt etwas, das nicht jedem gegönnt ist. Denn es gibt eine vorgeschriebene OSAP, eine »operational strength at position«, derzufolge die Truppenstärke in den Kompanien zu keiner Zeit unter 75 % sinken darf. Und so haben bei begehrten Urlaubsterminen wie Weihnachten eben manche das Nachsehen: die Unverheirateten, Kinderlosen und die Lonely Hearts. No Christmas in Vienna, sorry!

Stattdessen, als moralische Unterstützung, bekommen die im Ausland stationierten Soldaten zu Weihnachten gerne Besuch von Staatsoberhäuptern und Ministern. Dieses Jahr ist es der kroatische Staatspräsident, der das österreichisch-kroatische Bataillon auf dem Golan mit einer Visite beehrt: jener Stipe Mesić, der der letzte Präsident Gesamtjugoslawiens war. Ein Hauch von Balkan-Geschichte, der für kurze Zeit in den Nahen Osten weht. Auffällig ist, dass jene, die motzen, warum niemand aus Österreich komme, dieselben sind, die den Empfang des Präsidenten als sinnlos und das Stellen einer Guard of Honor (die Zeremonie dauert 15 Minuten) als eine Zumutung empfinden. »Was geht uns der Typ an?«, so der Tenor des Gemaules.

So verbringt man Weihnachten im Militärcamp – in einem Ambiente, das man frei gewählt hat, in Gesellschaft, die mit in Kauf zu nehmen ist. (George Steiner spricht von Enttäuschung als einer »ätzenden Säure durchkreuzter Hoffnung«.) Die meisten ziehen sich ins Zimmer zurück.

Sauwetter, Regen, peitschender Wind. In Regenjacke und Feldschuhen stapft man gebeugt, mit eingezogenem Kopf, durch Pfützen.

Im elektronischen Postfach findet sich eine Mail: Compañero Tristan P. schickt Weihnachtsgrüße, verbunden mit einem Update über Position 32, das zu Herzen geht. Er sei gar nicht in der Lage, einen vernünftigen Gedankengang zu Ende zu bringen, ohne dass zehn andere Dinge dazukämen, die aber ebenfalls wichtig wären, um das ganze Ausmaß der Tragödie zu begreifen. Erschütterndes Elend. Der Mensch ist dem Menschen kein Helfer, sondern Quälgeist, Wolf, Desaster. »Etwas muss ich doch erwähnen: Ich lehne die Monarchie nun entschieden ab – jetzt, wo ich den Stumpfsinn am eigenen Leib zu spüren bekomme. Unser König, seine Fürsten und Lehensherren sind leider begeisterte Handwerker.«

Für den frühen Abend hat der Padre zu einer Messe nach Quneitra geladen. Die beispiellose Szenerie ließe sich im Detail beschreiben: die Ruine einer orthodoxen Kirche in einer vollends zerstörten Stadt, der Boden übersät von Scherben. Als improvisierter Altar dient ein Klapptisch, über den ein weißes Tuch gebreitet ist. Einer ruft scherzhaft: »Tür zu!«, die Türen gibt es seit 35 Jahren nicht mehr.

Ein paar Dutzend uniformierte Soldaten mit Fackeln finden sich ein (auch Tristan P. ist da, »Corporale!«, Lichtbringer), um gemeinsam zu feiern, wobei das Verbindende darin besteht, gemeinsam feiern zu wollen. Glaube ist fakultativ. Der Padre weiß, dass du Agnostiker bist; dass dich Religionen als kulturgeschichtliche Ausdrucksform interessieren, mit denen der Mensch das Absurde seiner Situation zu klären versucht. Du glaubst nicht, dass etwas außerhalb sei, es ist alles in uns, und das heißt auch: in jedem von uns, es ist nur eine Frage der Entfaltung. (Nur?)

»Eine Messe hört man am besten, wenn man die Sprache nicht kennt«, empfiehlt W. H. Auden. Aber bei Padre Emmanuel L. kann man sogar riskieren, dem Sinn des gesprochenen Worts auf der Spur zu bleiben. Keine Rhetorik, sondern Frohbotschaft, die durch die eigene Gestalt beglaubigt wird. »Fest der Liebe«, sagt Emmanuel. Vor allem, aber nicht nur, für die Familien. »Mit Konstantin Wecker fügen wir hinzu, auch für die Huren und die Schwulen. Auch sie haben ein Anrecht, am Fest teilzuhaben. Denn auch das ist eine Wirklichkeit«, so der Soldatenseelsorger.

Zur selben Zeit, im Wiener Stephansdom, freilich, wettert ein Priester in der Weihnachtsmesse gegen jede Abweichung von der kirchlichen Lehre. Die Familie sei das allein Heilbringende. Auch Gott habe sich kein Stück einer Extrawurst heruntergeschnitten, er habe seinen Sohn geopfert. (Eine kühne Metaphernanstrengung!)

Leere Hände. Was geben wir einander? Nichts als uns selbst.

»Was braucht es für ein Wunder?«, fragt Joseph Brodsky, der, illusionslos genug, sich eine erstaunliche Offenheit für Wunder bewahrte und in einem seiner Weihnachtsgedichte (*January 1, 1965*) schrieb: »It is too late for some breakthrough, / for miracles, for Santa's crew. / And suddenly you'll realize that you / yourself are a gift outright.«

Es genügt, dass zwei oder drei (besser drei) versammelt sind, in niemandes anderen Namen. Es ist alles in uns.

»You are a starlight in the sky«, sagte unlängst in einem Hamam in Damaskus ein junger Syrer, der sonst nur Arabisch sprach, zu deinem noch viel jüngeren Kameraden Peter K.

Noch einmal Brodsky: Wenn einer das Haus (den Stützpunkt, die Mission, das Haus des Lebens?) verlässt, soll der von ihm selber zum Leuchten gebrachte Stern ihm nachblicken, für alle Zeiten. »Or if you're leaving home, switch on a new / four-pointed star, then, as you say adieu, / to light a vacant world with steady blaze / and follow you forever with its gaze.«

28. Dezember, Abenddämmerung, auf dem Weg zurück ins Camp Faouar. Die Luft ist so klar und es liegt Schnee auf den Höhen. Das Licht auf dem Gipfel, Position »Hermon Hotel«, funkelt so stark, dass man wie trunken, in rauschender Fahrt, das Auge kaum davon lösen kann. Unausgesetzt leuchtet der Scheinwerfer auf dem Stützpunkt, wie die Sterne über euren Häuptern. Auch wenn du es bei Tag nicht siehst, das Licht ist immer da. Nicht anders ist es mit der Liebe.

(28. Dezember 2008)

30 Lesung aus dem Buch Numeri

Blitz 50 betritt dein Büro, grüßt wie jeden Tag: »Guten Morgen, liebe Hauptkanzlei!« – »Guten Morgen, Lieblingsblitz!« –, und legt dir einen Stapel CDs auf den Tisch, mit der Bitte um Verteilung: eine Fotodokumentation vom Besuch des kroatischen Staatspräsidenten, dazu Briefumschläge mit den Namen der Adressaten (»An die Österreichische Botschaft«, »An die Deutsche Botschaft«, »An das Goethe-Institut« usw.). Bei der Durchsicht fällt dir die Anschrift auf: »An die Kroatische Botschaft«. Kroatien hat in Syrien gar keine Botschaft, nur ein Honorarkonsulat in Aleppo. Fredie S. meint: »Der Kollege ist halt etwas übereifrig. Bei dieser Reihe an Empfängern wundert's einen, dass nicht auch ein Umschlag dabei ist: ›An den Papst‹.«

Ein Oberstabswachtmeister kommt in die Kanzlei: »Du, Frage: Verlängerung Strom.« Verdutzt schaust du ihn an. Wer »Verlängerung« sagt, meint oft ein Antragsschreiben, gerade zum Jahresende ist das nichts Ungewöhnliches. Aber »Verlängerung Strom«? Er ergänzt: »Hast du sowas?« Du fragst: »Was brauchst du genau?« Er zeigt auf die Steckdose und sagt: »Ein Stromkabel. Krieg ich das bei dir?« – Militärischer Sprachdefekt ist vor allem die Unfähigkeit, vollständige Sätze zu bilden. Die hervorgebrachten Satzfragmente, meist ein Gestammel an Hauptwörtern, bleiben ohne Kenntnis des Zusammenhangs unverständlich. Manch ein Sprecher scheint sich des Problems halb bewusst zu sein. Deswegen das häufige »Weißt eh …« als Verweis auf all das Nichtgesagte.

Jemand fragt: »Ist die Besprechung schon vorbei?« – »Nein, sie ist noch in Gang.« – »Wo am Gang?«

An jedem Monatsende findet eine Waffenüberprüfung statt. Alle Soldaten müssen ihre Waffennummer und die

Losnummer der Munition in eine Liste eintragen. Ein Vizeleutnant, leicht genervt: »Herr Korporal, wozu müssen wir diese Liste da ausfüllen?« – »Das dürfen Sie einen Korporal nicht fragen.« Es hat jedenfalls nichts mit Silvester zu tun. Der Jahreswechsel im Camp findet ohne Knallkörper statt. Nicht dass wir nicht genügend hätten! Das Mun-Lager ist reichlich bestückt. Der Einsatz von pyrotechnischen Mitteln zur Freudenskundgebung ist aber nicht vorgesehen. Während zivile Gegenden sich zu Neujahr in wüste Zonen verwandeln, die akustisch mit jedem Kriegsschauplatz konkurrieren, bilden UN-Militärcamps ein ausgesprochen friedliches Refugium. Sofern es nicht zu Raufhändeln kommt. (Die Sanitätsabteilung bleibt die ganze Nacht hindurch besetzt.)

Es ist der Nachmittag des 31. Dezember, du hast die Tagesgeschäfte abgeschlossen, wie jeden Tag, »the same procedure as every day«, und fühlst nichts von einem Jahresende, keine Spur von Zäsur. Was war das doch immer für ein Gefühl, das Silvester ausmachte? Der Versuch, Dinge aufzuarbeiten, den Schreibtisch leer zu bekommen, nichts »mit hinüber zu nehmen« ins neue Jahr. (Üblicherweise gescheitert.) Hier aber ist der Tisch immer aufgeräumt, es gibt keine Arbeiten als die täglichen. Das elektronische Geschäftsbuch dieses Jahres endet mit Geschäftszahl 3372, übermorgen wird ein Schriftstück die Zahl 0001 erhalten. Silvester ist nun wirklich ein numerisches Ereignis, ein Kalenderevent. (Wichtig sind vielmehr die Tag- und Nachtgleichen. Eine Frage des Lichts. Der kurze Moment der Balance im Wechsel von Dur und Moll, übersetzt in Licht.)

In der Silvesternacht stehen sämtliche Kneipen im Camp für Soldaten aller Dienstgrade offen. Die polnische »Gospoda« zum Beispiel lädt zum Dancing mit »gemischten Paaren«: Offiziere mit Unteroffizieren, Unteroffiziere mit Chargen – in Ermangelung von Bräuten. Die »Schweija-Hütte«, die den tiefsten Punkt auf dem Golan darstellt (Golan-Höhle statt Golan-Höhen), ein Vorzimmer zu Sanitätsabteilung und Rapport, bietet einen Karaoke-Wettbewerb mit alten Schlagern wie *Hundert Mann und ein Befehl*. Gewinner ist, wer von der Jury die wenigsten Punkte erhält.

Der Auftakt zum Silvesterpfad aber erfolgt in der Campkirche. Dein ganzes Leben lang warst du in keiner Jahresschlussandacht. Hier aber, bei Padre Emmanuel L., wirst du sogleich zu Hilfsdiensten eingeteilt. (Nein, der Assistent eines Militärpfarrers ist Adjutant, nicht Ministrant.) Und so stehst du unter der naiven Kopie einer der Ikonen der Kunst (*Die Erschaffung Adams* von Michelangelo) und liest aus dem Alten Testament, *Das vierte Buch Mose*.

Dieses Buch, genannt *Numeri*, ist ein langer Text in der literarischen Form einer Liste, über die Rekrutierung von Soldaten, beginnend mit »Zählung und Marschordnung«, »Zählung der Männer für den Heerbann«, und endend »Vor dem Einmarsch ins Land« (hier zitiert nach der Übersetzung von Martin Luther): »Nehmt die Summe der ganzen Gemeinde der Israeliten auf nach ihren Geschlechtern und Sippen und Namen, alles, was männlich ist, Kopf für Kopf, von zwanzig Jahren an und darüber, was wehrfähig ist in Israel.«

Und dein Zugskommandant, Major R., trägt ein Gedicht vor, das dem 85-jährigen Jorge Luis Borges, ein Jahr vor dessen Tod, zugeschrieben wird: »*Wenn ich mein Leben noch einmal leben könnte* // Im nächsten Leben würde ich versuchen, mehr Fehler zu machen. / Ich wäre ein bisschen verrückter, als ich es gewesen bin, / ich würde viel weniger Dinge so ernst nehmen. / Ich würde nicht so gesund leben …« etcetera. Die frohe Botschaft, so der Padre, sei auf das Diesseits bezogen, nicht auf das Jenseits. (Ihm glaubt man das aufs Wort.) »Wir sollen uns die Freuden nicht versagen.« In diesem Sinne …

Sperrstunde ist 4 Uhr früh. – Als du um die Mittagsstunde wach wirst, ist klar, dass der Rest des Tages nur mit viel Aspirin zu bestehen sein wird. Am frühen Abend, im dicht besetzten Speisesaal, das dumpfe Surren diverser Aggregate. Ungewöhnliche Stille. Es gibt eine klassische Katermahlzeit mit Heringsalat, Lachs, Käse, Trauben. Kaum einem ist nach Sprechen zumute. Bei jedem »Leichenschmaus«, dem österreichischen Wort für postfunerale Bankette (Totenmahl), herrscht ausgelassenere Stimmung. Da und dort flammt ein Gesprächsversuch als Gebrabbel auf und erlischt unversehens. Zum Mittagessen, erfährst du, waren nur wenige erschienen. – Das Jahr begann böse und es wird womöglich schlimm enden. Vielleicht kein schlechter Rahmen für alles, was dazwischen liegt.

(4. Jänner 2009)

31 Movement Restrictions

Über Radio, Fernsehen und Internet erreichen euch Nachrichten über »bewaffnete Konflikte« in aller Welt. Kriege werden heute ja nicht mehr erklärt, sie werden einfach geführt, als »Militäroperationen« flackern sie an den Horizonten auf. Der Fernsehsender *euronews* liefert unkommentierte Bilder von aktuellen Brennpunkten der Welt (die beliebte Panoramasendung heißt auch so: *no comment*), man sieht Ausschnitte einer Wirklichkeit, die freilich nicht für sich selbst sprechen, sondern Ursachen und politische Hintergründe haben, die aber ausgespart bleiben. Im Blickwinkel der Kamera verfolgt man Handlungen, die irgendeinen Zusammenhang suggerieren, ein Gewusel von Menschen, eingeblendet sind Ort und minutengenaue Zeitangabe, und man versteht *nichts*.

Auch wenn sich die wenigsten Soldaten für Politisches interessieren, von Reiseeinschränkungen sind doch viele im Bataillon betroffen. So war Anfang Dezember der Flughafen von Bangkok gesperrt. Thailand »out of bound«. Manch ein UN-Soldat glaubte seine Reisepläne nun für Monate durchkreuzt. Aber schon zwei Wochen später, die Lage hatte sich inzwischen beruhigt, war alles Schnee von gestern.

Die radikalislamische Hamas, deren erklärtes Ziel die Auslöschung des Staates Israel ist, feuert aus dem Gazastreifen täglich Raketen auf israelische Siedlungen, auf rein zivile Objekte – was völkerrechtlich ein klares Kriegsverbrechen darstellt. Israel antwortet seit Ende Dezember mit massiven Luftangriffen und seit dem 3. Jänner auch mit einer Bodenoffensive.

300 Kilometer nordöstlich, in Tiberias, am See Genezareth, scheint Gaza sehr weit weg. Dennoch sind aus Angst vor Anschlägen ab sofort alle Fahrten auf die A-Seite für UN-Soldaten gesperrt. Der Force Commander

empfiehlt in seiner Direktive: »Reisen auf der B-Seite sind eine gute Alternative.« So fährt man nach Damaskus. Auf dem Weg dorthin, in mehreren Ortschaften, marschieren Demonstrationszüge mit Palästinenserfahnen durch die Straßen. Wer im weißen UN-Bus sitzt und zum Fenster rausblickt, ist gut beraten, eine neutrale Miene aufzusetzen. Im großen Suk in der Altstadt hängen Transparente mit antiisraelischen Parolen. Im staatlichen Fernsehen laufen von früh bis spät, ununterbrochen, Berichte aus Gaza. Die im Dienst der Machthaber sprechende Moderatorin ist sichtlich bemüht, während all der Stunden, die sie im Nachrichtenstudio mittels Liveschaltung Korrespondenten befragt, in ihrer professionellen Aufmerksamkeit kein bisschen nachzulassen. An vielen Orten des Landes kommt es zu inszenierten Massendemonstrationen »gegen den zionistischen Feind«. Schulen werden geschlossen und die Kinder auf Demonstrationen geschickt. – Tags darauf wird die Reiseeinschränkung von UNDOF auch auf die B-Seite ausgedehnt.

Der Bataillonskommandant am Montagmorgen bei der Flaggenparade: »Die *schlechte* Nachricht: Damaskus und Tiberias sind bis auf Weiteres ›out of bound‹. Für die Friedensbemühungen zwischen Israel und Syrien um eine mögliche Rückgabe des Golan sind die aktuellen Spannungen natürlich ein enormer Rückschritt. Ich nehme an, für viele von Ihnen ist das eine *gute* Nachricht …«

Für viele Kameraden ist der Golan die berufliche und soziale Existenz. Repräsentative Meinung von einem der ewigen Golangeher: »15 Jahre sollen sie noch streiten, danach ist es mir egal.« Der Mittelpunkt der Lebensinteressen von vielen österreichischen Soldaten heißt langfristig Camp Faouar. Ihre Pension gedenken dann einige in Thailand zu verbringen.

(11. Jänner 2009)

32–34 Blind Date am Airport

Mit dem Flugzeug zu reisen, ist anstrengend. Mitunter verbringt man ganze Stunden in Abflughallen und Warteräumen am Gate, um schließlich in eingezwängter Sitzposition in einem Geschoss von einem Ort zum anderen transportiert zu werden. Es ist diese Unannehmlichkeit, in der dir das berühmte Gedicht *Radwechsel* von Bertolt Brecht in den Sinn kommt, in dem von der Ungeduld die Rede ist: die Ungeduld, die den Passagier erfasst, während der Fahrer ein defektes Rad wechselt, obwohl er doch weder dort, wo er herkommt, noch dort, wo er hinfährt, sich wirklich gern befindet. »Warum sehe ich den Radwechsel / mit Ungeduld?« So Brecht.

Und nun denkst du an dieses Gedicht mit Verwunderung. Und denkst: Ich bin gern, wo ich herkomme, ich bin gern, wo ich hinfahre. Ja, lieber noch bin ich dort, wo ich hinfahre. Und das halte ich für einen Fortschritt. In der Welt sein können. Mit sich und den anderen existieren können. (Brecht meinte es politisch. Korporal H. auch.)

Robert S. erzählt dir im Flugzeug von der Heimkehr nach seinem letzten Auslandseinsatz. Er habe sich an das Leben mit den Kameraden, an die Gemeinschaft unter Männern so sehr gewöhnt gehabt, war seiner Ehefrau, ihrer körperlichen Erscheinung, schon so entwöhnt, dass er sich am Flughafen, von ihr abgeholt, gefühlt habe wie bei einem Blind Date. Das gemeinsame Sitzen auf der Rückbank des Taxis sei für ihn sehr irritierend gewesen. Die Berührung ihres Körpers habe er kaum gewagt. Die Frau habe sich betont aufreizend gekleidet, in kurzem Rock, nur zögernd habe er sich auf die Schenkel zu greifen getraut. »Oder auch einfach nur ihre Hand zu nehmen – unglaublich! Eine Schwelle, die da überschritten wird. Ist doch gar nicht vorgesehen, oder? Einen Kameraden kannst du anfassen, als wär's ein Teil von dir. Diese Selbstverständlichkeit, mit der man jemandem auf die Schulter klopft oder auf ihn einboxt, das Herumrempeln, dieses Vertrautsein – wird mir schon auch fehlen.«

(18. Jänner 2009)

35 Katzendezimierung

oder Warum man nicht ewig über Gott und die Welt reden kann

Montagmorgen, zurück im Camp. Der kroatische Lieutenant Colonel, dem ich über den Weg laufe, ruft: »Hello young man! Where were you?« – »I was on holidays, Sir. I spent some time in Amsterdam and in Vienna.« Und in der spontanen Freude, ihn wiederzusehen, füge ich hinzu: »It's good to be back.« – »But it's better to stay«, sagt er, mit einem bezwingenden Lächeln.

Der Padre hat sich inzwischen auf seinen Touren durch die 2. Kompanie mit Kameraden befreundet, die auch mir die nächsten waren. Dabei wurde die Idee geboren, sich einmal gemeinsam zu treffen, zu einem Gespräch über ein bestimmtes Thema. Ein gutes Gespräch, erklärt der Padre, sei ja nicht eines, das über Gott und die Welt geführt werde. »Als Ouvertüre, wenn man einander kennenlernt, hat thematischer Reichtum seine Berechtigung, danach aber muss eine Einschränkung erfolgen, auf ein paar wenige Stränge.« Wie in einer Symphonie müsse das Thema nach und nach entwickelt werden.

Und er drückt mir eine Broschüre in die Hand. »Vielleicht magst du dir das einmal durchlesen? Würde mich interessieren, was du dazu denkst.« Eine Verlautbarung des Apostolischen Stuhls, Kongregation für die Glaubenslehre: *Neue Probleme bezüglich der Fortpflanzung.* »In der Tat«, sage ich, »ist die Fortpflanzung ein Problem, aber kein neues.« Mit Aichinger und Cioran bin ich der Ansicht, dass »die kriminelle Aufforderung der Genesis« die Wurzel des Übels ist. Das Thema scheidet also aus. »Stupid question. Next one.« (Madonna)

Vielleicht reden wir über Katzen? – Wenn es denn eine Schöpfung gegeben hat, so darf bestimmt nicht der Mensch, sondern die Katze als die edelste Kreation gelten. Schon am Habitus der Spezies wird die Rangordnung deutlich: Hunde schauen zum Menschen hoch, Katzen blicken auf uns herab. Schweine nehmen uns als ihresgleichen. (Daher Winston Churchill: »I like pigs.«)

Wachtmeister David W.: »Dass der Mensch ein Mängelwesen ist, ich will das nicht hören!« – »Wieso das?« – »Es ist entwürdigend.« – »Wir sind ja unter uns …«

Christopher Smart, ein Mönch aus dem England des 18. Jahrhunderts, lieferte einen ganzen Katalog an Lobpreisungen der Katze (*For I will consider my Cat Jeoffry*, später von Benjamin Britten vertont). Hier nur ein kleiner Ausschnitt:

For he will not do destruction, if he is well-fed, neither
will he spit without provocation.
For when his day's work is done his business more
properly begins.
For he counteracts the powers of darkness by his
electrical skin and glaring eyes.
For one mouse in seven escapes by his dallying.
For he is an instrument for the children to learn
benevolence upon.
For every house is incomplete without him and a blessing
is lacking in the spirit.
For the Lord commanded Moses concerning the cats at
the departure of the Children of Israel from Egypt.
For every family had one cat at least in the bag.
For he made a great figure in Egypt for his signal
services.
For the English Cats are the best in Europe.
For he is the cleanest in the use of his fore-paws of any
quadrupede.
For he is a mixture of gravity and waggery.
For there is nothing sweeter than his peace when at rest.
For in his morning orisons he loves the sun and the sun
loves him.
For he is of the tribe of Tiger.
For the Cherub Cat is a term of the Angel Tiger.

Der Padre selbst sorgt für zwei Katzen, wild gefleckt. Eine heißt auch so: Fleck. Morgens bei der Standeskontrolle laufen sie über den Paradeplatz, streifen durch die habtacht stehenden Reihen (»Linie zu drei Gliedern – Vergatterung!«), reiben sich an olivgrünen Hosenbeinen und konterkarieren so das strenge militärische Ritual. Aristokratische Anarchisten.

Ein weiterer Kater hat den Wachbereich über. Jack liegt die meiste Zeit auf dem Pfosten der Schranke bei der Campeinfahrt und lässt sich durch nichts, aber auch gar nichts, aus der Ruhe bringen. Passanten ziehen vorbei, die Schranke fährt hoch und wieder runter und streift dabei das orangegelbe Fell – wen kümmert's? Jack sicher nicht. Die Wachmannschaft wechselt gemäß Dienstrad, der Kater aber ist immer dabei, als Wachsoldat Nr. 1 (»fixe Wache«), und verhilft den Guards zu Wachheit *und* Gelassenheit.

Vor einigen Wochen erließ der Bataillonsarzt einen Befehl, in dem es heißt, dass im Bereich Camp Faouar »eine massiv zunehmende Anzahl an streunenden Katzen zu verzeichnen« sei. (Wie gesagt: die Fortpflanzung …) Katzen seien zwar nützlich zur Eindämmung von Schädlingen (Mäuse, Ratten, Schlangen etc.), aber auch potenzielle Überträger von Krankheiten. In den Standard Operating Procedures (d. i. ein Regelwerk mit allen für den Einsatz relevanten militärischen Bestimmungen) ist die Nützlichkeit von Katzen ausdrücklich festgehalten. »Die Anzahl der gehaltenen Katzen ist jedoch limitiert und auf das Camp Faouar beschränkt. Das Halten von Hunden ist nur auf den Positions erlaubt.«

Die im Befehl geforderten Maßnahmen sind: »Pro Zug ist die Haltung von Katzen auf 1 Stück beschränkt. Für jede Katze ist eine verantwortliche Person sowie ein Stellvertreter zu benennen. [Begriffliche Unterscheidung: *Dogs have owners, cats have staff.*] Für jedes Tier ist ein Dokumentationsblatt anzulegen. Eine aktuelle Evidenzliste muss beim Sanitätsunteroffizier, beim Kompaniekommando und in der San-Abteilung aufliegen. Alle Kosten für die Katzenhaltung, insbesondere für Impfungen, Behandlungen etc. sind vom verantwortlichen Tierhalter zu tragen. Für alle Tiere müssen Fress- und Trinknäpfe vorhanden sein, sowie Pflegeprodukte, Bürsten und Kämme. Dieser Befehl tritt mit Stichtag 15. Jänner 2009 in Kraft. Alle Katzen, die ab diesem Zeitpunkt nicht entsprechend den Vorschriften erfasst sind, müssen danach umgehend aus dem Camp entfernt werden.«

In diesem Zusammenhang fragte unser Zugskommandant, ob unter uns Jäger seien, und damit waren nicht Infanteristen gemeint, sondern Leute, die einen Jagdschein besitzen. Fredie S. ist tatsächlich Jäger, aber auch er hatte nicht die geringste Lust, Campkatzen abzuknallen. Dennoch scheint mir, dass sich nun deutlich weniger Katzen hier befinden als noch vor meinem Urlaub.

Dezimiert wurden aber nicht nur die Camptiger, auch bei den Stützpunkthunden gibt es Verluste zu melden. Es gehört in der Golan-Mission übrigens seit jeher zum militärischen Brauch, auch Hunden einen Dienstgrad zu verpassen und sie mit jeder Rotation (d.h. halbjährlich) zu befördern: vom *Private* zum *Landscorporal, Corporal, Mastercorporal, Sergeant, Mastersergeant* und so weiter. Viele Hunde aber enden bereits im Rang eines Korporals. Auf Position 32, am verwaisten Hundezwinger, hing noch das Halsband mit den zwei Sternchen am Dienstgradabzeichen (von Corporal Lara).

Spike, der Stützpunkthund von Position 37, wurde wegen mangelnder Treue – er streunte gern durch die Gegend und kehrte nur unregelmäßig zurück – vom neuen Positionleader gekillt. Es bedurfte vier Schüsse: zwei mit Pistole und, weil der Hund noch umherlief und die jungen Soldaten anwinselte, zwei mit dem Sturmgewehr. Anschließend wurde er nicht wie seine Vorgänger auf dem Stützpunkt vergraben, sondern draußen vor dem Tor verbrannt. Das Gebiss blieb übrig, auch das Fell sperrte sich gegen die Zersetzung. Patrick, der mir davon berichtete, war noch immer erschüttert. Die Mannschaft sei entsetzt gewesen über diesen sinnlosen Mord.

Sheila, der beißfreudige Zerberus von Position 27, wurde nach zahllosen Attacken – die letzte galt einem Militärpolizisten im Offiziersrang –, ebenfalls gekillt. Auf dem Stützpunkt herrschte mehrtägige Trauer.

(8. Februar 2009)

Nachtrag 10. Februar: Im elektronischen Mailordner landet ein Bulletin des japanischen Kontingents (J-CON). In der Aussendung heißt es, ein japanischer Soldat habe gestern eine Hülle mit wichtigen Ausweisen, darunter seine UNID card, die UN-Identitätskarte, verloren. Der Hergang wird wie folgt beschrieben:

»*Staff Sergeant N. playing with a cat in front of the J-CON Detachment office in Camp Faouar. Then, the string of the UNID card case coiled around the head of the cat, the cat escaped. About 50 minutes later, the cat returned to the J-CON Detachment office, but it didn't have his UNID* *card case. Contents of the case: UNID card, UNDOF crossing permit, UN driver's permit, UNDOF weapon license, Declaration of Attractive Items, Staff PX card and about $ 230. We are searching for the card case from yesterday but we can't find it, so far.«*

Und tatsächlich: Im gesamten Campbereich, an den ungewöhnlichsten Winkeln und auf Schutthaufen, sieht man japanische Soldaten mit vorgebeugtem Oberkörper suchend zu Boden schauen.

36 Das Handwerk des Chargen

Der Arbeitstag des Hauptkanzleischreibers beginnt um 06.30 Uhr, das ist eine Stunde vor dem allgemeinen Dienstbeginn, auch eine Stunde vor dem seines Compagnons, der Schreiber im Personalbüro ist. Das bedeutet: aufstehen um 05.30 Uhr, während der Kamerad noch schläft, und im schummrigen Licht einer Tischlampe herumtapsen. Das Waschbecken befindet sich im Zimmer. Geräusche bei der Morgentoilette und beim Ankleiden sollten also minimiert werden.

Leider ist E. T. Langschläfer. Er schläft nicht nur, wenn ich bereits im Büro bin, er schläft wieder, wenn ich nach Dienstschluss in die Unterkunft komme, und er schläft längst, wenn ich selber zu Bett gehe. Einmal, als er zur Campwache eingeteilt war und ich für 24 Stunden allein über das Zimmer verfügte, konnte ich mich endlich ohne Bedacht auf entstehenden Lärm im Raum bewegen. Ich glaubte freilich, es werde alles leichter sein, die Erfahrung aber lehrte mich das Gegenteil: Man erntet

Zeitknappheit, Bedrängnis. Versucht man, seine Verrichtungen möglichst leise auszuführen (kontrolliertes Öffnen der Spindtür, um hartes Aufschlagen des Metalls zu vermeiden) und das Hin- und Hergehen im Zimmer zu reduzieren, mag die einzelne Bewegung zwar länger dauern, doch ist man insgesamt effizienter. Eine Erkenntnis von weitreichender Konsequenz. Erklärt sie nicht auch, warum die lautesten Völker nicht unbedingt die produktivsten sind? Kraft und Konzentration gedeihen vornehmlich in der Stille.

»Das ist eh klar«, meint E. T., als ich ihm davon erzähle. E. T. meint zu allem, was ich sage, »das ist eh klar« – was das Gespräch natürlich sofort abwürgt. Wenn man auf jede vorgebrachte Überlegung vom anderen verlässlich zu hören bekommt, dass dies »eh klar« sei – auch wenn es das für einen selbst ganz und gar nicht ist –, stellt sich unweigerlich die Lust ein, versuchsweise wirklich Unfug zu reden. Vermutlich muss man diesen nur überzeugend genug vorbringen.

Zum Handwerk jedes Chargen im Kanzleidienst gehört nebenbei auch die Reinigung von Büro und Toilette. Als ich gerade den Müll entsorge, sagt Blitz 50 (Max H.) mit skeptischem Blick: »Wenn ich dich so sehe, denke ich, es wäre besser, mein Publizistikstudium nicht abzuschließen.« Und der Padre, der mich in derselben Pose, beim Verschnüren des Müllsacks, sieht, fragt: »Bist du der Chief Clerk?«, und meint damit wohl einen Diener, der für alles zuständig ist. – »Nein«, sage ich, »Chief Clerk ist der Kanzleileiter. Ich bin nur Clerk.« – »Also eher Slave Clerk?« – Das entspricht meinem Denken jedoch in keiner Weise. Wahr ist vielmehr: Es gibt keine hohen und niederen Dienste. Jegliche Arbeit unterscheidet sich von anderen nur durch die Sorgfalt, mit der sie verrichtet wird; durch das Maß an Aufmerksamkeit, das der Tätige ihr widmet.

Auf einer Bahnhofstoilette in Wien sah ich einmal einen Mann, der mit großer Hingabe den Boden schrubbte und zum Pissoirbenutzer sagte: »Bei mir gibt's das nicht, dass es irgendwo dreckig ist. Wenn ich Dienst hab, dann spiegelt und glänzt alles.« Der Stolz, mit dem er das kundtat, war hör- und sichtbar. Der amerikanische Soziologe Richard Sennett hat über solches Arbeitsethos ein Buch geschrieben, es heißt *Handwerk* (Handcraft) und spürt der Frage nach, warum wir gute Arbeit ihrer selbst wegen machen. »Die Menschen wollen sich für das respektieren, was sie tun«, schreibt Sennett, der nicht an das grandios Genialische glaubt, sondern an die Qualität der routinierten Übung. Er vertritt die These, dass alle Fertigkeiten aus einer körperlichen Praxis entstehen, und spricht demgemäß von einem »Wissen der Hände«. Hochwertige Arbeit hänge von der Neugier des Handwerkers auf das Material ab. Und: Motivation sei wichtiger als Talent.

Auch wenn Richard Sennett vermutlich nie direkt Kontakt mit dem Österreichischen Bundesheer hatte, lassen sich seine Diagnosen auf dieses beziehen: »Die Wirklichkeit vor Ort hat gezeigt, dass Menschen, die in diesem allgemeinen Sinne handwerklich gute Arbeit leisten wollen, von den sozialen Institutionen frustriert, ignoriert oder missverstanden werden.« Trotzdem sitzt der Antrieb tief: eine Arbeit zu machen, die vor einem selbst zu bestehen vermag. (*Handwerk* ist übrigens der erste Band einer geplanten Trilogie über die Grundlagen der materiellen Kultur, eine Sozialgeschichte der Dinge, auf den eine Auseinandersetzung mit dem Priester und dem Krieger folgen soll.)

Vor drei Jahren, bei einer Leistungsschau des Bundesheers (Nationalfeiertag, Wien: Heldenplatz), sprach ich, Gefreiter der Reserve, eine tough wirkende Soldatin an, die in Galauniform vor einem Info-Zelt stand, und fragte nach den Voraussetzungen, die man für einen Auslandseinsatz mitbringen müsse. Ich sagte, ich hätte zwar gewisse zivile, aber keine spezifisch militärischen Qualifikationen, und mein Grundwehrdienst liege lange zurück. »Ich bin aber bereit, auch Kurse zu besuchen …« Die Lady im grauen Mantel mit Tellerrandkappe winkte ab: »Machen Sie sich darüber keinen Kopf! Was Sie in so einem Einsatz können müssen, hat noch jeder geschafft.« Alles Nötige lerne man in der Einsatzvorbereitung.

Sie hatte natürlich Recht. Im Großen und Ganzen hat im Einsatz noch keiner komplett versagt. Dass ein WaPo oder ein Bataillonskommandant seinen Job nicht meistert, gilt als ausgeschlossen. Es geht nicht um Fähigkeiten, die kein anderer so beherrscht, es geht nicht um Persönlichkeit. Man besetzt einen OrgPlan-Posten mit bestimmter Nummer, man *ist* die Funktion, die man innehat. Darum spricht man von den Kameraden auch nur selten mit ihrem bürgerlichen Namen, man spricht vielmehr vom CO, vom NCC, vom CMPO, PersB, Blitz 50, vom KUO, SanUO usw. – kurzum: von der Funktion, die einer erfüllt. Der Rest ist eine Frage der Performance, des persönlichen Akzents.

(15. Februar 2009)

37 Gains & Losses

Das Personalbüro dokumentiert in wöchentlichen Statistiken die Zu- und Abgänge im Bataillon, militärisch »Gains & Losses« genannt. Freilich: Menschlich gesehen, ist nicht jeder Abgang ein Verlust, nicht jeder Zugang ein Gewinn. Die Reihenfolge aber (zuerst »gain«, dann »loss«) ist korrekt: Zuerst kommt der Neue, dann geht der Alte. Bei manchem realisiert man erst, wenn er weg ist, welche Vergünstigung man an ihm gehabt hat.

»Outgoing officers« haben einen Musikwunsch frei, ein Lied, das ihnen zum Abschied, unmittelbar vor dem Verlassen des Camps, gespielt wird. Über Lautsprecher wird der Song im gesamten Campbereich, auch in den Speisesaal übertragen, sodass jeder erfährt, dass uns in diesen Minuten jemand verlässt. Einer wünscht sich Jimmy Cliff, *I Can See Clearly Now* (ganz im Sinne von Ilse Aichinger: »vielleicht erkennen wir einander nur richtig in einem Licht von Abschied«). Ein Freund der Blasmusik möchte die *Liechtenstein-Polka* hören. Viele wählen *Flying Home* (eigentlich *Birds of Paradise*, aus dem Schmalztopf der Schweizer Band Peter, Sue & Marc), den traditionellen Auschecker-Song der österreichischen Soldaten im Auslandseinsatz.

Die Möglichkeit, mit Kameraden verbal abzurechnen, gibt es schon vorher. In der »Schweija-Hütte«, einer beliebten Camp-Bar, steht eine Leiter, die nach dem berühmten Londoner Vorbild als »Speaker's corner« dient. Wer auf die Leiter steigt, darf aussprechen, was er will, sogar die Wahrheit, ohne dass ihm daraus Schaden erwachsen kann. (Ausgenommen der Imageschaden aus einem blamablen Auftritt.)

Unlängst gab es einen Wechsel an der Spitze des Bataillons – ein Ereignis, das als »Change of Command« bezeichnet und in einem zeremoniellen Akt begangen wird. Zahlreiche Gäste, auch Botschafter und Militärattachés anderer Nationen sowie Lokalpolitiker werden eingeladen, unter einem großen Zelt sitzend, die Hände in den Schoß gelegt, dabei zuzusehen, wie der outgoing und der incoming Commanding Officer (CO) auf dem Handover/Takeover-Protokoll ihre Unterschrift leisten.

Das Bataillon hat nun also einen neuen Kommandanten. Einen, der sehr viel Wert auf »militärischen Formaldienst«, die soldatischen Umgangsformen, legt. In seiner ersten Ansprache an die versammelte Stabskompanie verkündete er: »Wir sind nicht im Club Méditerranée, meine Herren, sondern beim Österreichischen Bundesheer.« Ab sofort sind nur noch die zugewiesenen, einheitlichen Namensschilder auf der Brust erlaubt (keine Funktionsangaben, keine Hoheitsabzeichen), keine Pins mit Bundeslandwappen etc. »Wir sind ja nicht im Zirkus.«

Elementar ist natürlich die Gruß- und Meldepflicht. Das Prozedere des Grüßens ist streng geregelt: Begegnen einander zwei Soldaten in Uniform, hat der Rangniedrigere vor dem Ranghöheren zu salutieren, er darf jedoch (vergleichbar einem Lakai vor der königlichen Hoheit) nicht das Wort an ihn richten. Der Ranghöhere erwidert den militärischen Gruß, und es steht ihm frei, diesen um eine gebräuchliche Grußformel, wie z. B. »Guten Morgen!«, zu erweitern. Erst danach darf der Rangniedrigere ebenfalls einen guten Morgen wünschen. Zivile Höflichkeitsreflexe sitzen aber tief, sodass es erwartungsgemäß bereits zu zahlreichen Verstößen gegen die militärische Grußpflicht gekommen ist, die vom neuen Kommandanten auch prompt beanstandet wurden. Und wie! Das sadistische Vergnügen, das gemaßregelte Opfer vor den Augen anderer als einen miesen Wurm vorzuführen, ist allemal sichtbar; die Technik ist gekonnt. »Es wird nicht wieder vorkommen, Herr Oberstleutnant«, wispert der minimierte Unteroffizier. Da kennt er seinen Herren aber schlecht! Es *wird* wieder vorkommen, noch und noch! Wer suchet, der findet eine Fehlleistung bei seinen Untergebenen. Es ist dies eine Kernkompetenz des neuen Kommandeurs.

Meldungen an den CO erfolgen nun in schönstem Bundesheerdeutsch, in dem selbst jene Vokale gesprochen werden, die sonst sogar auf der Bühne des Burgtheaters verschluckt werden (Sol-da-ten, ha-ben, ge-hen). Nach seiner ersten Arbeitswoche visitiert der CO sämtliche Unterkünfte und Dienststellen im Camp. Die Belegschaft tritt geschlossen an und meldet das jeweilige Objekt zur Inspektion. »Herr Oberstleutnant, Korporal H. meldet als Zimmerkommandant Zimmer 8, Haus Salzburg, zur Visite bereit.« Die erwarteten eingehenden Spindkontrollen bleiben überraschend aus. Abends besucht der neue Boss die verschiedenen Bars im Camp, um sich »ein Bild zu machen«, und fungiert dabei als Stimmungskiller. Die Gäste stehen nur noch betreten herum und nippen an ihren Gläsern.

Sein Vorgänger als Bataillonskommandant legte auf wenige Dinge so viel Wert wie auf den wöchentlichen Tortenempfang. Schon Dienstag, Mittwoch drängte er die Kanzlei zu den nötigen Vorkehrungen, auf dass am Freitagmorgen die Geburtstagskinder der Woche sich die Sachertorte bei ihm persönlich abholen kämen. (Eine Marotte!) Der neue CO hat den Tortenempfang kurzerhand abgeschafft. Stattdessen werden nun ständig Briefings abgehalten, die nicht mehr »brief« (*engl.* kurz) sind, sondern Stunden dauern. Solche Briefing-Marathons verschaffen einem Commander wohl das befriedigende Gefühl, das, was zu tun ist, befohlen zu haben. Die Umsetzung ist dann schon nicht mehr sein Kaffee.

Apropos: »Könnte ich bitte einen Kaffee haben?«, fragte der Vorgänger. Der neue Kommandant ordert die Tasse mittels Befehl: »Kaffee marsch!«

Natürlich ist auch das eine Show. Eine prekäre Art von Humor, die zivile Umgangsformen bewusst ignoriert. Der eine findet das cool, der andere weniger – wie immer, wenn irgendwo »der Schmäh rennt«. Aber das Ungerechte ist, dass Schmäh, der auf Kosten des Angesprochenen geht, in hierarchischen Gefügen eben nur von oben nach unten rennt. Wachtmeister K. fühlt sich durch »Kaffee marsch!« gedemütigt und verletzt. Korporal H. hingegen akzeptiert es mit gewissem Amüsement als die persönliche Note seines Herrn.

»Ich bin heute so müde. Schau ich müde aus?«, fragt der CO den Korporal. Der denkt an Georg Büchner, *Leonce und Lena* (»Wir teilen sämtlich die Gefühle Eurer Majestät, soweit es für Untertanen möglich und schicklich ist.«), sagt schließlich aber doch nur: »Ganz und gar nicht, Herr Oberstleutnant, Sie sprühen ja vor Energie.« (Und das war nicht einmal gelogen.)

Die Stimmung im Bataillon befindet sich auf einem neuen Tiefstand. Das ist vor allem in den Zonenkompanien zu registrieren, die neben verstärkten Patrouillen auch noch mit Zusatzaufträgen eingedeckt werden. Bei jedem Besuch auf einem Stützpunkt erwartet der CO, dass für ihn eine Ehrengarde gestellt werde.

Tristan P. berichtet, er habe ein Zitat von Franz Kafka an seine Zimmertür gehängt. Es entstammt einer Konversation zwischen Kafka und Max Brod, in der es um das Verhältnis des Menschen zu Gott ging. Brod fragte K., ob es außerhalb unserer Welt Hoffnung gäbe. Kafka lächelte: »Viel Hoffnung – für Gott – unendlich viel Hoffnung –, nur nicht für uns.« Dieser Satz hängt nun auf Position 32.

Korporal H. aber hat das Glück, in einem unaufgeregten Umfeld zu arbeiten. Die »PersBranche«, bestehend aus sechs Mann, nimmt den Klimawandel gelassen. Major R.: »Ist ja nichts Neues, nichts Weltbewegendes. Mit den drei soldatischen Grundtugenden kommt man durch: salutieren, melden, blenden.«

Der PersB (Fredie S.), gefragt, ob vielleicht er am Sonntag den CO auf einer Stützpunkt-Tour zur 1. Kompanie begleiten wolle, lehnte dankend ab. Er habe »keine Lust, den ganzen Tag den Pinguin zu machen«. »Fahren wir lieber zusammen auf die A-Seite, ins Thermalbad nach Hamat Gader, und lassen wir uns wie die Krokodile die Sonne auf den Schwanz scheinen!« (Im Kurpark von Hamat Gader gibt es tatsächlich eine Krokodilfarm, eine Art Zoo, in dem auch Krokodilfleisch verarbeitet wird und Handtaschen gefertigt werden.)

»Dieses Wochenende stehen wir personell übrigens wieder sehr gut da, die meisten Urlauber sind zurück. Wir haben 30 Mann mehr, als von der OSAP [der vorgeschriebenen Mindeststärke] her nötig wäre.« – »Was?! Sixty boots more on the ground?« – »Ja, aber sag das nicht laut, sonst müssen wir gleich zwei Patrouillen mehr stellen.«

(22. Februar 2009)

38 Wachvergehen am Ölberg

Militärcamps, Feldlager, Kasernen, wie immer man sie nennt, werden rund um die Uhr bewacht, 24/7 (twenty-four-seven), damit jene, die sich innerhalb der Umzäunung befinden, in Sicherheit leben und ruhig schlafen können – nicht anders als in dem gängigen Bild, das den Bürgern eines Staates von seiner Armee vermittelt wird. »8.760 STUNDEN SCHUTZ UND HILFE. / WIR MACHEN DAS.«, lautet der Werbespruch des Österreichischen Bundesheers auf einem Jahreskalender.

Im Camp Faouar werden diese 8760 Stunden Wachdienst pro Jahr, unterteilt in Einheiten zu 24 Stunden, von jeweils drei Mann geleistet. Einer der drei ist reiner Wachsoldat, die anderen beiden werden abwechselnd von den verschiedenen Zügen der Stabskompanie gestellt. Wer zur »fixen Wache« gehört, hat 24 Stunden Dienst, danach bis zu 48 Stunden frei. Manche sehen in diesem Rad einen Vorteil, anderen ist der unregelmäßige Arbeits- und Schlafrhythmus ein Grauen.

Gefreiter G. ist ausgesprochen gerne fixer Wachsoldat. Das Problem sei nur, dass man mit immer anderen Leuten Dienst versehe und so über die immer gleichen Themen rede. Dadurch blieben alle Beziehungen an der Oberfläche, man könne keine Freundschaften entwickeln. – Das klingt erstaunlich, denn der Padre meinte doch, am Anfang würde man über Gott und die Welt reden. Gefreiter G., der als Spezialist für Anfänge gelten darf, erklärt nun, dass Gott und die Welt »die immer gleichen Themen« seien.

G. ist ein sympathisch wirkender junger Mann, sehr kommunikativ, das erkennt man gleich, aber die volle Tragweite seiner Redelust wird erst klar, wenn man bereits in der Falle sitzt. Um 12 Uhr mittags tritt man gemeinsam den Wachdienst an – neben G. ist da noch Ewald, ein überaus ruhiger, scharfsinniger Mensch –, heiteren Muts steht man am Camptor, den Pistolengurt um die Hüfte, statt des eigenen Namens ein »GUARD«-Schild auf der Brust, so streift man um das Wachhaus und lässt sich die Wintersonne ins Gesicht scheinen. Oder ist es Vorfrühlingslicht? Blinzelnde Augen, sanftes Lächeln. Neue Dreisamkeit und spielerische Freude. Wer kontrolliert das nächste Fahrzeug? Ein jeder kommt den andern zweien zuvor. Entspannt beginnt man, über Erfahrungen aus früheren Auslandseinsätzen zu sprechen – Gefreiter G. kennt das Repertoire. Und bald entpuppt sich der so nette Kamerad als Quassler ersten Rangs. Schon eine Viertelstunde seinem Redefluss zu folgen, bereitet Mühe. Allmählich dämmert einem, was bevorsteht: »more of the same«, für 24 Stunden …

Er spricht leise, mit Tiroler Akzent, er nuschelt, und er spricht auch nie zur Sache, es quillt aus ihm heraus.

Nicht ohne Faszination verfolgst du das kolossale Phänomen, wie einer Gewäsch produziert ohne Ende. Was im Gehirn vor sich geht, findet ungehindert, ungefiltert seinen Weg direkt zu den Sprechorganen: ein nie versiegender »stream of consciousness«, dessen Urheber leider nicht James Joyce, nicht Arthur Schnitzler (*Leutnant Gustl*), sondern Gefreiter G. heißt; ein Strom, der nichts als belanglosen Stuss enthält. Das erinnert an einen Witz, den Ilse Aichinger einmal erzählte:

Treffen sich zwei Freunde. Sagt der eine: »Servus, wie geht's?« – Der andere: »Danke, man lebt.« – »Und, was macht deine Frau?« – »Sie red't und red't und red't …« – »Worüber spricht sie denn?« – »Ja, das sagt sie ja nicht!«

Ilse Aichinger meinte, dieses unaufhörliche Reden, das keinerlei Sinn ergebe, sei eine präzise Definition für das Unterbewusste. Und der Horror sei die Vorstellung, dass dieses Unterbewusste fortdauern könnte, über den Tod hinaus, bis in alle Ewigkeit. (Ewigkeit? Schon 24 Stunden sind die Hölle!) Sie wolle, dass das aufhöre.

Leutnant Gustl führt einen *inneren* Monolog. (Ein widerlicher Mensch, gewiss. Im Moment aber wäre dir jeder Kamerad, der nur mit sich selber spricht, willkommen.) Der Monolog des Gefreiten G. ist nach *außen* gekehrt, ein verbaler Sturzbach, der Einblick in sein Seelenleben bietet. Wenn er nur eine Sekunde wirkliches Vertrauen in sich und die Welt hätte, denkst du: er würde befreit lachen können und wäre gerettet. Auf deine Frage, was sich denn ändern müsste, damit er ein zufriedener Mensch wäre, sagt G.: »Ich möchte so reden können, dass der Hase [die begehrte Frau] das Gesagte so aufnimmt, wie ich es gemeint habe.« Ein Beziehungsproblem, das G. als Kommunikationsproblem erfährt. So wie ja auch der Wachdienst im Camp für ihn in ein Beziehungsproblem mündet, das eine kommunikative Ursache hat.

Andererseits ist G. kein »Ungustl«. Dieser Begriff bezeichnet im Wienerischen einen schlecht gelaunten, mürrischen Menschen, einen ekelhaften Typen. Auch davon gibt es im Camp Faouar eine beachtliche Zahl. Der Gefreite G. aber ist ausnehmend hilfsbereit, ja zuvorkommend. Er übernimmt von sich aus die Reinigungsarbeit, und er verzichtet auf 30 Minuten Essenspause zugunsten der beiden Kameraden, doch handelt es sich hier um ein Danaergeschenk. Ewald versucht zu überzeugen: »Auch wenn du nicht essen gehen willst, mach doch einfach 30 Minuten Pause!« (»Come on, honey, give me a break!«, heißt es oft in amerikanischen Filmen.) – Vergeblich. Nichts zu machen.

Schlimm ist die Nacht. Vor allem die Stunden, in denen man mit G. allein gelassen ist. (Jeder der drei Guards darf für vier Stunden schlafen gehen.) Nicht mehr in der Lage, sich zu konzentrieren, ermüdet *wegen* des Gequassels, droht die akute Gefahr des Einschlafens. Dass ein müder, schlafbedürftiger Mensch sich trotz allen Bemühens nicht wachhalten kann und einnickt, wäre vom menschlichen Standpunkt aus verzeihlich, da nachvollziehbar. (Es war am Ölberg, wo Jesus sagte: »Der Geist ist willig; aber das Fleisch ist schwach.« Mk 14,38) Dienstlich aber handelt es sich um eine der schwersten Verfehlungen überhaupt. Im Wachdienst einzuschlafen ist ein kapitales Vergehen, das verheerende Folgen haben kann: im schlimmsten Fall – siehe Jerusalem, um das Jahr 30 nach unserer Zeitrechnung – eine Kreuzigung und eine neue Weltreligion. Als Entschuldigung vorzubringen, dass man wie die Jünger am Ölberg »vor Traurigkeit« (Lk 22,45) eingeschlafen sei (und das gleich drei Mal hintereinander!), hilft nichts.

Noch einmal Ilse Aichinger: »Wir haben die Wahl zwischen Petrus und Judas: zu verleugnen oder zu verraten.« Das stimmt freilich nicht ganz. Die dritte Möglichkeit wäre: zu verschlafen.

Das Camptor ist geschlossen, im Wachgebäude hängen Monitore, auf denen flimmert, was die Kamera erfasst. Das »REC REPEAT« am oberen Bildrand, mit Datum und sekundengenauer Zeitangabe, verrät, dass alles gespeichert wird und (im Normalfall, nach gewisser Zeit) wieder gelöscht, das heißt überspielt. Hinter dem farbigen Bild ziehen wie flirrende Schatten die Spuren vergangener Aufnahmen als Streifenfilm vorbei und erzeugen den täuschenden Effekt von aktuellem Geschehen. Sedimente von Nichtereignissen, die, von der Zeit verweht, als Geister über den Bildschirm huschen.

Gefreiter G. behält die Screens im Auge, während er unausgesetzt auf dich einredet, obwohl du kaum noch ein Stichwort einstreust in das Geplapper, nur stumm vor dich hinstarrst. In deiner Verzweiflung kramst du in der Lade des Schreibtischs nach Material, das sich durchblättern ließe, und findest überraschend zwei Bücher: *Nie war ich furchtloser*, die Autobiografie einer RAF-Terroristin (kein schlechter Titel für 24 Stunden Wachdienst!), und *Glennkill. Ein Schafskrimi*, vermutlich von einem Kameraden hier hinterlassen, der zuvor in der 2. Kompanie, an der A-Linie, Dienst versah. Ferner sind da Motorzeitschriften und Waffenmagazine, darunter eines, das du bisher nur dem Namen nach kanntest und für dich untrennbar mit der Anekdote eines slowenischen Freundes verbunden ist:

Er sei, so erzählte der Freund, in Ljubljana in eine Buchhandlung gegangen, die für ihr breites Zeitschriftensortiment bekannt ist, und habe dort nach dem Schwulenmagazin *Revolver* gefragt. Die Verkäuferin sagte, sie müsse im Lager nachsehen. Eine Minute später kam sie mit einem Heft zurück: »*Revolver* führen wir leider nicht, aber wir haben *Kaliber*.« Dem verheißungsvollen Titel zum Trotz war dies allerdings kein Gay-Magazin, sondern eine Zeitschrift für Waffennarren – jenes *Kaliber*, von dem du nun erstmals eine Ausgabe in Händen hältst. Darin wird nicht nur über Schusswaffen berichtet, auch über Schlagstöcke und Messer und alljährliche Wettbewerbe wie den renommierten *International Knife Award*, der in zahlreichen Kategorien (auch Gourmetmesser) vergeben wird.

Ist die dunkle Nacht vorbei und ist auch Ewald wieder da, ist fast schon der ganze Wachdienst geschafft. Zu Mittag kommt die neue Wachmannschaft. Man gibt die Pistole zurück, steckt sich wieder sein eigenes Namensschild an die Brust und vernimmt die ersehnten Worte: »Sie sind erlöst!« Man bedankt sich noch – halb Usance, halb Bedürfnis – bei den zwei Wachkameraden für die gute Zusammenarbeit und … das war's.

Als du G. am frühen Abend im Speisesaal wiedersiehst, meint er: »Na, das war lässig heute, oder?«

(1. März 2009)

39 It Could Have Been a Brilliant Affair

Ende Jänner erging ein Befehl des Force Commanders an den österreichischen CO: Position 22, ein UN-Stützpunkt, der früher zum österreichischen Bataillon gehörte und seit sechs Jahren nun vom polnischen Bataillon (POLBATT) betrieben wird, soll wieder in den Verantwortungsbereich des AUSBATT zurückkehren. Die Polen wurden angewiesen, den Stützpunkt bis Anfang März zu räumen und an das österreichische Bataillon zu übergeben. »I expect your full cooperation in implementing my directive«, heißt es in dem knappen Schreiben von »Foxtrot Charlie«.

Nun ist es beim Österreichischen Bundesheer ja Brauch, auf jede Begehrlichkeit, die als Auftrag daherkommt, mit Jawohl zu antworten. Von Winston Churchill stammt der berühmte Satz: »Give us the tools, and we will finish the job« – gebt uns die Mittel, und wir erledigen das. Nur leider gibt man dem österreichischen Heer immer neue Aufträge, nicht aber die nötigen Mittel dazu. Das Streitkräfteführungskommando in Graz sieht vor, dass der neu zu übernehmende Stützpunkt vorerst durch Personal aus der Stabskompanie zu besetzen ist. Gesucht werden 10 Freiwillige, die bereit sind, für die Dauer von drei Monaten vom Camp auf Position 22 zu wechseln. 10 Mann, die auf ihren eigentlichen Posten klarerweise fehlen werden.

Wo liegt der Stützpunkt? Ein rascher Blick auf die Wandkarte bringt Gewissheit: »Eindeutig! Knapp westlich der A-Linie, bei Quneitra.« Der einzige UN-Stützpunkt auf israelisch besetztem Gebiet; der dazugehörige Außenposten 22 D ist der Watchtower über dem »Gate«, an der einzigen Straßenverbindung zwischen Israel und Syrien.

Zwar habe ich keinen Grund, das Camp zu fliehen, aber die Option, noch einmal ein Leben auf dem Stützpunkt zu führen, unter anderen Vorzeichen, versetzt mich in euphorische Erregung. 10 Freiwillige auf der A-Seite, ein soziales Experimentierfeld, zeitlich begrenzt. Ich spüre, ich bin nah an dem, worum es mir ursprünglich einmal ging bei diesem Einsatz. Taste and spirit. Das Abenteuer Gesellschaft. Der Befehl des Force Commanders ist ein Geschenk aus heiterem Himmel. Götter, habt Dank!

»Der menschliche Geist ist geschaffen *auch* für die Begeisterung, den festlichen Irrtum«, konstatiert Botho Strauß.

Auch Ewald hat sich sofort gemeldet. Der Beweggrund? »Das Abenteuer.« – »Abenteuer?«, mault einer der Kameraden. »Da bist du aber in der falschen Mission!« (Eine Dumpfbacke.) – Antoine de Saint-Exupéry schreibt: »Das Abenteuer beruht auf dem Reichtum der Beziehungen, die es anknüpft, der Probleme, die es stellt, der Schöpfungen, die es hervorruft. Man kann ein Spiel wie ›Wappen oder Adler‹ nicht dadurch in ein richtiges Abenteuer verwandeln, dass man es um Tod und Leben gehen lässt. Der Krieg ist kein Abenteuer, er ist nur Abenteuerersatz.«

Kaum einer versteht, wie man auf die Annehmlichkeiten im Camp verzichten kann, um als einfacher Wachsoldat auf einen Stützpunkt zu gehen. »Einmal Zonenschwein, immer Zonenschwein«, lautet die gängige Erklärung. (Die Alternative: »Einmal Zone, nie wieder Zone.« Was gerade passt.)

Was vordergründig nach Geschmacksfrage aussieht, ist häufig eine Frage geistiger Prozesse. Warum tut jemand etwas? Weil er einer Sache Bedeutung beimisst. Was bringt einen auf den Weg? Die Ahnung von etwas, das es vielleicht nicht gibt, vielleicht gar nicht geben kann, ohne das man dennoch nicht leben will. Der Ethnologe Marc Augé spricht von der »communauté illusoire« und empfiehlt einen »politischen Existenzialismus«, für den die Idee von Gemeinschaft und Gemeinwohl nur als Projekt bestehen kann.

»Das ist jetzt aber eine Interpretation!«, sagt die Dumpfbacke. »Es wird immer viel zu viel hineininterpretiert in alles.« – Der Satz ist das sicherste Zeichen, dass einer nichts versteht von der ihn umgebenden Welt. Und einer von diesen Flachzangen will sogar Paul Watzlawick gelesen haben – ohne das Geringste zu begreifen. (Watzlawicks Grundthese ist doch, dass »Wirklichkeit« immer ein Konstrukt ist, das notwendigerweise durch Interpretation entsteht.) Nur physisch da, sind sie in Wahrheit non-existent: nicht in der Welt, wie Larven.

»Weltfremd« nannte einer den Padre, nur weil der es nie gelernt hat, mit Computersoftware umzugehen. »Sowas von weltfremd!« Dabei ist der Padre jemand, der mehr in der Welt ist als alle zusammen aus der tumben Fraktion der Ahnungslosen.

»What is behind the scene? That is the question of my life«, erklärt Padre Emmanuel. (»Glauben heißt in die

Eingeweide dessen eindringen, was wir bloß wussten«, so Nicolás Gómez Dávila.)

Es erweist sich als außerordentlich schwierig, die 10 Freiwilligen zu rekrutieren. »Es will ja keiner!«, klagt Major R. – Korporal H.: »Doch! Ich.« – »Abgelehnt! Unabkömmlich!« (Das hat man davon, wenn man von Vorgesetzten geschätzt wird.) »Am Wochenende, meinetwegen. Oder, wenn auf dem Stützpunkt viele in Urlaub sind, eine Woche zur Aushilfe. Sonst nein!«

Ich sitze also weiter in der Hauptkanzlei. Die zu erledigende Arbeit kommt in Wellen, nach den Gesetzen von Ebbe und Flut, und überhaupt nach Mondphasen, so scheint es. Kamerad E. T., im Personalbüro gegenüber, langweilt sich tödlich. Unser Kanzleileiter (der Chief Clerk) hat sich eine neue Funktionsbezeichnung erworben: der NBIO (never be in office).

»Ich hab im Moment gar nichts, was ich dir anschaffen könnte«, sagt Wachtmeister K. – »Es bleibt mir nichts übrig, als das zu akzeptieren.« – Major R. kommt in die Kanzlei: »Na sowas! Tut ihr Zeitung lesen?« – »Herr Major, Sie sehen, wir sind überbesetzt. Man hätte ruhig einen Mann auf Position 22 schicken können.«

Stattdessen wird ein Installateur überredet, vom Camp auf Position 27 zu gehen, damit von dort jemand auf 22 wechseln kann. Jener Installateur (Zugsführer G.) zieht allerdings seine überstürzt geäußerte Bereitschaft übers Wochenende zurück und tut damit genau das, was beim Bataillonskommandanten auf gar kein Verständnis stößt: Er zeigt Wankelmut. Die Zurückziehung wird abgelehnt. In der Folge beantragt Zugsführer G. seine

Repatriierung. Er wird binnen weniger Tage nach Hause geschickt und entlassen. Außerdem ist er drei Jahre lang für weitere Auslandseinsätze gesperrt. Was für ein Drama! Noch am Freitagmorgen war die Welt für ihn in Ordnung, einen Werktag später steht seine Repatriierung fest. »Verstehen *Sie* das?«, fragt der CO nach dem missglückten Bittrapport den Schreiber. »Zuerst will er, jetzt will er plötzlich nicht mehr … Ist ja schrecklich! Ein handwarmer Eislutscher. Kein schwerer Verlust.«

Komplikationen ohne Ende. Man hätte es einfacher halten können. Man hätte sich all das erspart, wenn man einen ehemaligen WaPo hinausschicken würde auf Position 22. – Trauer um die verlorene Möglichkeit. »Ja«, sagt Ewald, »das hätt gepasst.«

»Passt!« ist eine simple Zustimmung wie »gut, okay, meinetwegen«, eine schwache Affirmation. »Das passt« bedeutet echtes Einverständnis, begleitet oft von einem komplizenhaften Lächeln im Mundwinkel. »Das hätt gepasst« meint Trauer – das Äußerste an Emotion, das man sich gestattet; freilich immer nur rückwärtsgewandt, bedauernd, in der Möglichkeitsform (Konjunktiv II). Es wäre eine glänzende Sache gewesen. Es hätte sein können. It could have been a brilliant affair. (Und der Reim darauf: »So long, Ewald! Take care.«)

Friederike Mayröcker: »A-Moll ist Melancholie, c-Moll ist Totengräber.«

(8. März 2009)

40 Die Wohlfahrt

Anders als die KFOR-Mission, wo man seine spärliche Freizeit innerhalb des Camps verbringen muss und der Dienstbetrieb ausgesprochen militärisch abläuft, wird der UN-Einsatz auf dem Golan von vielen Soldaten als »Schweija-Mission« bezeichnet. Manche sprechen auch von »Sunshine-Mission«. Und selbstverständlich werden solche Etikettierungen von Ranghöheren heftigst bekämpft: »Das *ist* keine Sunshine-Mission! Ich will das nicht mehr hören. Erstens weil es nicht stimmt, und zweitens weil ich es nicht zulasse.«

Der Begriff »schweija« wurde vom arabischen »schwe schwe« abgeleitet, was so viel bedeutet wie »alles mit der Ruhe«. »Schweijern« heißt primär, sich Freizeitbeschäftigungen hingeben. Naturgemäß kann man auch während der Dienstzeit schweijern, indem man eine Arbeit ungebührlich in die Länge zieht; wer dies tut, ist ein »Schweijerant«. Jedes Wohngebäude im Camp Faouar hat einen eigenen Garten, wo die Hausgemeinschaft zum Sonnenbaden oder Shisha-Rauchen zusammenkommt, man spricht vom »Schweija-Garten«. Jene beliebte Bar, die Soldaten aller Dienstgrade offensteht, ist die »Schweija-Hütte«. Eine Autofahrt mit dem Dienstwagen, die nicht dienstlich angeordnet wurde, nennt man eine »Schweija-Fahrt« – und so weiter. Es ist ein unersetzlicher Begriff, vermutlich schon von der ersten Generation österreichischer Golan-Soldaten geprägt. In der Folge ging er in den allgemeinen Wortschatz beim Österreichischen Bundesheer ein. Schweijern ist somit ein originär militärischer Beitrag zur Kultur des

Müßiggangs, ebenso schwer übersetzbar wie das lateinische »otium«, das eine aktive Form des Nichtstuns meint.

Im Schweija-Garten von Haus Salzburg, wenn man beginnt, seine Wasserpfeife in Gang zu setzen – kaum ist das erste Blubbern im Gefäß zu hören –, schaut sogleich jemand neugierig über die Gartenmauer. Nicht eine Minute später hat man Gesellschaft und lauscht chilligen Gesprächen wie dem folgenden: »Brrr! Kalt ist es da.« – »Das ist die menschliche Kälte, die von mir ausgeht.« (Blitz 50) – »Was bist du eigentlich für eine Waffengattung?« – »Fliegerabwehr.« – »Ich gehör zur Panzerartillerie.« – »Ich hab einen halben ET ausgebildet.« – »Einen was, bitte?« – »Einen halben ET: Einrückungstermin.«

Stabswachtmeister S., der eine Statur von antikem Format hat (römischer Legionär, byzantinischer Fuß), trägt ein auffällig nettes Tattoo auf dem muskelbepackten linken Oberarm: ein Teufelchen mit Dreizack (das Emblem der Kampfunterstützungskompanie von Jägerbataillon 24). Ein polnischer Kamerad, irritiert: »Oh my God! Who is that guy? The devil!« – »No«, sagt S. mit rauchiger Stimme, »it's a fallen angel.«

Im Camp Faouar gibt es eine zentrale Einrichtung, die für Schweija-Aktivitäten zuständig ist, sie heißt »Welfare Office« und ist im Wesentlichen ein Reisebüro mit angeschlossener Bibliothek und Videoverleih. Ein Offizier (der »Welfare Officer«) und zwei Unteroffiziere sind beauftragt, »das Gemeinwohl der Soldaten sicherzustellen«, indem sie Tickets für Urlaubsflüge buchen und sogenannte »Recreations« – gemeinsame Ausflüge in die Umgebung, bis hin zu mehrtätigen Trips im Nahen

Osten – organisieren. Der Job in diesem Wohlfahrtsbüro ist jedoch äußerst undankbar: Den meisten Soldaten sind die aktuellen Flugpreise zu hoch, und in der Regel wird dafür das Welfare Office verantwortlich gemacht. Über das Welfare-Team wird im Allgemeinen gelästert, man unterstellt ihnen Schweijerantentum. Mitunter kommt es zu wüsten Beschimpfungen, vereinzelt auch zu Handgreiflichkeiten. Außerdem wird jeder der drei Wohlfahrtsagenten schon beim Frühstück mit Fragen dienstlicher Natur überfallen. (Für jeden anderen sind Welfare-Themen ja Freizeitangelegenheit.) Kein wirklich erstrebenswerter Posten also.

Mit zum Wohlfahrtsprogramm gehört die »Truppenbetreuung«, worunter man Auftritte von österreichischen Künstlern im Einsatzraum versteht. So wie einst Marlene Dietrich oder Marilyn Monroe für amerikanische GIs sangen oder George Clooney in der Türkei stationierte US-Truppen besuchte, hat auch das Österreichische Bundesheer in den vergangenen Jahren unzählige Musiker, Schauspieler und Kabarettisten dafür gewonnen, zur moralischen Unterstützung der Soldaten in den ausländischen Camps aufzutreten. Keiner von ihnen erhielt auch nur einen Cent Honorar. Eine Führung durch das Einsatzgebiet, Logis und Verpflegung im Camp sind der einzige Lohn. Der Liedermacher Georg Danzer übrigens, der im Camp Casablanca im Kosovo auftrat, verarbeitete seine Eindrücke während einer Patrouillenfahrt im Radpanzer zu einem Song, der auf dem Album *Von Scheibbs bis nach Nebraska* zu finden ist.

Kurz vor Weihnachten war Burgschauspieler Frank Hoffmann zu Besuch auf dem Golan. (Viele von uns kennen ihn aus dem Fernsehen, er moderierte jahrzehntelang die Sendung *Trailer.*) Das unterhaltsame Programm »Hoffmanns Erzählungen« enthält Weihnachtsgeschichten der vergnüglichsten Art. Eine Stunde lang vergisst man völlig, wo man sich befindet. All die kahlgeschorenen Köpfe um einen herum blendet man aus. Man könnte jetzt ebenso gut im Vestibül des Burgtheaters sitzen, denkt man. Und das ist allemal ein großer Glückszustand.

Am Ende der Lesung bekennt der Gast, er sei Jahrgang 1938 und habe als Kind in Dresden das Bombardment miterlebt und vielleicht dadurch eine lebenslange Abneigung gegen alles Militärische und gegen Uniformierte gehabt, bis er vor wenigen Jahren durch eine persönliche Begegnung die Sinnhaftigkeit der Arbeit des Bundesheers in Friedensmissionen erfahren habe. – Als Frank Hoffmann dies sagt, ist es vollkommen still im Saal, und augenblicklich begreift ein jeder die Ehre, die uns da zuteil wird. – Das Niederschmetternde folgt tags darauf beim Frühstück, als der ständig herummaulende, cholerische Oberstabswachtmeister O. sich darüber empört, dass der Force Commander dem Schauspieler aus Anlass seines 70. Geburtstages eine Flasche Champagner überreichte: »Und wer zahlt's?!« Spätestens jetzt ist klar: Man saß nicht im Burgtheater. Welcome back to Camp Faouar.

Diese Woche nun war der Schauspieler Erwin Steinhauer bei uns zu Gast. Frühmorgens bei der Standeskontrolle stellt der Bataillonskommandant den Künstler vor: »Herr Steinhauer Erwin wird uns heute Abend eine Lesung darbieten. Wir sind schon sehr gespannt darauf.« Danach richtet »Steinhauer Erwin«, im Outfit eines Sommerfrischlers mit umgehängtem Fotoapparat, ein paar Worte an die vergatterte Kompanie, er imitiert den Tonfall seines Vorredners: »Guten Morgen, die Herren!«, und fotografiert sogleich in die Runde. Wo sonst hat ein Fotograf so diszipliniert dastehende lebende Objekte vor sich?

Missbilligende Stimmen gibt es auch diesmal. Ein Stützpunktkommandant meint, die auftretenden Künstler seien alle Schmarotzer. »Die kommen da runter und lassen sich herumführen. Was da immer für ein Tamtam gemacht wird! Kaffee und Kuchen …!« Andere äußern Zweifel am gebotenen Programm: »Na, ob der wirklich so gut ist?« Fredie S. appelliert ans Prinzip Unvoreingenommenheit: »Schauen wir mal, dann sehen wir schon.«

Wachtmeister K. formuliert es auf seine Art: »Wen interessiert denn der Scheiß? Eine Lesung! Der Manuel Ortega [ein Popsänger] ist mit den Soldaten in die Schweija-Hütte saufen gegangen. *Das* nenn ich Truppenbetreuung! *Das* ist, was die Leute wollen!«

(15. März 2009)

41 Crossing the Gate

Im Anfang war das Wort, eine Frage der Grammatik: Einzahl oder Mehrzahl (*das* Gate oder *die* Gates)? Denn es sind drei Checkpoints, die beim Crossen zu passieren sind: ein israelischer, ein syrischer und dazwischen ein Posten der UN-Militärpolizei (Alpha-, Bravo- und Charlie-Gate). Sagen wir, es ist die »Dreifaltigkeit« des einen und einzigen Gates, und nennen wir es »Geheimnis des Glaubens«.

Zwischen Israel und Syrien gibt es keine offizielle Grenze, nur eine Waffenstillstandslinie, die den israelisch besetzten Golan vom syrischen Verwaltungsgebiet trennt. Daher gibt es auch keinen Grenzübergang im klassischen Sinn; die beiden Staaten befinden sich formal nach wie vor im Krieg. Da aber die UN-Mission (UNDOF) zur Überwachung des Waffenstillstandsabkommens die Möglichkeit haben muss, auf beiden Seiten der A-Linie zu operieren, wurde eine Durchlass-Stelle, das »Gate« am südwestlichen Ortsrand der zerstörten Stadt Quneitra, eingerichtet, wo UN-Soldaten »crossen« können. Niemand sonst hat dieses Privileg.

Ausnahmen zum Crossen für Zivilisten gibt es nur, wenn das Internationale Komitee des Roten Kreuzes um eine Erlaubnis aus humanitären Gründen ansucht. So werden über das Gate beispielsweise Hochzeitspaare zusammengeführt (ähnlich, wie es in dem Spielfilm *The Syrian Bride* zu sehen ist) oder in Israel lebende arabische Studenten durchgeschleust, um ihnen ein Studium in Damaskus zu ermöglichen. Das seltene Event nennt sich »Students Crossing«.

Im Jahr 2005 kam es erstmals zu einem »Apple Crossing«, und auch derzeit werden gerade wieder 8000 Tonnen Äpfel von der israelischen Seite über das Gate auf die syrische Seite verfrachtet – unter einem irrsinnigen logistischen Aufwand. Die von drusischen Bauern auf dem Golan stammenden Äpfel können nämlich nicht direkt nach Syrien, sondern nur bis zum Alpha-Gate gebracht werden, in neutralen weißen Kartons.

Beim Bravo-Gate werden sie auf syrische Lastwagen verladen und weiter nach Damaskus gekarrt. Für die rund dreihundert Meter zwischen Alpha- und Bravo-Gate aber müssen separate LKWs eingesetzt werden. Es stehen drei aus Jordanien kommende Transporter des Roten Kreuzes zur Verfügung, mit Schweizer Kennzeichen. Die drei Fahrer sind kenianische Staatsbürger. Der Ablauf besteht aus: übernehmen, aufladen, crossen, abladen, übergeben, zurückcrossen, übernehmen, aufladen usw. Gefahren wird von Sonntag bis Donnerstag, jeweils 7 bis 16 Uhr. Die Aktion wird etwa 6 bis 8 Wochen dauern. Während der gesamten Zeit sind verstärkte Sicherheitsvorkehrungen inklusive Verkehrsregelung durch die UN-Truppen (Spezialpatrouillen) nötig. Manche meinen, der Apfeltransport würde »ein bisschen Menschlichkeit an die kalte Grenze« bringen. Nüchterner betrachtet, ist die »Operation Apple Crossing« ein wahnwitziger Versuch eines ersten zaghaften Wirtschaftskontakts zwischen Israel und Syrien.

Aber auch für den gewöhnlichen UN-Soldaten sind die Crossing Procedures ziemlich umständlich. Es beginnt damit, dass beim Crossen Uniform zu tragen ist – eine lästige Schikane, denn der Großteil der Fahrten auf die A-Seite sind Erholungsreisen an den See Genezareth, nach Tel Aviv oder, weiter Richtung Süden, nach Eilat ans Rote Meer. (Die »A-Seite« wird von den Österreichern übrigens generell als die »angenehme Seite« buchstabiert.) Unser Gastgeberland aber steht auf dem Standpunkt, dass UN-Soldaten ihre Freizeit auch im schönen Syrien verbringen können und nur im dienstlichen Auftrag auf die A-Seite zu fahren brauchen. Und so wird diese Fiktion eben aufrechterhalten. Auch wenn man nach mehreren Tagen sonnengebräunt und mit klitschnasser Badebekleidung im Gepäck zurückkehrt, können die Syrer sich immer noch der Illusion hingeben, dass der Soldat nur im Löschteich des Nachbarcamps gebadet und sich im Solarium habe bräunen lassen. (In Wirklichkeit wird das benachbarte Camp Ziouani nur aufgesucht, um sich dort umzuziehen. Es gibt sogar eine eigens dafür eingerichtete Holzhütte.)

Drei Mal während der kurzen Passage muss man aus dem Fahrzeug steigen und seine ID-Karte vorweisen, zwei Mal werden Taschen und Rucksäcke durchsucht. (Nur bei der Ausreise wird auf Gepäckkontrollen verzichtet.) Auch nach 35 Jahren wirken das Alpha- und das Bravo-Gate immer noch improvisiert, wie ein eilig errichteter Checkpoint aus primitiven Baracken und Fertigteilelementen. (Die israelische Anlage könnte wohl binnen weniger Stunden an einen anderen Ort verlegt werden.) Es sind unwirtliche Meter kahlen Bodens, auf dem politische und kulturelle Systeme aneinandergrenzen. Eine Nahtstelle, an der manche Gegensätze im Kontrast besonders kenntlich werden.

Am Bravo-Gate: der mit syrischen und Palästinenser-Fahnen geschmückte, händisch bediente Schlagbaum. In dem kahlen Gebäude der unverkennbare Geruch von Wasserpfeife und Ölofen, Schimmel an den Wänden, auf einem transportablen Fernseher läuft arabisches Unterhaltungsprogramm. Die syrischen Verbindungsoffiziere, die hier Dienst versehen, sind in der Regel smarte Herren, oftmals Studenten der Rechtswissenschaften oder der Anglistik, die sich mit diesem Job ihr Studium finanzieren. Wer würde vermuten, in so einem muffigen Loch eine englische Buchausgabe von James Joyce' *A Portrait of the Artist as a Young Man* vorzufinden? »Is this your book?«, frage ich. – »Yes, I have to read that for my studies at university«, erklärt der Liaison Officer.

Die »LO-Bravos«, wie sie im UN-Jargon heißen, sind ausschließlich Männer, mit Namen wie Ahmed, Ali, Ayman, Malek, Marrwan, Murad oder Mustafa. Die Gesichter sind uns längst vertraut. Listen mit ihren Fotoporträts hängen auf allen unseren Stützpunkten. Und sie kommen drei Mal täglich zum Essen ins Camp Faouar. (Sie bewohnen einen Gebäudeblock unmittelbar vor dem Camp, um für Ausfahrten, etwa bei Problemen mit Schäfern an der A-Linie, rasch verfügbar zu sein.)

Der junge syrische Schrankenwärter mit schwarzem Barett, einer umgehängten Kalaschnikow AK-47 und dem schwer melancholischen Blick ist seit meiner Ankunft am Golan immer noch derselbe, nie sah ich da einen anderen stehen. Tagaus, tagein tritt er buchstäblich auf der Stelle. Er tut nichts, als am Seil zu hantieren und damit die Schranke rauf- und runterzulassen. (Wahrscheinlich ist das, objektiv gesehen, einer der besseren Jobs.)

Durch eine schmale, eingezäunte Straße, gesäumt von Sperrigeln und weißen UN-Betonsteinblöcken, fährt man zweihundert Meter vor zum Charlie-Gate. Rechter- und linkerhand sind wild wuchernde Wiesen, in denen unzählige Panzerminen liegen. Der UN-Checkpoint zwischen den Fronten ist nicht nur ein Puffer, damit sich die verfeindeten Parteien nicht direkt gegenüberstehen, die UN-Militärpolizei übt auch eine Art Vorkontrolle beim Gepäck aus, um möglichen Beschwerden durch die beiden Staaten zuvorzukommen, falls Verbotenes gefunden wird.

Das Charlie-Gate ist natürlich der gepflegteste Posten der Dreifaltigkeit. Ein richtiger Stützpunkt mit Wachhäuschen, einer als Hundetrainingsplatz genutzten Rasenfläche (immer sorgfältig gemäht), mit schönem Baumbestand und einem großen Wohngebäude; das einzige Gate, an dem jemand übernachtet. Geöffnet ist die Übertrittstelle nur zwischen 7 und 17 Uhr. In den Abend- und Nachtstunden sitzen die UN-Militärpolizisten also fest, in ihrem Gehege zwischen A und B.

Achtzig Meter weiter, am anderen Ende des Korridors: das Alpha-Gate. Das gelbe Schiebetor, elektrisch betrieben, fährt surrend zur Seite und gibt den Blick frei auf eine andere Welt. Der IDF-Soldat, der die Knöpfe am Pfosten bedient, hat die Mütze nachlässig schräg aufgesetzt und lächelt. Drei andere sitzen auf dem Platz im Kreis und essen, parlierend. Einer mit Kippa statt Mütze ist in Zeitungslektüre versunken, die Füße auf einen Stuhl gelegt, das Sturmgewehr vor der Brust. Auf dem Wachturm – man hält es kaum für möglich – sitzt ein Soldat mit akustischer Gitarre und singt vor sich hin.

Das Golan Israeli Liaison Office ist ein Team aus 6 Offizieren und 10 Wachsoldaten, die da heißen: Caroline, Naomi, Nataly, Noa, Adam, Ben, Eitan, Menashe, Ori, Yonathan. Der frappante Unterschied zu den Fotoporträts der syrischen Liaison Officers: Die IDF-Soldiers lächeln alle breit in die Kamera, kein bloßes »Cheese«, kein hautschonendes Anheben der Mundwinkel, um freundlich und dennoch seriös zu wirken. Und sie haben eine so andere Art, sich zu bewegen, eine ungeheure Lässigkeit im Auftreten. (Das pure Gegenstück zu dem pflichtbewusst, traurig dastehenden Schrankenwärter am Bravo-Gate.) Auch den größten Verfechtern soldatischer Umgangsformen entgeht aber nicht, dass diese Burschen und Mädels, so abgerissen sie daherkommen mögen, ihre Skills mit größter Präzision beherrschen.

Während einer Inspektion von israelischen Stellungen und Kasernen durch die *Observer Group Golan*, an der teilzunehmen mir einmal gegönnt war, bekam ich ein gemaltes Bild zu Gesicht, das karikierend wiedergibt, wie UN-Soldaten von den Israelis wahrgenommen werden: Auf der liebevollen Malerei war der Technische Zaun zu sehen, östlich davon eine Schafherde, zwei schwarze Strichmännchen mit Stock und eingewickeltem Kopf und dahinter ein strammstehender Soldat, makellos adjustiert, mit glänzenden Stiefeln, blauem Barett und drei Fragezeichen neben der gerunzelten Stirn. – Fährt man an den Kasernen der israelischen Golani Brigade vorbei, sieht man nicht selten Soldaten in Sandalen an der Wache stehen.

Die Einfuhrverbote auf der israelischen Seite des Gates sind vergleichsweise bescheiden. Es dürfen keine offenen Wasserflaschen mit auf die A-Seite genommen werden, Essbares nur in eingeschweißter Form (also keine Bananen, zum Beispiel). Der syrische Ursprung von Waren stellt hingegen kein Problem dar. Die Kontrolle richtet sich vielmehr auf mögliche Waffen und Sprengmittel. Das Auto muss über eine Mechanikergrube gefahren werden, alle Türen und die Motorhaube sind zu öffnen; selbst die Plombe des Reservereifens wird überprüft. Das Gepäck muss durch den Röntgenapparat.

In der Gegenrichtung aber, bei der Einreise auf die B-Seite, wird das Gepäck penibelst durchsucht. Aus der Toilettentasche wird jedes einzelne Ding entnommen und geprüft, ob nicht hebräische Schriftzeichen auf israelische Herkunft hinweisen. Bei neu gekauften T-Shirts muss man vor dem Crossen die Wäschemarke mit den »Hebrew«-Lettern heraustrennen. Wer eine Flasche des für seine Qualität bekannten Golan-Weins einführen will, muss das Etikett mühsam mit dem Messer abschaben. Wo diese nackte Flasche herkommt, ist jedem Menschen klar, dennoch – entscheidend ist nicht der Sinn einer Bestimmung, sondern deren Wortlaut, Punkt und Beistrich.

Im Wageninneren wird selbst unter der Fußmatte und im Werkzeugfach des Kofferraums nach Schmuggelware gesucht. Die häufigsten Vergehen betreffen Bücher und Kosmetikartikel (die wunderbaren »Ahava«-Produkte vom Toten Meer). Verboten sind: Bücher israelischen Ursprungs, Bücher mit hebräischer Aufschrift, Bücher, die primär von Israel handeln (z. B. Reiseführer und Fotobände). Auch Landkarten und Zeichnungen, auf denen irgendwo der Name Israel (statt Palästina) zu lesen ist, werden konfisziert. Es ist jedoch erlaubt, Bücher mitzunehmen, in denen nur einige Seiten oder nur ein Kapitel über Israel enthalten sind. (Erstaunlich genug!)

Eine sehr oft rettende Bestimmung für die UN-Soldaten lautet: Es darf kein Bodycheck gemacht werden. Alles, was man am Körper trägt, ist tabu. Und so steckt man kleinere Gegenstände einfach in die Seitentaschen der Hosenbeine oder in die Jacke. (Und das ist der Moment, wo manch einer doch froh ist, dass beim Crossen die Uniform zu tragen ist. Denn die Feldjacke hat viele Taschen!) Großformatige Bildbände kann man allenfalls unter der Bluse, direkt am Körper tragen. Das führt zu einem etwas steifen Gang; es ist ein lächerliches Schauspiel, aber was soll's. Ein jeder weiß, was gespielt wird. Die LO-Bravos versehen genauso ihren Job wie wir. Keiner macht diese Kontrollen aus Gehässigkeit, keinem macht es Spaß. Die Konversation bleibt trotz allem feundlich.

Mein junger Kamerad Peter K. (jener, zu dem ein Syrer im Hamam sagte: »You are a starlight in the sky«) berichtet mir erstaunt: »Hast du das mitbekommen? Die zwei Liaison Officers haben mich gefragt, ob ich heute Abend etwas vorhab. Die haben mich in das Haus vorm Camp eingeladen. ›This evening, if you like.‹ Warum ausgerechnet ich? Wo ich nicht einmal ordentlich Englisch kann!« – »Darum geht's vielleicht gar nicht.« – Und M. meint: »Man muss ja nicht immer reden.«

(22. März 2009)

42 Sparefroh

An der Haltestelle in Tiberias, wo ich auf den UN-Bus warte, der mich zurückbringen wird ins Camp, treffe ich einen Kameraden aus einer anderen Kompanie. Ein Mensch, den ich nie zuvor gesehen habe, aber man erkennt einander ja an der Uniform. Unvermittelt fragt er: »Und, wo warst *du*?« – »Ich war in Tel Aviv.« – »Wie viel Geld hast du ausgegeben?« (Ohne einen Anflug von Ironie.)

Einen Außenstehenden, einen Zivilisten, wird der bizarre Dialog wohl befremden. Der unbekannte Kamerad aber fragt, was der unbekannte (»UN-bekannte«) Soldat eben wissen mag. Es interessiert nicht, was einer in Tel Aviv unternommen hat, welche Galerien er vielleicht besucht hat, ob er abends fortging und derlei, sondern wie viel Geld er in Summe ausgegeben hat.

Erinnerung an die Strafbodega 32: Auf dem elenden Stützpunkt wurden Wetten darüber abgeschlossen, wie viel der Gefreite Emrah H. an seinem ersten Wochenende in Tel Aviv ausgeben wird. (Der Betrag lag schließlich über dem höchsten Wert, den einer geschätzt hatte.)

Ein gängiger Begriff auf dem Golan ist der des »Bausparers«. Er bezeichnet Soldaten, die besonders sparsam sind, die ihr Konsumverhalten auf drastische Weise, bis zur Exzentrik, einschränken. Auch die Ladenbesitzer in Khan Arnabeh und Damaskus kennen das Wort und wissen es zur rechten Zeit auf die Klientel aus »Nemsa« (Österreich) anzuwenden. Wer im Bazar einen Laden verlässt, ohne gekauft zu haben, bekommt häufig jenes unschmeichelhafte »Bausparer!« nachgerufen.

Die meisten Bausparer stehen zu ihrer Sparneurose. Mein Zimmerkollege E. T. nannte sich von Beginn an einen »Sparefroh«. Es bedurfte nicht lange, um herauszufinden, was der Begriff in weiterer Konsequenz bedeutet: ein Schnorrer. Konsumiert wird, solange Ware oder Geld geliehen sind. Beliebt ist auch folgende Methode: Man borge sich Geld, lasse sich mit der Rückzahlung Zeit und hoffe auf Vergessen. Wird man irgendwann doch gefragt, wie viel sich inzwischen angesammelt hat, tue man so, als handle es sich um eine Gewinnausschüttung: »Du kannst dich freuen, du kriegst achthundertsechzig Dollar von mir!«

Es ist ein bekanntes Phänomen, dass geizige Menschen auch bei geringsten Kleinigkeiten sparen. Vor allem Landwirte sind für ihre Sparexzesse berüchtigt. Persönlich weiß ich von dem krassen Fall einer Bauernfamilie, in der nur einmal pro Woche frischer Kaffee gebrüht und an den Folgetagen dann aufgewärmt wird. Die spannende Frage ist, was dabei gespart wird; auch das Aufwärmen von abgestandenem Kaffee verbraucht Strom. Die verblüffende Antwort: Man spart Filterpapier.

Ranghohe Offiziere sind klarerweise die Bestverdiener im Camp. Einer von ihnen ist dafür bekannt, die Bars immer nur mit wenigen Dollars in der Brieftasche aufzusuchen. Er könnte natürlich anschreiben lassen, die Fluchtgefahr ist gering, doch in aller Regel findet sich ein Untergebener, der seinen Herren auf die nächste Runde einlädt.

Ein Stützpunktkommandant nahm immer, wenn er mit dem Bus zum Sonnenbaden nach Tiberias fuhr, genügend Pet-Flaschen warm werdenden Mineralwassers und auch die eigene Sonnenliege mit. An einem öffentlichen Strand zu liegen, ohne Gebühr für eine Liege zu bezahlen, ohne auch nur einen Shekel auszugeben, »das zählt, Burschen!«.

»Rauchst du daheim auch so viel?«, fragt jemand Korporal G. – »Bist du wahnsinnig?«, sagt der. »Daheim rauch ich gar nix. Ich zahl doch keine vier Euro für ein Packerl Zigaretten!«

Im Winter einmal war E.T. verschnupft. Zunächst schnorrte er Taschentücher bei Kameraden, und im

Speisesaal entwendete er Papierservietten. Als auch diese verbraucht waren, griff er tagelang zu Fetzen rosafarbenen Toilettenpapiers. Auf meinen Hinweis, dass es im Camp-Shop Papiertaschentücher zu kaufen gäbe, und gar nicht teuer (10 Päckchen um 2 Dollar), rümpfte E. T. die Nase: »Ich will nicht unnötig Geld ausgeben.«

Vor einigen Wochen ist im Camp das Toilettenpapier ausgegangen. Anfangs fanden sich da und dort noch Restbestände, oder man benutzte Küchenrollenpapier (das zuvor ebenfalls lange nicht verfügbar war, sodass man ersatzweise viel zu viel Klopapier benutzte; so erzeugt ein Engpass den nächsten). Wachtmeister K. berichtet, dass früher in ähnlichen Fällen vorbeugend Rationierungsmaßnahmen ergriffen wurden. Als abzusehen war, dass Klopapier knapp würde, beschränkte man die Ausgabe auf 1 Blatt pro Mann und Tag. Jeder trug seine Rolle Klopapier (»limited edition«) mit in den Dienst, sie war entweder beschriftet und/oder immer am Mann. – Diese Chance ist nun dahin, das Papier ist seit Wochen endgültig aus. Und nein, wir wollen nicht wissen, wie jeder Einzelne damit zurande kommt. Es heißt, dass manche sich in Supermärkten in Damaskus oder in Khan Arnabeh eindecken. Gewiss ließe sich damit ein reger Handel im Camp aufziehen.

Zu den wichtigsten Versorgungsquellen für den Soldaten im Auslandseinsatz gehören Internet und Feldpost. Drei Mal pro Woche werden Postsendungen angeliefert. (Die Briefe und Pakete werden in Passagiermaschinen der *Austrian Airlines* von Wien nach Damaskus mittransportiert und dort vom Feldpostmeister abgeholt.) Viele bestellen regelmäßig Bücher, CDs und DVDs bei Amazon.de, an jedem Postflugtag stapeln sich die Päckchen im Feldpostamt. »Die müssen alle zu viel Geld haben!«, wundert sich der Postfuchs, doch da verkennt er die psychohygienische Funktion, die dieser Versorgungskanal für den gemeinen UN-Soldaten hat. Man holt sich ein Stück ziviler Außenwelt in den Camp- oder Stützpunktalltag hinein, man belohnt sich selbst für die Entbehrungen, die man im Einsatz auf sich nimmt. Der Trost, den man sich so über Versandhäuser verschafft, funktioniert allemal zuverlässiger, als im Gebet die heilige Precaria (die Schutzpatronin der Ausgebeuteten) anzurufen.

Überhaupt: Einkäufe! Einkaufen gehen im Nahen Osten ist eine interkulturelle Erfahrung. Angebot und Nachfrage bestimmen nicht nur, wie wir wissen, den Preis, sie schaffen auch den Ort für Begegnungen. Durch Handel kommen Menschen zusammen, im überdachten Bazar, in den Gassen des Souks und auf Marktplätzen mehr als in westlichen Einkaufstempeln. Und dann: die Ruhe nach dem Einkauf, auf dem Weg nach Haus, ins Camp; dichter als jede Ruhe vor dem Sturm.

»Meine Einkäufe«: Das wäre ein möglicher Titel für ein Buch, eine Geschichte, vielleicht sogar eine Lebensgeschichte, in der es vordergründig um Gegenstände und Kaufakte geht. Warum meint jeder Trottel, er müsste eines Tages eine Autobiografie mit dem Titel »Mein Kampf« verfassen? Das Abenteuer findet im Kopf und im Alltag statt, auch im geregelten Waren- und Geldverkehr zwischen Verkäufern und Kunden, Anbietern und Investoren. Nicht auf der Bank. »Ich«, sagt Korporal H., »ich war schon als Kind gegen das Sparen. Das Geld muss immer in Bewegung bleiben, der Rubel muss rollen.«

In den ersten Klassen der Grundschule, die in Österreich »Volksschule« heißt, gab es das sogenannte »Schulsparen«. (Österreich ist ein Volk von Sparbuchbesitzern und Bausparern, nicht von Aktionären.) Jeden Montag zu Unterrichtsbeginn stellte die Klassenlehrerin die Frage: »Möchte jemand schulsparen?« Man konnte Wertmarken zu 1 Schilling kaufen und diese in ein kleines Heft einkleben. In den Kästchen, auf die man die Marken klebte, standen Sätze wie: »Wer den Groschen nicht ehrt, ist den Taler nicht wert« oder »Spare in der Zeit, dann hast du in der Not«. (Das Kind, das ich war, verband intuitiv die Wörter »sparen« und »Not«, verstand also sinngemäß: Spare jederzeit, dann hast du immer Not.) Ein Mal im Jahr, in der sogenannten »Weltsparwoche« Ende Oktober, ging man geschlossen zur Bank, die ganze Schule, klassenweise, ein jeder mit seinem Heftchen. Und dort geschah etwas, das mich auch heute noch fassungslos macht: Es wurde einem nicht etwa der Wert jener Marken, die man das ganze Jahr über gespart hatte, rückerstattet, geschweige denn verzinst, es wurde einem das Heftchen abgenommen, der Gesamtwert in ein Sparbuch übertragen, und erst von diesem Moment an begann das eigentliche Sparen, auf das man dann, wie es hieß, Zinsen bekam. Eines Tages fragte ich meine Großmutter, was mit dem Geld nun sei: wem es gehöre und was mit ihm geschehe. Die Großmutter sagte, das Geld sei auf der Bank, da sei es gut aufgehoben. Wenn man es brauche, könne man es wieder abheben. Da es mir aber ausgeschlossen schien, dass ich mein von den Eltern verwahrtes Sparbuch nehmen, damit zur Bank gehen und Geld beheben könnte, blieben die Ersparnisse ein fiktiver, rein numerischer Wert, auf Papier gedruckt, und sie würden – das war meine feste Überzeugung – ungreifbar bleiben bis in alle Ewigkeit.

Diese kindliche Erfahrung, Geld zu sparen, das man nie wiedersieht, hat ein tief sitzendes Misstrauen gegen die Spar-Ideologie in mich gepflanzt und damit vielleicht auch meinen späteren Hang zum Loslassen von allem Besitz begründet. Angesichts der aktuellen Wirtschaftskrise äußern manche Soldaten ihre Angst, das Geld, das sie im Auslandseinsatz verdienen, könnte durch eine Hyperinflation plötzlich wertlos werden und nur noch zum Arschabwischen taugen (… immerhin). »Was bleibt dir dann von der ganzen Mission?«, brachte unlängst ein Kamerad seine Schreckensvision auf den Punkt. – Ich sagte: »All das, was du hier erfahren und getan hast, wird bleiben.« – Darauf er vehement: »Aber wenn dein ganzes Geld wertlos geworden ist?!« – Wir würden rückwirkend eine Truppe gewesen sein, die ihre Sache für nichts als sich selbst und für den Frieden getan hat. Und das ist, was nur ein Utopist erhoffen kann.

(29. März 2009)

43 Ölzweigernte

In einer von religiösem Wahn verwüsteten Provinz der USA stand letzten Herbst auf einer grotesk überdimensionierten Plakatwand in riesigen Lettern der Dreizeiler zu lesen: »WINTER IS COMING. / AND SO IS THE LORD. / ARE YOU PREPARED?« Kommen kann freilich nur jemand, der zuvor weg gewesen ist. Und da der Lord angeblich jedes Jahr im Winter kommt, muss er zwischenzeitlich immer wieder weg sein, das gebietet die Logik. Demnach müsste es spätestens jetzt, nach Frühlingsbeginn, in schönem Amerikanisch heißen:

»WINTER IS LEAVING. / AND SO IS THE LORD. / ARE YOU FIT FOR FUN?«

Padre Emmanuel (*both* prepared *and* fit for fun) trägt als Militärpfarrer natürlich die gleiche Uniform wie jeder andere Soldat. An seiner Halskette aber hängt unübersehbar ein großes silbernes Kreuz. »Dabei ist er vom Dienstgrad ein Oberst«, meint Lukas G. »Da müsste er wissen, dass man die Erkennungsmarke unter dem Leibchen trägt.«

Als ihm auf der Campstraße ein japanischer Soldat im Sportanzug entgegenkommt, ruft Emmanuel: »Hello! Have you been to the fitness room?« Der Japaner lächelt verwirrt zurück und sagt: »Sorry … my English … not so good«, und als er das silberne Kreuz auf der Brust erblickt: »Oh! Sister!« Der Padre korrigiert milde lächelnd, mit dunkler Stimme: »Brother!«

Er ist unbestritten der beliebteste Mann auf dem Golan. Ein veritabler UNDOF-Star, der sich auch entsprechend gebärdet: eine Spur zu exzentrisch (wobei Ursache und Wirkung einander wie immer bedingen.) Signifikantes Merkmal: Er raucht dicke Zigarren. In der Umfrage einer österreichischen Tageszeitung unter Priestern, welchen Namen sie – gesetzt den Fall, sie würden Papst – denn annähmen, gab Emmanuel zur Antwort: »Gaudentius Vitalis Sexto«. Kurz darauf erhielt er einen Anruf von der Erzdiözese. Der Bischof wollte wissen, wie das zu verstehen sei.

Man muss sich klarmachen: Auch alle großen Heiligen und Ordensgründer waren in gewisser Weise Häretiker, charismatische Persönlichkeiten, deren Lebensführung mit den Normen bestehender Glaubenssysteme nur bedingt kompatibel waren. (Man denke an Franz von Assisi, der ein Exzentriker ersten Ranges war, ein Dandy mit ausnehmend starker Sexualität.) Padre Emmanuel zwingt niemandem etwas auf, respektiert Nicht- oder Andersgläubige und hat kaum einen missionarischen Drang. Fragen von Kirchenkritikern weicht er häufig aus – was Tristan P. ihm vorwirft. Man kann's verstehen. Er ist für diejenigen da, die ihn brauchen; kein Anwalt oder Presseattaché des Vatikan. Ein Beispiel, wie einer (zumal als Intellektueller) ein glückliches Leben führen kann, gerade *weil* er gläubig ist. Der sprichwörtliche Leuchtturm.

Zwar darf Korporal H. für das Christentum wohl definitiv als verloren gelten – »Was vorbei is, is vorbei, Baby Blue« (sang Falco), unumkehrbar wie die Zahnpasta, die nicht mehr in die Tube zurück will –, aber vielleicht hat er als Agnostiker gar nie wirklich aufgehört zu beten, nur dann und wann den Tempel gewechselt.

Ein österreichischer Rekrut, der seine Erfahrungen beim Bundesheer in einem Buch mit dem Titel *Die Leiden des jungen Wehrmanns* niederschrieb, berichtet darin u. a. über seine Begegnung mit Padre Emmanuel: »Zum ersten Mal in meinem Wehrdienst hatte ich das Gefühl, dass jemand mit mir geredet hat und nicht an mir vorbei.«

Woher nur diese Überzeugungskraft? Woher dieses gewinnende Wesen? Der Apostel Paulus weiß die Antwort: »Wenn ich mit Menschen- und mit Engelzungen redete und hätte die Liebe nicht, so wäre ich ein tönendes Erz oder eine klingende Schelle.« (1. Kor 13,1) Auf eine knappe Formel gebracht (»die vier M«): Man muss Menschen mögen. Kunstfertig erlernte Kommunikationstechniken können ehrliche Anteilnahme nur vorübergehend ersetzen, früher oder später werden sie als manipulative Techniken entlarvt.

Anders als sein Vorgänger, der eine klingende Schelle war, ist Emmanuel ein Padre, der sich für jeden einzelnen Soldaten interessiert, sich sogar alle Namen merkt. Auf Position 32, schildert Tristan, werde Emmanuel gehasst – mit der Begründung, dass er jedes Mal, wenn er auf den Stützpunkt kommt, reden wolle, und zwar nicht über den Dienst, sondern übers Leben. O. O. sagt, er werde den Padre »zum Rapport stellen«, falls der seine Ankündigung wahr mache: sobald das Wetter es zulässt, sich splitternackt an den Pool zu legen und, mit einer Zigarre in der Hand, den Wunsch zu äußern: »Einmal eincremen, bitte!« (Nebenbei: Ein Priester mit militärischem Tattoo ist vermutlich etwas Seltenes.)

Let's face it: Es hat nicht den geringsten Anschein, dass dieser Welt irgendein »intelligent design« zugrunde liegt. Allein Position 32 würde genügen, an der Vollkommenheit des Schöpfungsplans zu zweifeln. Der klugen Regie des Padre aber ist es zu verdanken, dass Korporal H. und Tristan P. gemeinsam mit The Voice (Magister M.), der Stimme von 1D1, einen Tag lang als »Erntehelfer« dienstzugeteilt wurden. Für Palmsonntag wird nämlich ein ganzes Bündel Ölzweige benötigt, und die möchte der Padre aus einem Klostergarten am See Genezareth herbeischaffen.

Wer immer von dieser Ernteaktion erfährt, schlägt die Hände vorm Kopf zusammen und verdreht die Augen.

Ölzweige gibt es im Camp wahrlich genug, wir haben sogar die allerschönsten hier, denn die Bäume werden regelmäßig gepflegt. Aber – es geht eben doch, wie so oft, um Symbolik. Und wer wollte dem Padre widersprechen? Die Sache ist geritzt. Wir reisen als »die vier im Jeep« zum Kloster nächst der Brotvermehrungskirche an den See von Galiläa. Zum Wachsoldaten am Camptor sagt der Padre: »Schauen Sie mich nicht so freundlich an, sonst fällt es mir schwer, das Camp zu verlassen!«

»Operation Palmsonntag«: Wir stehen im Klostergarten, ein jeder im Dienstanzug, schneiden Ölzweige von den Bäumen und führen schweifende Gespräche. (Im Alten Testament werden Olivenbäume angeblich 38 Mal erwähnt.)

Die militärische Lebensform hat viel von der Situation in einem Kloster. Jedes Camp ist eine Art »claustrum«, ein geschlossener Ort, innerhalb dessen die Soldaten (wie Mönche) ein gemeinsames Leben nach vorgegebenen Regeln führen, die je nach Mission unterschiedlich streng sein können, so wie es rigide und weniger rigide Klosterorden gibt. Sich aus freien Stücken hinter Campumzäunungen zurückzuziehen, bedeutet bewussten Verzicht auf Annehmlichkeiten, die das Leben draußen bietet.

Auffallend ist, dass gerade unter den kulturgeschichtlich einflussreichsten Heiligen ein paar von Beruf Soldat waren. Der heilige Sebastian etwa, ein wegen seines christlichen Glaubens mit Pfeilen gemarterter römischer Gardeoffizier. Der Pestheilige. Schutzpatron der Eisenhändler, Gärtner, der Schwulen und Soldaten.

Vom heiligen Martin ist vor allem die Geschichte bekannt, wie er, hoch zu Pferde, seinen Mantel mit einem am Wegrand sitzenden Bettler teilt. Die Frage, die immer wieder gestellt, aber selten beantwortet wurde, ist: Warum gab er ihm einen halben Mantel? Warum nicht den ganzen? – Kaum jemand bedenkt, dass dieser Martin ein Soldat war. Der Mantel, den er trug, war klarerweise nicht sein eigen, er gehörte dem König. (»Heereseigentum« *avant la lettre.*) Der Barmherzige teilte seinen Mantel sicher nicht in der Mitte entzwei, in eine rechte und linke Hälfte, sondern trennte mit dem Schwert das Futter vom Überzug. So fiel die illegale Weitergabe nicht auf. Was sollten zwei Personen mit je einer Hälfte eines Mantels anstellen? Eine Harlekinade? Zum Kostümfest gehen? Die Geschichte ist lächerlich, und doch glaubt die zivile Welt, sie habe sich so und nicht anders zugetragen.

Auch der Apostel Petrus hatte am Ölberg bekanntlich ein Schwert (und zwar »sein Schwert«) dabei: eines, mit dem er einem Knecht des Hohenpriesters namens Malchus ein Ohr abschlug (das Jesus sogleich wieder anheilen durfte). Überhaupt muss es da ein ziemliches Gerangel gegeben haben: »mit Schwertern und Stangen«, wie zu lesen ist.

Als wir nach eingebrachter Ölzweigernte schließlich am Ufer des See Genezareth sitzen und Petersfisch essen, tritt ein Tourist auf uns zu und fragt: »Excuse me, Gentlemen, what does UNDOF mean?« (Er las wohl das Kennzeichen auf dem weißen UN-Wagen ab.) Wir entschlüsseln: »United Nations Disengagement Observer Force.« – »Oh, Disengagement?!« – Yeah! Truppenentflechtung. Wie erklärt man das? Am besten vielleicht so, wie es in einem Kibbuz eine Frau vor einer Gruppe Kindern tat, die über den Besuch von uns Männern in fremder Uniform verdutzt waren: »Das sind Soldaten, die dafür sorgen, dass wir mit unseren Nachbarn in Frieden leben können.« (Eine Formulierung, die ohne Schuldzuweisung auskommt.) Von dem hebräischen Satz verstanden wir genau ein Wort: Shalom.

(5. April 2009)

44 Mauer mit Dach

Max H. (Blitz 50) kommt in mein Büro. »Guten Morgen, Lieblingsblitz!« – »Guten Morgen, lieber Teil der Hauptkanzlei!« – »Gibt es denn auch einen anderen?« – »Ja, einen blonden.« Gemeint ist Wachtmeister K., der Mensch, mit dem ich den Schreibtisch teile; eine überaus positive Figur, ein fast unwahrscheinlicher Fall von Glück, das jedoch einen Haken hat. Denn K. ist neben seiner Funktion als Kanzlei-Unteroffizier auch noch ehrenamtlich Chef der Schweija-Hütte, und diese Bar ist nicht nur sein vorrangiges, sondern – so scheint es manchmal – sein einziges Interessensgebiet.

Blitz 50 wiederum ist für die Bataillonszeitschift »AUSBATT-Splitter« verantwortlich, und er investiert nicht nur Arbeitszeit und Können, sondern auch Herzblut in dieses Produkt. Wachtmeister K. findet die Zeitschrift ganz in Ordnung – solange darin über die Schweija-Hütte berichtet wird. Erscheint jedoch, wie neulich geschehen, eine Ausgabe, ohne dass von der »Schweij-Hü« die Rede ist, meint er abfällig: »Wen interessiert denn der Scheiß? Liest eh kein Schwein!« Und deshalb ist Blitz 50 jetzt mit Recht sauer auf den netten Kollegen. (Obwohl rein sachlich, was die zu erwartende Leserzahl anlangt, K. nicht so falsch liegen dürfte.)

Da wir unter allen Umständen vermeiden wollen, dass Wachtmeister K. sich ebenso abschätzig über das Buch *Bravo Hotel* von Korporal H. äußern wird, scheint es also dringend angebracht, der legendären Schweija-Hütte noch rasch ein Kapitel zu widmen. Aber wer könnte wirklich präzise und kompetent über diese Institution berichten, wenn nicht der Schweija-Hütten-Chef himself? Wir freuen uns daher, im Folgenden einen Beitrag des »Schweij-Hü50« wiedergeben zu dürfen, den dieser für die Zeitschrift »AUSBATT-Splitter« verfasst hat.

*

Viele Gerüchte ranken sich um diese Hütte, sogar Einsatzverlängerungen sollen angeblich schon bei so manchen geselligen Runden vereinbart worden sein. Doch was steckt wirklich hinter dem Erfolg unserer »Schweij-Hü«, wie sie von uns Campbewohnern liebevoll genannt wird? Die folgenden Zeilen sollen einen kleinen Einblick in Geschichte, Gegenwart und Zukunft unserer Hütte geben.

Wahrscheinlich war es einer dieser Zufälle, die den Auslandseinsatz auf den Golanhöhen so spannend machen. Irgendwann im Jahre 1988 war es den Mitgliedern des Campkommandos beim Sonnenbad zu windig. Sodann beschlossen sie, in dem Garten, den sie vor ihrem Haus zum Sonnenbaden benutzten, eine Mauer zu bauen, um vor Wind und Wetter geschützt zu sein. Diese Mauer wurde nach und nach ausgebaut, und durch das »ge-

heime« Überdachen wurde aus dem »Schweija-Garten« unsere »Schweija-Hütte«. Da im Campkommando alle wichtigen Handwerker vertreten sind, konnte das notwendige Material leicht organisiert werden, und die Experten waren rasch zur Hand: Tischler, Installateur, Elektriker und, wichtig für den Winter, auch der Ofenwart für den Kerosinofen. Im Zuge dieses Ausbaus wurde auch der einzige (noch heute bestehende) Keller im Camp Faouar errichtet.

In den darauffolgenden Jahren war die Schweija-Hütte ein Aufenthaltsraum für das Personal des Campkommandos. Für Außenstehende war der Eintritt nur auf Einladung gestattet. Die Hütte wurde zu einem Geheimtipp für gesellige Ereignisse, die, so sagt man, manchmal bis zur Morgendämmerung und darüber hinaus andauerten. Sogenannte Öffnungszeiten mit Sperrstundenregelung gab es keine. Hin und wieder kam es zu gewissen »Ausschreitungen«, ja sogar verletzungsbedingten Ausfällen von Kameraden (dichter Nebel auf dem Heimweg).

Da das Gebäude nach wie vor auf keinem Plan des Camps eingezeichnet war und es vermehrt Beschwerden gab, wollte man die Schweija-Hütte nicht nur einmal zusperren. Sogar Abrisspläne wurden ernsthaft erwogen. Der Druck wurde so stark, dass man im Jänner 1994 beschloss, sich einen Ehrenpräsidenten im Rang eines Offiziers zu suchen, der möglichen Schaden abhält und als Vertreter der Hütte gegenüber dem Bataillonskommandanten auftritt. Statuten wurden erstellt, und das Haus wurde mit der Nummer 142, »Schweija Hut« (Bar), in den Campplan aufgenommen. Das Motto lautete fortan: »Die Schweija-Hütte dient der Erholung, der Kameradschaftspflege sowie der gesellschaftlichen Zusammenkünfte aller

Soldaten und Zivilisten der UN-Mission, unabhängig von Dienstgrad und Nationalität.«

Seitdem betreut eine Crew, die vor jeder Rotation aus Freiwilligen neu gebildet wird, die Gäste in der Schweija-Hütte und bewirtet diese mit Getränken und österreichischen Würsten, die von Rückkehrern aus dem Heimaturlaub mitgenommen werden. Unsere »Spezialität der Hütte«: Käsekrainer mit Senf und Ketchup, dazu frisches Brot.

So wurde aus der »Mauer mit Dach« eine Institution, die heute aus dem täglichen Leben im Camp nicht mehr wegzudenken ist. Zu erkennen ist das an den unzähligen Namensschildern, mit denen sich die Soldaten vor ihrer Heimkehr verewigen, indem sie sie an alle möglichen Holzteile nageln. Und auch die Versuche, die Hütte zu schließen, werden immer weniger.

In der heutigen Zeit ist es keinesfalls selbstverständlich, dass man am Abend in gemütlicher Runde zusammenkommt, da Computer und Fernseher mittlerweile für fast alle Soldaten zur Normalität und damit auch zur Konkurrenz der Betreuungseinrichtungen geworden sind. Jedoch der Erfolg der Schweija-Hütte gibt allen, die seit ihrer Gründung an oder in ihr gearbeitet haben, recht. Einen herzlichen Dank an die Crews, die freiwillig und unentgeltlich die Gäste bewirteten und weiterhin bewirten werden, an die Ehrenpräsidenten, an die unzähligen Helfer und natürlich an jene, die sich beim Sonnenbad im Jahre 1988 nicht den Wind um die Nase wehen lassen wollten.

(12. April 2009)

45 Good Times

Das getan, was alle tun:
Nichts geschrieben, nur geschweijert.

(19. April 2009)

46 Vom Erdbeerkönig

oder Brothers on a Hotel Bed

Das Einsatzende ist in Sicht. Ein paar Stellen im Organisationsplan der nächsten Rotation sind noch unbesetzt. Major R., der für Personal zuständig ist, fragt: »Korporal G. will um ein halbes Jahr verlängern. Was meinst du? Ist der nicht schon weich [zu lange im Einsatzraum]?« – »Nein, Herr Major, der ist absolut tough.«

Korporal Lukas G.: 26 Jahre, 170 cm groß, schmale Augen (Sichtschlitze, Tranchierblick), ab und zu trägt er Brille (Visiereinrichtung, mehr Fadenkreuz als Brille). Ein Körper voll kasernierter Kraft, vorbildlich in Form. Präzise im Auftreten, höchst zuverlässig im Dienst, die äußere Erscheinung stets makellos. Vermutlich der einzige im Camp, der seine Uniform selbst bügelt. Noch nie hat ihn jemand launisch oder unmotiviert erlebt. Er kommt täglich in die Hauptkanzlei, um Schriftstücke abzuholen oder auch nur zum Kaffeetrinken, und er trinkt viel Kaffee (wäscht als einziger seine Tasse auch selber ab).

Vor der offen stehenden Kanzleitür erscheinen jeden Tag Dutzende Soldaten. Die Kontraste, die sich da vom einen zum anderen ergeben, sind eine Unterhaltungsshow der besonderen Art. Keiner aber salutiert so zackig, schneidig wie Lukas G., und das wahlweise auch auf Indisch, Kroatisch oder Polnisch: Mittel- und Zeigefinger wie zum Schwur zur Schläfe erhoben, mit festem Blick, ohne das geringste Zucken im Mundwinkel. – »Burschen, zeigt's doch *ein bissl* mehr Interesse!« (Sein Stehsatz.) – »Wie geht das?«, fragt Blitz 50. – Die Unterschrift, die er ins Postempfangsbuch setzt, gleicht dem oszillierenden Schallpegel harter Gitarrenriffs, vielleicht auch seiner Herzfrequenzkurve.

Wir wohnen beide im Haus Salzburg, in zwei nebeneinander befindlichen Räumen, die aber durch separate Hauseingänge zu betreten sind. Wenn wir im Garten beisammensitzen und sonst nichts geschieht, als dass der Wind in den hohen Bäumen rauscht, sagt Lukas gern, auf den sinnlichen Moment konzentriert: »Mah, herrlich!«

»Genieße dein Leben ständig, denn du bist länger tot als lebendig.« Diesen Satz, übertragen in die Vertikale von chinesischen Schriftzeichen, hat Lukas G. auf dem Oberkörper stehen. Wer sich solche Worte auf den Leib schreiben lässt, meint es ernst mit der epikureischen Lehre. Im Hamam in Damaskus werden wir jedes Mal angesprochen auf unsere Tattoos. Der Koran verbietet den Moslems Tätowierungen, sie gelten als »Selbstverstümmelung«, erregen also Aufmerksamkeit und sind somit ein idealer Gesprächsanlass, auch wenn die Konversation mit den Syrern mangels gemeinsamer Sprache rasch versandet. Die beiden Badewärter setzen sich neben uns: einer rechts, einer links. »China«, fragt der eine, »you are from China?« – »No«, sagt Lukas, »Austria. Nemsa.« – Der andere streicht mit den Fingern über das tätowierte Schwert und flüstert: »Beautiful!«, die andere Hand auf dem Lendenschurz.

»Soll ich dir den Rücken waschen?«, fragt Lukas in dem dampfenden Raum. – »Oh, gerne!« – »Anschließend darfst du den meinen schrubben. Man tut es viel zu selten, dabei gehört es zum Schönsten, wenn einem jemand den Buckel wäscht.« Und so schrubben wir einander auf dem farbigen Steinboden, mit Quast und schäumender Olivenseife.

Immer nach dem Hamam: ein opulentes Dinner. Ein vor Speisen überbordender Tisch für vier Personen, nur für uns zwei. »Vom Feinsten!« Eine Völlerei fast biblischen Ausmaßes. Abraham a Santa Clara hätte gegen uns gewettert, die wir uns jedes Mal »die Wampe wie einen Wanderranzen« anfüllen. Sogar Padre Emmanuel, der selbst ein Genussmensch ist, warnt vor Gourmet-Ausschweifungen, die zum Verlust einer dampfbadtauglichen Statur führen: »One moment on your lips, forever on your hips.« Aber Lukas G. macht solche Orgien durch Sport wieder wett. (Eine kontrollierte Neigung zum Exzess: kein Widerspruch, nicht für Lukas G.)

Keinem anderen Kameraden ist es je gelungen, mich vom Schreiben abzuhalten. Angebote aller Art habe ich, wenn nötig, ausgeschlagen. Klopft es aber an der Tür und herein schaut Lukas, der da lächelnd fragt: »Ein Bierchen?« – wie sollte man dem widerstehen? Drohender Untergang.

So kommt es, dass nicht nur Journaltext 45 sehr knapp ausfiel, sondern sich auch seit Wochen kein Eintrag mehr in der Agenda findet, wo ich stichwortartig die laufenden Ereignisse notiere. Die Seiten sind leer. Schon einige Zeit zuvor dünnten die Einträge aus. Das blanke Blatt Papier, das es zu beschreiben gilt, hat mir nie Angst gemacht, auch nicht die leeren Kalenderblätter der Wochen und Monate, die noch vor einem liegen. Aber die unbeschriebenen Seiten der Tage, die vergangen sind, evozieren den Schrecken vor der Leere. »All the good times I've been wasting having good times« (Eric Burdon and The Animals).

Und was, bitte, hat das Ganze mit Erdbeeren zu tun? – Es gibt ein Märchen vom *Erdbeerkönig*. Es handelt vom Genuss.

Die Erdbeere gilt seit jeher als eine sinnlich-erotische Frucht, mit ihrem tiefen Rot, viel Fleisch und wenig Substanz; zu 90% besteht sie aus Wasser. Man spricht ihr potenzfördernde Wirkung zu; in der Antike wurde sie als Aphrodisiakum verwendet. Hemingway nannte sie eine »Verführung in Rot«. Klaus Kinski schmachtete: »Ah du … du ach, ich bin so wild nach deinem Erdbeermund!« (Verse von Paul Zech, nach François Villon.)

Es heißt, dass man sich an den Geschmack der Erdbeere nur schwer erinnern kann. Ihr süßes Aroma offenbart sich nur im Augenblick. Andere Früchte wie Banane, Orange oder Mango werden vom sinnlichen Gedächtnis stärker behalten. Deshalb ist die Erdbeere eine Chiffre für Glück, das flüchtig ist. Und der Fluch, der auf dem Erdbeerkönig liegt, ist, dass es ihm nicht genügt, den höchsten Genuss bereits erlangt zu haben, er will ihn wieder und wieder haben. *I Can't Get No Satisfaction.* Keine Befriedigung, jedenfalls nicht auf Dauer.

Sinnliches Glück – schon verflogen! Die schönsten Momente sind flüchtig und werden rasch vergessen. Vielleicht gibt es deshalb im Rotlichtviertel von Amsterdam ein »Café Remember«.

Was im Camp Faouar von durchzechten Nächten bleibt, sind allenfalls Fotografien. Man umarmt einander, steckt die Köpfe zusammen und kuschelt für ein Foto. Manche Aufnahme muss ein, zwei, gar drei Mal wiederholt werden. »Beim Fotografieren ist immer nur schade, dass es so schnell vorbei ist«, sagt der Padre. Wenn man sich auch nicht mehr an die Umstände erinnern kann, unter denen ein Foto entstand, so zeigt es doch unbestreitbar das, was gewesen ist. Und der Betrachter studiert das Bild, um herauszufinden, was er schon tags darauf von sich nicht mehr weiß.

»Zuweilen, spät in einer Festnacht, wo der Alkohol und das wilde Sichgehenlassen eines jeden zu einer glücklichen Ermattung führten, schien mir wenigstens eine Sekunde lang, in der höchsten Ermüdung, dass ich endlich das Geheimnis der Menschen verstand und eines Tages fähig sein würde, es auszudrücken. Aber die Ermüdung verschwand und mit ihr das Geheimnis.« (Albert Camus, *Tagebuch 1951–1959*)

»Du kannst ruhig in meinem Zimmer übernachten«, sagt Lukas, »schlaf du in meinem Bett, ich leg mich auf den Boden.« – »Nichts da!«, sage ich (Spielverderber), »eine gute Nacht!« – Und er: »Wir sehen uns am Morgen bei der Standeskontrolle; wie nun seit bald 365

Tagen.« Und ein jeder verschwindet in seinem Hauseingang, und wir liegen, Zimmer an Zimmer, ein jeder auf seiner Seite, wie Brüder auf einem Hotelbett ruhen, »like brothers on a hotel bed« (Death Cab For Cutie).

(26. April 2009)

47 Operation Spirit

für David

»*Komm Schöpfer Geist* I bellow as Herr Beer / picks up our slim offerings and Pfarrer Lustkandl / quietly gets on with the Sacrifice / as Rome does it« – *Whitsunday in Kirchstetten* heißt das so beginnende Gedicht, und der es schrieb, war einer der bedeutendsten Dichter des 20. Jahrhunderts, W. H. Auden, der als ein ortsansässiger Fremder im niederösterreischen Kaff Kirchstetten im Wienerwald lebte, mit der Wohnadresse »Hinterholz 6«.

Auch im Camp Faouar gibt es eine Unterkunft namens »Hinterholz«: eine zweistöckige Baracke, die, im verstecktesten Winkel gelegen, für ihren bescheidenen Komfort berüchtigt ist. Und eine Kirche, in der die Messe nach römischem Ritus gelesen wird, gibt es hier ebenfalls, nur dass niemand mit dem Klingelbeutel durch die Reihen geht. Keine Kollekte, kein Wachtmeister Beer weit und breit, dafür ein Pfarrer, dessen Name sehr glaubwürdig auch Lustkandl sein könnte.

»When Mass is over, / although obedient to Canterbury, / I shall be well gruss-gotted, asked to contribute /

to *Caritas*, though a metic come home / to lunch on my own land: no doubt, if the Allies had not / conquered the Ost-Mark, if the dollar fell, / the *Gemütlichkeit* would be less …«

Auden hält fest, dass die Kirchstettner zu ihm freundlich »Grüß Gott« sagten, obwohl er Anglikaner sei (»obedient to Canterbury«) und bloß als »Metöke« auf seinem Stück Land lebe. *No doubt:* Hätten die Alliierten die Ostmark nicht erobert und wäre der Dollar nicht so stark, wär die Gemütlichkeit nicht so groß. Ähnlich die Lage von UN-Soldaten auf dem Golan: Würden die Streithähne Israel und Syrien Frieden schließen und wäre zudem das Salär nicht so schön, wär's nicht so gemütlich im Ort Faouar. »… but when was peace / or its concomitant smile the worse / for being undeserved?«

Komm, Schöpfer Geist! Jenes *Veni Creator Spiritus* werden wir zum Auftakt dessen singen, was der Welfare-Offizier so ankündigte: »PADRE ON TOUR / HOLY MASS / CONFIRMATION OF 3 SOLDIERS / 03may09 / 0930LT CF Bus Stop / TABGHA«. Soldatenfirmung am See Genezareth, auf einem Hügel über Tabgha, wo einst, laut Neuem Testament, die Brotvermehrung stattfand. Ein Offizier, ein Unteroffizier und ein Charge. Jeder der drei hat einen Firmpaten zur Seite, obwohl das an sich nicht nötig wäre. Erwachsene Menschen können eigenverantwortlich handeln. Dennoch haben alle drei sich einen Paten gewünscht: vielleicht, weil man diesen Moment mit jemandem teilen will, »weil es zu zweit schöner ist«, weil es gut tut, wenn einem jemand die Hand auf die Schulter legt – es ist eine einfache und zugleich eine zärtliche Geste.

Oberleutnant Z. hat einen Herrn Oberstleutnant zum Paten. Wachtmeister David W., 23, der ein Publizistikstudium aufgab zugunsten der Armee und nun ständig hadert mit der Gesellschaft, der er sich da verschrieb, hat Korporal H. hinter sich. (Ein Agnostiker als *Godfather*: ob das überhaupt rechtens ist? »Bei diesem Padre schon!«, so der einhellige Tenor. »Hauptsache, es zahlt jemand dem Firmling das Essen.«) Und der junge, durchtrainierte Charge Markus W. hat seinen vor Muskelkraft strotzenden Kameraden Clemens I. gewählt, der noch um einiges jünger ist als er selbst.

In den Wochen zuvor erklärte David immer wieder: »Eigentlich ist das Ganze eine scheinheilige Aktion, ich bin ja nicht wirklich gläubig. Aber ich gehe jetzt doch regelmäßig in die Kirche, einfach weil der Padre so angenehm ist.« In der Folge drehten die Campgespräche sich vor allem um die Frage, ob David zur Firmung mit seiner in Thailand gekauften Schweinsmaske erscheinen werde. »Ich bin schwer sündenlastig!«, gestand David dem Padre, »ich bin von sechs der sieben Todsünden befallen.« »Ich auch«, antwortete dieser, »vor allem von der Wollust. In den sieben Hauptsünden bin ich genauso zuhause wie du. Aber viel wichtiger ist, dass wir es auch in den vier Kardinaltugenden sind. *Darauf* muss man sich konzentrieren!«

Am Vorabend der Firmung schließlich klopft es an der Tür meines Zimmers (Haus Salzburg, nicht Hinterholz) und David tritt ein, auf der Suche nach einem Gespräch und auch, um einen letzten Zweifel auszuräumen: »Bleibt's dabei? Machen wir das, morgen?« – »Klar doch!« – Wählen und erwählt werden, sich anbieten und angenommen werden. Ein für den Moment wie für immer geschlossener Bund. Man wird ja nur einmal gefirmt. – »Ich muss sagen, ich hab das Ganze unterschätzt«, bekennt David. »Je mehr ich darüber nachdenke, umso mehr bedeutet es mir. Wir haben gerade besprochen, wie das morgen ablaufen soll. Der Padre hat mir gezeigt, wie das Sakrament gespendet wird. Er hat mir die Hand auf die Stirn gelegt und ... Bei der Firmung morgen wird dann eine spezielle Salbe benutzt, heute haben wir's nur im Trockentraining geübt.«

Dieses Salböl, das Chrisma oder Chrisamöl heißt, gehört zu den Urelementen der christlichen Liturgie, schon zur Zeit der Apostel wurde es verwendet. Chrisamöl ist reines Olivenöl, dem zur Verbesserung des Geruchs Balsam beigemischt wird. Christos heißt: der Gesalbte. Damit verwandt ist auch das Wort Charisma, das die »Gaben des Heiligen Geistes« bezeichnet. (Ein ganz und gar unmilitärischer Begriff. Auch der Uncharismatischste kann Kommandant sein, und dennoch sind ihm jederzeit Ehre und Respekt zu bezeugen.) Im Neuen Testament gibt es mehrere Stellen, wo die Begabungen, die durch den Heiligen Geist gegeben werden, aufgelistet sind, wie: Vermittlung von Weisheit, von Erkenntnis, Unterscheidung der Geister, prophetisches Reden, Zungenrede und deren Deutung (1. Kor 12,8–10). Wichtigste Bedingung für den Gebrauch der Geistesgaben aber ist die Liebe.

David weiter: »Und wie der Padre mir seine Hand auf den Kopf gelegt hat und mit der Handfläche auf der Stirn gerieben hat – mehr ein zärtliches Streicheln –, das war etwas, das ich im ganzen Körper gespürt habe, wie wenn diese Ruhe und Kraft, die er durch seinen Glauben verkörpert, auf mich übergegangen wäre. Das ist etwas, das mich tief berührt hat, und dem will ich folgen, auch wenn es vielleicht gar nichts mit christlicher Religion zu tun hat. Und es ist mir auch eines klar geworden: Es heißt oft, wenn man etwas nur wirklich wolle, könne man es auch erreichen. Aber das stimmt nicht. Es nur zu wollen, genügt nicht. Man muss auch daran glauben.« – Damit war eine Stimmgabel angeschlagen, in deren Ton man sich einschwingen konnte.

Die einstündige Fahrt vom Camp Faouar in Syrien an den See Genezareth, Israel: So oft sind wir diese Strecke gefahren, die nur UN-Soldaten möglich ist. Niemand sonst kommt von A nach B, von B nach A und wieder zurück. Jetzt, wo bald der Jahreskreis sich schließt und ich hinausschaue durch die Scheibe, kehrt alles ins Bewusstsein zurück, in einer Intensität, die im dichten Augenblick kulminiert. So oft gefahren, so vertraut: zum Camptor hinaus, vorbei an den syrischen Stellungen entlang der Straße, durch Khan Arnabeh, vorbei am Stützpunkt 25, wo einer der Kameraden vor dem Wachhäuschen steht, quer durch die Pufferzone und die Trümmerlandschaft von Quneitra hindurch. Crossing Procedures am dreifaltigen Gate, das Schild »WELCOME TO ISRAEL« (blau auf weißem Grund) und wieder: das andere Licht auf den anderen Straßen, kurvenreich geht es den Golanrücken hinab, vorbei an den Kasernen der IDF, quer durch ein riesiges Militärgebiet. Gleißendes Licht, als der See ins Blickfeld rückt. Eine Pilgerfahrt als Essenz eines Jahres. Fast scheint mir, dass es nun einer Messfeier nicht mehr bedarf. Die Landschaft selbst ist der Segen spendende Quell.

Auf geographischen Karten, die das Land der Bibel zur Zeit des Neuen Testaments darstellen, ist der Golan unter dem Namen GAULANITIS verzeichnet. Das klingt nach schwerer Krankheit, Heilungschancen ungewiss; nach jener Krankheit, von der so viele von uns, ewige Golangeher (»notorische Wiederholungstäter«), befallen sind.

Firmung, sagt der Padre, sei auch ein militärischer Begriff. Firm heißt stark, und firmen: bekräftigen, bestärken, jemanden auf etwas einschwören. »Wer mich kennt, der weiß, dass ich die Menschen weniger auf die vier Evangelien einzuschwören versuche als auf das fünfte. Das fünfte Evangelium ist die Landschaft.« Wir befinden uns auf biblischem Terrain.

Im innersten Bezirk des Wirkungsbereichs Jesu. Wir stehen in Uniform, »Kampfanzug 03« (battle dress), im Kreis auf einem Hügel, blicken weithin über den See Genezareth, von dem es heißt, man könne auf seinem Wasser wandeln, wenn man vollkommen reinen Herzens sei; man brauche nur die Augen zu schließen, die Arme auszustrecken und einen Fuß vor den anderen zu setzen. Freilich, keiner mag es ausprobieren, es würde ohnehin nicht funktionieren … »For we are conscripts to our age / Simply by being born; we wage / The war we are.« (»Wir sind Rekruten unserer Zeit / Einfach, indem wie geboren sind, führen wir / den Krieg, der wir selbst sind.«) W. H. Auden.

Komm, Schöpfer Geist!, singen wir, und Padre Emmanuel joyfully gets on with the Sacrifice as Rome does it. (Rome?) Die Messe, die da gelesen wird, ist weniger »Rom« als vielmehr »Padre Emmanuel« (I did it my way), und sie wird auch weniger »gelesen« als erzählt. Wortgottesdienst als Erzählung, die dem Ritus erst seine friedensstiftende Form gibt. In der größten Leichtigkeit dann die eigentliche Konfirmation. »David liebt Gott, und Gott liebt David.« Wie die Auffrischung einer Liebesbezeugung, die man vor vielen Jahren mit dem Taschenmesser ins Holz eines Baumstamms geritzt habe, sei die Firmung. So der Padre.

Wer die Kommunion empfangen will, geht im Kreis um den Altar herum, nimmt die Hostie selbst aus der Schale, taucht sie ein in den mit Rotwein gefüllten Kelch und isst das blutdurchtränkte Fleisch Jesu. (Für einen Katholiken ist die Hostie nicht bloß Symbol für den Leib Christi, sie ist der Leib selbst. Der Leib in Gestalt einer Hostie. George Steiner nennt es »reale Gegenwart«.) Zuerst gehen die Firmlinge, begleitet von ihren Paten. Im Wissen um die Bredouille, in die das Zeremoniell mich bringt, erklärt der Padre im rechten Moment: »Es kann jeder mitgehen, auch der, der nicht nimmt.«

Das Evangelium nach Johannes, welches das spirituellste der Evangelien ist (»Im Anfang war das Wort …«), berichtet, dass Jesus am Tag nach der Brotvermehrung, in der Synagoge in Kapernaum, nur wenige Kilometer von Tabgha entfernt, zu seinen Jüngern sprach: »Der Geist ist's, der lebendig macht; das Fleisch ist nichts nütze. Die Worte, die ich zu euch geredet habe, die sind Geist und sind Leben.« (Joh 6,63) Auf der Frontseite der Heiliggeistkirche in Wien-Ottakring (Architekt: Jože Plečnik) steht dies in großen Lettern geschrieben: »DER GEIST IST ES, DER LEBENDIG MACHT. DAS FLEISCH NUTZET NICHTS.« Das ist die Wahrheit.

Freilich nutzet auch das erkaltende Fleisch, das am Kreuz hängt, nichts. Der Geist ist es, der lebendig macht. Wer an den Geist glaubt, für den muss der Leib nicht auferstehen. »Du brauchst keinen Dornbusch, und wenn, dann braucht der nicht extra zu brennen.« (Peter Handke, *Gestern unterwegs*) Und man braucht, bitte, um des Gedächtnis willen, auch nicht vom Leib eines anderen essen. Nein!

Dies ist die Stelle, an der ein Sermon des Paten fällig wäre: »Die Erlösungsreligionen sind nichts wert, David. Sie bieten nur Erlösung aus Ängsten, die sie selbst erzeugen. Es ist alles in uns. I say again: Es ist alles in uns, und das heißt auch: in jedem von uns, es ist nur eine Frage der Entfaltung. (Nur?)« Der Augenblick des Erlebens ist dem wirklichen Begreifen nicht günstig. Doch es ist in dieser Stunde, da ich, wie zum ersten Mal, diesen Satz mit- oder nachsprechen kann: »Ich glaube an den Heiligen Geist.« Komm, Schöpfer Geist! Ein Jahr lang Dienst versehen auf dem Golan, ein Jahr im militärischen Verband gelebt, bis ich heute, hier und jetzt, diese Worte wie ein Mantra singen kann: »Spirit … Spirit« (*I Believe in You*, ein Song von Talk Talk).

»Weißt du, David, im Zivilen hätte ich so eine Patenschaft nie übernommen.« Darauf er: »Ich hätte mich nicht firmen lassen, wenn nicht in Uniform.« This is the bond we have. Notizbuch, Schwert und Ölzweig. NE EXTRA OLEAS (Entferne dich nicht von den Olivenbäumen).

Zuletzt wird ein Lied aus dem *Soldatengebetbuch* gesungen (»herausgegeben und für den Inhalt verantwortlich: Bundesministerium für Landesverteidigung«). »Möge die Straße uns zusammenführen und der Wind in deinem Rücken sein; sanft falle Regen auf deine Felder und warm auf dein Gesicht der Sonnenschein; (...) hab', wenn es kühl wird, klare Gedanken, und den vollen Mond in dunkler Nacht.«

Und so, nachdem wir, zurück im Camp, über Stunden im Garten von Haus Salzburg sitzend geredet haben, bis es Nacht geworden ist, sagt David in einer behelfsmäßigen Formel (da es schwer ist, das Erfahrene in angemessenere Worte zu fassen): »Das war Weltklasse, heute!«

Post scriptum, der Kommentar von Major P., als er vom Padre hört, dass die Firmung bei einem der Paten, nämlich Korporal H., »voll eingefahren« sei: »Ich muss mir hoffentlich keine Sorgen machen?«

(3. Mai 2009)

48 Five Leaves Left

Raucher, die sich ihre Glimmstängel selber drehen, kennen den Warnhinweis. Wenn das Zigarettenpapier zur Neige geht, erscheint in dem Päckchen ein Zettel mit der Aufschrift »ONLY 5 LEAVES LEFT« oder »TIME TO BUY ANOTHER PACKET« – ein melancholischer Einschub aus dem Wissen um das kontinuierliche Schwinden, vom Ende her gedacht.

Der britische Sänger und Songwriter Nick Drake veröffentlichte 1969, im Alter von 21 Jahren, sein Debütalbum unter dem Titel *Five Leaves Left*, und diese Wörter charakterisieren bereits die grundlegende Stimmung der Songs. Sowohl *Five Leaves Left* als auch die beiden Folgealben brachten dem von der Kritik gelobten Sänger allerdings nicht den erhofften kommerziellen Erfolg. Numerischer Zufall oder nicht: Fünf Jahre später, 1974, fand man Nick Drake eines Morgens leblos in seinem Bett. Todesursache war eine Überdosis Antidepressiva. Sein letztes Album, das erst posthum erschien, hieß *Time of No Reply.*

Auch in diesem Journal sind jetzt nur noch *five leaves left*, fünf Kalenderwochen stehen aus, und es muss jeder Soldat für sich beantworten, in welche Gemütsverfassung ihn der Gedanke an das nahe Einsatzende versetzt.

»Ich bin dem zivilen Leben so entwöhnt«, sagt H. »Ich weiß genau, was mich daheim erwartet. Ich weiß es, aber ich fühle es nicht mehr.« Der Militäralltag ist so selbstverständlich geworden, so vertraut, dass man meint, man könnte ewig so weiterleben, in diesen klaren Verhältnissen. Sich dann wieder ins Zivilleben zu integrieren, ist entsetzlich schwierig und in aller Regel von Depressionen begleitet und dem Gefühl des Unverstandenseins. Fast alle Repatrianten berichten von Beziehungsstress oder Trennungen. Einer wandte sich mal in der Radiosendung »Sternstunden« an eine bekannte Astrologin, die dem armen Kämpfer zu verstehen gab: »Es war einmal …« – Ach, wir Veteranen! *Time of no reply.* Viele wünschen sich rasch wieder in den Einsatz zurück.

Einige Monate nach der Heimkehr aus dem Kosovo wurden wir (und separat auch die jeweiligen Lebensgefährten) gebeten, einen Fragebogen des Instituts für Militärpsychologie auszufüllen. Die Kardinalfrage: »Unsere Partnerschaft hat sich durch meinen Auslandseinsatz verändert: ja / nein«. »Wenn ja: Wenn ich um die Veränderungen in unserer Beziehung schon vorher gewusst hätte, wäre ich nicht in den Auslandseinsatz gegangen: ja / eher ja / eher nein / nein«.

Es könnte in solchem Zusammenhang gewesen sein, als der Filmwissenschaftler Drehli Robnik konstatierte: »Melancholie ist die soldatische Sensibilität schlechthin.«

Die Zauberwörter in jedem Auslandseinsatz heißen »Verlängerung« und »Verwendungsänderung«. Monatelang wird darüber spekuliert, wer wohin versetzt werden könnte und ob die Chance auf Einsatzverlängerung realistisch ist. Es ist das Hauptgesprächsthema allerorts. Und der leitende Unteroffizier im Personalbüro (der sogenannte »PersB«) ist die Schlüsselfigur in diesem Management.

Gefreiter Sz., der zurzeit auf dem Stützpunkt 25 Dienst versieht und im nächsten Halbjahr meine Stelle als Schreiber im Bataillonskommando übernehmen will, wurde schon kurz nach Jahresbeginn im Personalbüro vorstellig, um seinem Wunsch nach Versetzung Nachdruck zu verleihen – mit zwei Flaschen polnischem Wodka. (Der Kamerad hat einen polnischen Familiennamen.) »War es wenigstens ein guter?«, frage ich. »Oh, ja!, etwas Feines«, antwortet der Kenner, »offenbar direkt importiert, bei uns bekommt man so was gar nicht.« Aber der aktuelle PersB (Fredie S.) ist unbestechlich. »Pas de discussion!« Kamerad Sz. wird die Stelle nicht bekommen. »Roma locuta, causa finita.«

Der neue OrgPlan ist inzwischen fertiggestellt. Für manche, die noch auf eine Verlängerung hoffen, ist die Chance auf das Minimum gesunken. Es bleibt nur die Eventualität, dass in letzter Minute jemand ausfällt. Aber solange dieser Funke von Hoffnung besteht, werden die Angehörigen daheim im Glauben gelassen, der arme Soldat sei unabkömmlich. »Tut mir leid, Mausi, ich kann wahrscheinlich nicht weg«, heuchelt einer, während er in Wahrheit um fast jeden Preis seine Repatriierung zu verhindern sucht. (Die Hoffnung, heißt es, stirbt zuletzt.)

Allmählich beginnen wieder die vielen Auscheckerpartys. Jede Branche feiert ihr eigenes Fest, und die meisten Offiziere werden aus Höflichkeit überallhin eingeladen. Major R.: »Sobald ich eine Einladung bekomme, geh ich nicht mehr hin. Ich mag Feste durchaus, aber sie müssen sich ergeben. Sobald etwas ein Termin ist, geh ich nicht mehr hin.« – »Aber in die Heilige Messe kommst du doch auch«, wendet der Padre ein. »Ist das etwa kein Termin?« – Der Major: »Nein, kein Termin. Das ist ein *Date*, denn da geht es um die Liebe.«

Blitz 50 möchte die Tür zu seinem Büro aufsperren, greift in die Hosentasche und holt einen Schlüssel hervor: »Oops! Was mache ich mit dem Schlüssel von der 3er Branche? Oh shit! Hosen vertauscht!«

Das Jahr, in dem Nick Drake die Songs zu *Time of No Reply* aufnahm, war übrigens auch die Zeit, in der die damals 16-jährige deutsche Schlagersängerin Juliane Werding ihr Debütalbum mit dem erstaunlichen Titel *In tiefer Trauer* herausbrachte. Es enthielt den Nr.-1-Hit *Am Tag, als Conny Kramer starb.* Wachtmeister O. ist ein Fan von Juliane Werding, er besitzt auch ihr Jahrzehnte später erschienenes Album *Die Welt danach*.

Dieser Wachtmeister O. geht neuerdings allen mit seiner Triangel auf die Nerven. Ein unbegabter Mensch, der ein Musikinstrument spielen möchte und, da er nie eines gelernt hat, sich von einem Versandhaus eben das einfachste von allen, eine Triangel, schicken ließ. Er klimpert täglich damit und macht doch nicht den geringsten Fortschritt. Als er mich nach meiner Meinung fragt, erkläre ich: »Eine Entwicklung scheint da kaum möglich.« Anderntags verbreitet er stolz, ich hätte ihm attestiert, sein Spiel könne nicht besser werden. »Das schon«, sage ich, »aber es war anders gemeint.«

Gefreiter T. von Position 37 erzählt, der Tal Hawa sei inzwischen ein großer Hundefriedhof. Immer wenn der Stützpunktkommandant einen streunenden Hund sieht, holt er die Schrotflinte hervor.

Ümit K. schickt mir eine E-Mail aus dem Urlaub: »Hallo, ich bin's, dein kleiner Bruder. Melde mich aus London. Was ich hier schon erlebt habe, du wirst es mir nicht glauben.« Er realisiert mit der Begeisterung eines jungen Menschen, dass es ein Leben nach dem Einsatz gibt. Er ist gedanklich schon mehr in jenem.

Und Tristan P. schreibt: »In nunmehr 30 Tagen geht es endlich nach Hause, und ich empfinde eine ungeheure Vorfreude darauf, dieses wahrlich schlechte Einsatzleben hinter mir zu lassen. In meinem Tatendrang habe ich nun beschlossen, im Juli den Jakobsweg zu gehen. Es wird Zeit, meinen Körper wieder etwas zu fordern.« (Die Fußpatrouille von Position 32 dauert ja nur anderthalb Stunden, und sie ist nur einmal pro Woche zu gehen.) Als wir miteinander telefonieren, erzählt Tristan, er werde hochgerechnet 365 WaPo-Dienste geleistet haben. Das heißt, für jeden Tag Urlaub oder »Time Off« muss man an einem anderen Tag mit einem Doppeldienst büßen.

Der wahre Hammer aber ist: Inzwischen liegt der Bescheid aus New York vor. Die »unbrauchbare« Position 32 soll im Jahr 2010 abgerissen und komplett neu errichtet werden. Dennoch hat der Stützpunktkommandant befohlen, dass in der kommenden Woche die Küche umgestaltet wird. »Was hat das für einen Sinn«, reklamierte Tristan, »eine Küche umzubauen, die nächstes Jahr ohnehin mitsamt der Bodega abgerissen wird?« »Darum geht es nicht«, war die Antwort des Positionleaders. »Es geht darum, den anderen zu zeigen, dass auf Stützpunkt 32 gearbeitet wird.«

(10. Mai 2009)

49 Seitenwechsel

Ich stehe am Technischen Zaun. Das Abendlicht, in dem er leuchtet, belegt, dass ich im Westen bin. Für eine Woche Gast auf Position 22, dem einzigen UN-Stützpunkt auf der israelischen Seite des Golan. Weiter werde ich es in meiner Militärlaufbahn nicht bringen.

Die halbe Stützpunktmannschaft ist in Urlaub. Durch diesen Personalmangel wurden Aushilfskräfte nötig, genannt »Gast-WaPos« (der Stützpunktkommandant sagt

»Fremd-WaPos«). Ich bin der einzige, der freiwillig kam, die anderen zwei wurden von ihren Vorgesetzten »abgestellt«. Schon im März hatte ich ein freies Camp-Wochenende gegen Dienst auf Position 22 eingetauscht, sehr zum Unverständnis meines Kollegen (Wachtmeister K.: »Und? Ist ein WaPo-Dienst auf der 22er anders als auf der B-Seite?«).

Noch einmal: vom Leben auf dem Stützpunkt. Noch einmal ein Exempel, wie es ist. Wie es sein könnte. Ich wache auf in einem unvertrauten Zimmer. Die sehr kleine Kammer teile ich mit Ewald, dem Bruder eines Kameraden, mit dem ich im Kosovo war. (Endlich ein echter Bruder unter all den temporären!) Für Trennvorhänge fehlt der Platz. Man teilt seine Privatsphäre mit dem Kameraden.

Unser Tagesablauf besteht aus wenig mehr als Dienst und schlafen. Kaum Freizeit. Aber egal. Es gilt, was Musiker gerne am Beginn von Konzerten deklamieren: »It's great to be here.«

Position 22 ist ein Sonderfall, der sich einem etwas kuriosen Umstand verdankt: Im Waffenstillstandsabkommen vom Mai 1974 wurden die Linien auf einer Karte im Maßstab 1 : 100 000 gezogen. Allein die Strichstärke lässt bei diesem Maßstab bereits unterschiedliche Interpretationen über den tatsächlichen Linienverlauf zu. In der Folge mussten für alle strittigen Bereiche Kompromisse gefunden werden. Ursprünglich war vorgesehen, alle UN-Truppen östlich der A-Linie zu stationieren. Durch die ausverhandelte Linienziehung im Gelände kam es dazu, dass sich nun doch ein Stützpunkt knapp westlich der A-Linie befindet.

Die Landschaft um Position 22 wirkt je nachdem, was das Licht heraushebt, mediterran (Weinstöcke und Obstplantagen) oder aber nordisch (Heidelandschaft mit Tümpeln). Der Padre meint, im Morgengrauen sehe es hier aus wie in Schottland (nur mit mehr Minen und weniger Schotten). Üppige Felder von wogendem Gras. Apfelbäume, deren Früchte eines Tages vielleicht beim »Apple Crossing« auf die andere Seite dürfen. Wasser in dicht bewachsenen Panzergräben (»deep ditches«). Nachts quaken die Frösche.

Der Shelter, auf den eine hoch aufragende Gittermastantenne gepflanzt ist – obenauf die flatternden Fahnen Österreichs und der UN –, sieht aus wie ein Piratenschiff (eines auf hoher See, denn es regnet und der Stützpunkthof steht unter Wasser).

Position 22 hat den leicht anachronistischen Auftrag, die »A1-Zone« zu überwachen, ein entmilitarisiertes Gebiet westlich der Stadt Quneitra. Warum, fragt man sich, sollte die israelische Armee ausgerechnet hier in den Obstfeldern illegal Stellungen bauen, die sie überall sonst haben darf? Da aber das Abkommen von 1974 nach wie vor gültig ist und auf Punkt und Komma umzusetzen ist, muss auch dieser läppische Auftrag weiterhin durchgeführt werden. Das bedeutet: Die WaPo-Box des Stützpunkts ist rund um die Uhr in Betrieb, der Außenposten 22 D ist während der Öffnungszeiten des Gates besetzt, täglich wird eine Patrouille rund ums Gebiet und mittenhindurch gefahren, zusätzlich gibt es noch Nachtpatrouillen. Wir alle tun, was zu tun ist: Wir »beobachten und überwachen die AOS, AOL und die A1-Zone sowie den Luftraum darüber im sichtbaren Bereich, den in die A1-Zone ein- und ausfahrenden

Verkehr und melden alle Verletzungen des Genfer Abkommens«. Wie schön!

Der »ein- und ausfahrende Verkehr«, das sind während eines ganzen Tages etwa drei IDF-Jeeps, für die man freundlich den Schlagbaum hochschwenkt, die israelischen Soldaten grüßen freundlich zurück, bittesehr, bitteschön, und das war auch schon die ganze Action. (Auf der Patrouillenstraße, die am Technischen Zaun entlang und an unserem Stützpunkt vorbeiführt, darf das israelische Militär nämlich doch fahren. Die Ausnahme von der Ausnahme.) Vor der Tür zur WaPo-Box hat jemand mit dem Finger in Beton geschrieben: »erbaut 1975«. Das Interieur scheint seitdem unverändert. Auf den Straßenasphalt, quer über die Fahrbahn, ist ein Kreuz mit den Himmelsrichtungen gemalt.

Ein paar hundert Meter nördlich befindet sich ein Stützpunkt der Israelis, die »Booster«-Stellung (die von Österreichern durchwegs »Puszta-Stellung« genannt wird; noch keinem scheint die Absurdität der Bezeichnung aufgefallen zu sein, das Gebiet hier ist vulkanisch und alles andere denn flach). Unseren Beobachtungen und Aufzeichnungen zufolge fährt alle zwei bis drei Tage ein israelischer Müllwagen hoch zur »Booster«-Stellung und kommt jeweils acht Minuten später wieder zurück. Eine Information, die *nichts* besagt, außer dass es auf den routinierten Alltag einer IDF-Position verweist, der kaum anders aussehen dürfte als der unsere.

Die einstündige Patrouille, die wir täglich zu fahren haben, ist eine Spazierfahrt unter dem Namen D7A (»Delta-Seven-Alpha«). Der erste »observation stop« wird auf einem Touristenparkplatz (»spy hill«) an der

Hauptverkehrsstraße gemacht, von dem aus man die Obstplantagen der A1-Zone und im Hintergrund das Trümmerfeld von Quneitra überblickt. Ein Konglomerat weiß gestrichener Baracken, das der unwissende Betrachter für eine landwirtschaftliche Kooperative halten könnte, erweist sich bei genauerem Hinsehen – ein riesiger Antennenmast! – als UN-Militärlager (Camp Ziouani). Das Spektakel ist immer das gleiche: Die Touristen, manchmal ganze Reisebusgesellschaften, blicken anfangs noch verstohlen zu uns Blauhelmen herüber, bis irgendjemand doch wagt, eine Frage an uns zu richten. Und damit ist der Damm gebrochen und man wird für Minuten zum gefeierten Star. Abschließend posiert man für Erinnerungsfotos und bekommt Segenswünsche mit auf den Weg: »God bless you!« und »Thank you so much!« Wo sonst kann ein Soldat aus Österreich solche Sternstunden erleben? Daheim sicher nicht.

G. läuft freudig aus dem Mannschaftsgebäude, um seinen Dienst in der WaPo-Box anzutreten, ruft »Peace!« und springt vom Treppenabsatz, mit hochgezogenen, seitwärts gedrehten Beinen (Twister). Wäre es ein Video, müsste man an dieser Stelle ein »Still« machen.

Freilich: Nicht jeder ist für diesen Job geschaffen. Der andere Gast-WaPo ist recht verzweifelt: »Ich bin so froh, dass du mich ablösen kommst! Ich halt's nicht mehr aus.« Er schildert mir, wie er den Arbeitstag hier erlebt. Da sei man z. B. gut drauf, auch das Essen habe ausgezeichnet geschmeckt, und danach müsse man raus in die Box und werde geknickt; der Dienst sei furchtbar »zaach« (zäh). Verlorene Lebenszeit sei das. Wohingegen ich es als Intensivierung, als Lebensschule erfahre.

Die Meisterklasse. »Was soll ich tun, was darf ich hoffen?« Die Antwort ist beide Male: nichts.

Vielleicht sollte man Wachsoldaten einen Einführungskurs in Meditationspraktiken geben, damit sie während der ereignisarmen bis ereignislosen Stunden etwas mit sich anzufangen wissen. Konzentration statt Zerstreuung. Korporal H. hat keinerlei Bedürfnis nach Zerstreuung, er fühlt sich durch den Alltag bereits genug unterhalten.

Gemeinsames Ruhen in der schmalen Kammer; die Nachmittagsmüdigkeit, während das Licht durchs Westfenster ins Zimmer fällt. Hypnotische Stimmung.

Gartenarbeit gehört mit zur zen-buddhistischen Praxis, auch wenn sie – auf Anordnung des Kommandanten – unter dem fragwürdigen Namen »Stützpunktverschönerung« geschieht. Schönheit liegt bekanntlich im Auge des Betrachters. Was polnische Positionleader charmant devastieren ließen, muss ein österreichischer natürlich lichten, in gerade Bahnen bringen, Unkraut jäten, Steine am einen Ort entfernen und am anderen drapieren, wie eh und je. Unser Koch arbeitet täglich nachmittags im Garten, ganz gleich, ob sich ihm jemand anschließt oder nicht. Und der Padre, der das Geschehen regelmäßig verfolgt, meint: »Wer solche Arbeiten verrichtet, schafft sich ein Zuhause.«

Ein Stützpunkthund, heißt es, sei der beste WaPo. Vor allem aber ist er psychologisch wichtig für die Mannschaft, er lindert alle Neurosen. Der unsere hat einen polnischen Namen (Siwy), ist jung, verspielt und »anlassig« (die Schnauze ständig im Schritt).

Johann B., der einst überredet werden musste, um vom Camp Faouar als Stützpunktkoch hierherzuziehen, bereut seine Entscheidung nicht. Er kocht für die Jungs mit sichtbarer Leidenschaft. Jeden Tag gibt es mehrere Kuchen, der Kühlschrank ist immer prall gefüllt. Wir leben wie die Maden im Speck. »Es soll ja ein bissl eine Auswahl geben, nicht nur das Nötigste«, erklärt er. Es ist fast beschämend, denn man hat diese Verpflegung niemals verdient. Zwischen der exorbitanten Qualität der Gerichte und dem bisschen Arbeit, das wir Wachsoldaten auf privilegiertem Posten leisten, besteht ein krasses Missverhältnis. Eines Tages, da ich über die Mittagsstunde hinaus auf dem Wachturm bleiben muss, wird mir ein Lunchpaket auf 22 D geschickt. »Care-Paket« wäre treffender, denn das Essen ist liebenswürdig zusammengestellt, ganz nach dem Geschmack des Empfängers. Und die Message, die unausgesprochen mitgeliefert wird, ist: I care for you. Denn der Mensch lebt nicht vom Brot allein.

So wie Musik, laut Joe Jackson, »ein Mittel gegen die Schwerkraft« ist (wenn auch nicht von Dauer, so doch für den Moment des Hörens), ist Militärdienst ein Mittel gegen die existenzielle Einsamkeit. Es gibt keine Freundschaft auf Dauer. Aber es gibt diese Form des gemeinsamen Lebens in gemeinsamer Arbeit, die man aufsuchen kann, sie steht jedem offen.

Zweiundzwanzig ist nicht einfach eine Zahl, sondern eine Daseinsform, ein möglicher Ausweg.

Als wir am Abend in der Saunakammer sitzen und von gescheiterten Projekten sprechen, will der Padre vom Koch wissen: »Gibt's denn zu Hause eine neue Frau oder

Freundin?« – »Nein«, sagt B., »das ist vorbei; nicht für eine gewisse Zeit, sondern für immer!« – Das Verdikt erinnert an Bob Dylan. »I'm sick of love«, sang der mit grimmiger Stimme, »this kind of love, I'm so sick of it«. Und diese Vehemenz liegt auch in der Rede von Johann B. Selbst das raue Timbre ist dem des Sängers erstaunlich ähnlich, und sein Schattenriss würde zur Ikone taugen: das schweißtriefende Haupt, das zu Boden schaut.

»Von nun an schwör ich ab dem Lieben, / Trotz biet ich dem Sirenensang! / Sie, die mich fast ins Grab getrieben, / Was kümmert sie mein Untergang! / Die Fiedel werf ich in den Schrank. / Wer will, wetz hinter Schürzen her. / Ich selber tat es allzulang, / Doch jetzo schert mich das nicht mehr.« (François Villon)

Draußen im Hof: der nackt dastehende Kamerad, der mir das grelle Licht der Stützpunktbeleuchtung verdeckt. Ein schmaler leuchtender Saum entlang der Nackenlinie und seines vom Schatten bedeckten Kopfs (rasierter Schädel): wie bei einer Sonnenfinsternis die Corona. Man hört Detonationen und MG-Feuer aus südwestlicher Richtung. (Eine Nachtübung der IDF Golani Brigade.) Der Soldat in der WaPo-Box zählt die Schüsse und Einschläge, er führt eine Strichliste. Von der anderen Seite, jenseits des Technischen Zauns, ist das Motorgeräusch eines SISU-Panzers zu vernehmen: die tägliche Night Patrol der 2. Kompanie. Unsere schwarze Stützpunktkatze schlüpft unter dem Zaun hindurch nach Osten. No need to worry. Sie wird zurückkehren.

(17. Mai 2009)

50 My Favourite Place in the Milky Way

»Je höher wir kommen, desto ferner ist der Blick zu den Horizonten.«
András Schiff

Es sind manche Funken geflogen. Hier ist nun die Flamme. Der Gipfelpunkt meiner Golan-Mission: Watchtower 22 D. Privatheiligtum.

Der Außenposten von Stützpunkt 22 befindet sich kaum einhundert Meter vom Nadelöhr der UNDOF-Mission entfernt, hoch über den drei Checkpoints am Gate, am Rand der Trümmerlandschaft von Quneitra. Der Wachsoldat auf dem Turm ist de facto ein unbeobachteter Beobachter. Man sieht alles, wird selbst aber nicht erkannt. Immer wenn ich vom B-Gate kommend durch den schmalen Korridor fuhr und hinter dem Zaun der weiß lackierte Wachturm ins Blickfeld geriet, dachte ich: »Für 20 Minuten wenigstens möchte ich einmal da oben sitzen.« Und tue das jetzt fünf Stunden täglich (oder mehr). Die Mannschaft weiß um die besondere Vorliebe von Korporal H., wie auch er um das Schreckgespenst des Sich-zu-Tode-Langweilens der meisten anderen weiß – was sich folglich im Dienstplan niederschlägt.

Das Gate öffnet täglich um 7 Uhr früh und schließt nachmittags um 17 Uhr, damit ist auch die Dienstzeit des Wachpostens auf 22 D vorgegeben – fast ein Büroalltag. Das Aufsperren der Kabine auf dem Turm gleicht dem Öffnen eines Tabernakels. (Eine Flügeltür.) Auf dem Plateau draußen baut man das Binokular auf: Das schwere Fernglas, das über Nacht versperrt blieb, wird auf ein dreibeiniges Gestell gelegt und festgeschraubt. Zu tun ist während all der Stunden wenig bis nichts. Auch auf dem Watchtower lautet der Auftrag, die »A1-Zone« zu überwachen. In den Obstplantagen darf sich kein israelisches Militär aufhalten. Abgesehen davon, ist 22 D nur eine Frühwarnstation für den Stützpunkt: Wenn ein Fahrzeug den Patrouillenweg Richtung Norden nimmt, kurbelt man am Feldtelefon und gibt dem WaPo-Kollegen Bescheid, dass in wenigen Minuten ein Wagen aufkreuzen wird. Alles, was es braucht, um diesen Dienst zu bestehen, ist eine gewisse Leidenschaft des Schauens. Ein Augenmensch zu sein.

Ein distanzierter Betrachter, der von außerhalb, fern des Planeten, ohne jedes Wissen um Geschichte und Politik, auf das Ambiente rund um 22 D blickt, erkennt ein einzigartiges Naturreservat, wo man statt Giraffen und Nashörner eben Soldaten sieht: Soldaten jeglicher Couleur, eine Militär-Biosphäre mit nur rudimentären Handlungen; minimalistische Szenen in kleinsten Variationen. (Der objektive Blick des Außenseiters: reine Anschauung, die ohne Deutung auskommen will.)

Weiße Autos fahren abwechselnd in die eine und in die andere Richtung des Korridors. Dreimal wird angehalten, dreimal steigen die Fahrzeuginsassen aus, zwei Mal werden Wagen und Gepäck kontrolliert. Die meisten Soldaten, die da paarweise nebeneinander gehen, bewegen sich synchron, so wie man es von langjährigen Partnern kennt: gleicher Schritt, gleicher Dress, gleicher Haarschnitt, sehr ähnliche Statur, selbst der Gesichtsausdruck ist identisch, wie bei einem Bilderrätsel: »Die rechte Figur unterscheidet sich von der linken durch fünf Fehler«, mehr sind es nicht. – Kleine Mysterien. Epiphanien. Und alles geschieht in zeremonieller Langsamkeit.

Am nördlichen Horizont das prächtige Hermon-Massiv, bis lang ins Frühjahr hinein von Schnee bedeckt. Die sanft ansteigenden Felder hinter Quneitra gleichen einer saftig grünen Alp im Tessin, durchsetzt von Steinhäusern – nur dass es nicht aufgeschichtetes, sondern zertrümmertes Steinmaterial ist.

Direkt vor Augen: metertief aufgerissene Gräben beidseits des Technischen Zauns, üppig blühende Wiesen (Minenfelder) in leuchtenden Farben. Vor einigen Wochen blitzten hier die Panzerminen im Sonnenlichtreflex. Nun ist das Areal überwuchert von dichtem, sattem Grün, hell leuchtendem Rot (Klatschmohn), Pink und Lila, durchsetzt von Gelb. Darin verrostende Stangenreihen, an denen Stacheldrahtnester hängen. Schwallweise weht floraler Duft hoch auf die Plattform des Wachturms. Man sitzt über wilden Rosensträuchern, über den Wipfeln einzelner Nadelbäume. Schon nach wenigen Tagen kennt man jeden einzelnen Vogel und achtet auf Unterschiede und Verhaltensweisen, die einem bisher nichts bedeuteten. (Ornithologisches Selbststudium.)

Ein junger Storch fliegt ins Minenfeld, stakst mit seinen rotweiß glänzenden Stöckchenbeinen durch das blumendurchsetzte hohe Gras auf Nahrungssuche. Mit seinem Gewicht wird er wohl keine Mine auslösen, dennoch folgt man gespannt seinen Schritten.

Zwei IDF-Jeeps rasen am Technischen Zaun entlang: einer auf der Patrouillenstraße, der zweite auf dem dazwischenliegenden Sandstreifen mit einem angehängten Metallstück, das über den Boden geschleift wird. Zum Glück weht der Wind fast immer von West nach Ost, sonst würde man von den aufgewirbelten Staubmassen eingehüllt.

Von Camp Ziouani, wo das Logistik-Bataillon stationiert ist, trägt der Wind laute Exerzierkommandos herüber. Offenbar wird demnächst eine Parade stattfinden, für die bereits intensiv geübt wird.

Stunden der Intensität auf 22 D: auf einem primitiven Stuhl sitzend, im Schatten, hoch oben auf dem Turmplateau, das halbgeladene Gewehr auf den Schenkeln wie eine Gitarre. It's all about time. Zeit verstreicht, und die Zeit steht still. Eine große blaue UN-Fahne flattert im Wind. Aus dem Motorola kracht der Funkverkehr der Enziankompanie: »From 1D1 – roger – out.« Nirgendwo sonst hat man alle drei Fahnen zusammen im Blick: Im Abstand von 300 Metern wehen die Flaggen von Israel und Syrien am A- und B-Gate, dazwischen als Puffer die Vereinten Nationen. Der Hundeführer am C-Gate mäht den Rasen.

Im Wachturm vis-à-vis trällert der IDF-Soldat ein Lied quer übers A-Gate, einen Song von Shlomo Artzi, und dazu trommelt er handkant auf die Mappe, die vor ihm auf dem Pult liegt. (Gewiss kaum etwas anderes als auf dem meinen: das »WaPo-Betriebsbuch«.) Mit dem Feldstecher erkennt man jede Geste des Gegenübers, auch welche Zigarettenmarke er raucht (»Noblesse / Virginia Blend«). Auch der IDF-WaPo verlässt seinen Watchtower nur zum Wasserlassen. Die Waffe ist dabei grundsätzlich am Mann, das Funkgerät wird derweil am Hosengurt angesteckt.

Sonntagnachmittag: Reglosigkeit am Gate. Keine Crossingaktivitäten, vollkommene Stille. Ein jeder auf seinem Posten. Jeder auf seinem Stern. Am C-Gate sitzt der indische UN-Militärpolizist im schattigen Eingangsbereich des Gebäudeblocks und schaut vor sich hin. Der IDF-Soldier auf seinem Turm blickt hinunter, beugt sich aus dem Fenster, auf den Rahmen gestützt. Und ich: tue genau das auch. Absitzen von Zeit, das jeder von uns zu genießen scheint. (Wunschloses Glück. Die Zeit ist mein Tempel. »Don't think nothing! Nothing is important!«, sagen japanische Mönche.) Gelegentlich blickt einer in die Richtung des anderen, um kurz darauf wieder ins Zentrum des Gates, auf den Korridor zu sehen. Und für Momente taucht am anderen Ende der Straße auch der syrische Schrankenwärter mit der Kalaschnikow und seinem schwarzen Barett auf und wirft einen kurzen Blick in die Szene. Nichts bewegt sich in der Mittagshitze, jetzt. Die Nahtstelle der Mission. »Eternal activity without action.« (William Wordsworth)

Da es im Himmel zwar eventuell ein Gate, aber bestimmt nicht in der Dreifaltigkeit A-, B- und C-Gate mit den dazugehörigen Soldaten und einem Watchtower 22 D geben wird, ziehen wir die Erde doch allemal vor. Um es im rechten Maßstab zu sagen: It is my favourite place in the milky way.

(24. Mai 2009)

51 Erntedankfest

»… die Wahrheit wird euch frei machen.«
Johannes 8,32

Hermann K. hat ein Video gebastelt und auf sein Facebook-Profil geladen. Unter dem nüchternen Titel »Mein Einsatz im Nahen Osten in 4:15 min« bekommt man natürlich keine repräsentativen Szenen aus der WaPo-Box zu sehen, auch keine Schäferspiele an der A-Linie oder die »tomato picking activities« bei Barrel 36, stattdessen eine Collage aus Fotos diverser Übungen, die den Eindruck vermitteln, es handle sich um einen Kampfeinsatz: dramatische Einlagen mit Verwundeten (hervorragende Arbeit der Maskenbildner), Maschinengewehrfeuer am Schießplatz, Soldaten in Abwehrstellungen, mit Helm, Splitterschutzweste und ABC-Schutzmaske, Blick durchs Visier, den Finger am Abzug, dazu effektvolle Sequenzen von Minensprengungen, Aufnahmen von zerschossenen Häusern in Quneitra, und all das unterlegt mit dem Song *The Dead Can't Testify* von Billy Talent. Das Video endet mit der Gedenktafel »IN MEMORY OF OUR COMRADES«.

Die Kommentare lassen nicht lange auf sich warten: »Wow!«, »Geile Scheiße!«, »Gscheid geil!« und »Alter Schwede … nicht schlecht!«, »Respekt«. – Der Ehrlichkeit halber hätte man wenigstens im Abspann erwähnen können, dass die meistgehörten Sätze in unserem Einsatz diese waren: »Geht eh um nix!« und »Mir is soo fad!«

Knapp vor Einsatzende erhält jeder Soldat eine schriftliche Leistungsbeurteilung durch seinen Vorgesetzten. Der Positionleader von Stützpunkt 22 (ein Stabswachtmeister), Berufssoldat, ist darüber empört, dass er von einem Milizoffizier (dem Kompaniekommandanten) beurteilt wird. Ein Ranghöherer schreibt über seinen Untergebenen: »Ich würde jederzeit wieder mit ihm in den Einsatz gehen.« Major R. überreicht uns das unterfertigte Formular: »So, meine Herren! Bis zum Auschecken aber keine disziplinären Fälle! Keine Abrechnungen, kein Erntedankfest! Sonst wird die Leistungsbeurteilung eingezogen und revidiert.«

In der letzten Woche werden noch jede Menge Orden und Medaillen verliehen. Solche wie das »Kraftfahrbewährungsabzeichen in Bronze«, die man ohne sonderliche Anstrengung bekommt, werden »Preiselbeerorden« genannt. Schon eher begehrt ist das Fernmeldebewährungsabzeichen, »the historic and most traditional Merit Badge of the Austrian Signals Trade«, das in Österreich selbst angeblich verboten ist. Den Orden ziert eine Kaiserkrone mit sechs Stromblitzen, und das ist definitiv zu historisch.

Manche Soldaten sind wirklich scharf auf dieses Brimborium. Kamerad O.O. von Stützpunkt 32 nahm an einer organisierten »Holy Places«-Recreation teil, nicht etwa, weil ihn der Besuch von Pilgerstätten im Heiligen Land wirklich interessiert hätte, sondern weil man durch die Teilnahme die Berechtigung erwirbt, eine Medaille zu kaufen, die bestätigt, dass man teilgenommen hat.

Bis zum Exzess werden Dekrete und Urkunden ausgestellt. Jeder absolvierte Marsch und jeder Wettbewerb bringt einem ein Diplom ein. Nach 12 Monaten kommt man mit einem ganzen Päckchen solcher Papiere heim. Wachtmeister K., Chef der Schweija-Hütte, stellt auf Dekretpapier gedruckte und in offiziöse Mappen eingeklebte Zertifikate aus, die bestätigen, dass jemand Stammgast in der Schweija-Hütte ist.

Bei Offizieren ist Brauch, dass sie vor dem Auschecken eine Schindel mit eingraviertem Namen in ihrem standesgemäßen Refugium, dem Offizierskasino, an die Wand nageln. Das Event heißt »shindle nailing«. Oberleutnant H. ruft an und lässt sich entschuldigen, er möchte seine Schindel *nicht* nageln. – Major R.: »Traditionsverweigerer! Bastard! Das ist in deinem Buch einen Absatz wert!« – Ist es, ja.

Langes Vorexerzieren für Feierstunden und Paraden. Wenn auf konfuse Kommandos entsprechend konfus reagiert wird, brüllt der Kommandeur: »Nicht schlafen!« Dabei ist es fast immer didaktische Schwäche, die sich solcherart zeigt, nicht die Schlafmützigkeit der Mannschaft. »Umfallen gibt's nicht! Und wenn, dann nur ehrenhaft in Grundstellung.«

Seit wir den neuen Bataillonskommandanten haben, wird bei Feierstunden das UN-blaue Halstuch getragen. Fredie S., der einmal »Freizeit-, Sport- und Mode-Unteroffizier« war, zeigt uns, wie man den Knoten knüpft. Die Visage kann noch so zerknittert sein, mit dem Halstuch sieht man immer aus wie ein Feschak.

»Flaggenhisser, Flagge hissen!« Diesen Kommandoruf kann man gar nicht anders als abgehackt sprechen.

Bei der Stabskompanie-Feier ergreift auch der Bataillonskommandant als einer von drei Ehrengästen das Wort: kein knappes Statement zum Dank für erbrachte Leistungen, wie seine Vorredner es taten, sondern eine regelrechte Ansprache, während der wir in der gnadenlos drückenden Mittagshitze in Formation stehen. Die Rede ist eine rhetorische Etüde aus fünf Begriffen, die in Variationen fortwährend wiederkehren: Stolz, Stabskompanie, Leistungen, Kommandant, Offizier. Ein in die Länge gezogener Remix mit Leerläufen und Loops. Als Draufgabe erhalten wir Informationen über die Militärlaufbahn des Redners, sozusagen aus erster Hand (seit 2. Februar CO, seit 25 Jahren Offizier, seit 29 Jahren beim Bundesheer), und Lebensweisheiten wie: »Wir müssen alle gehen, der eine früher, der andere später, aber gehen müssen wir alle, das ist eine der wenigen Gerechtigkeiten im Leben.« Die beiden strammstehenden Flaggenhisser sind kreidebleich und scheinen hinter der schweißnassen Stirn zu delirieren. Als wir nach Stunden, da der Vortrag endlich vorbei ist, auf die Uhr schauen, sind nur 25 Minuten vergangen.

Jan Philipp Reemtsma: »Was macht man, wenn man nicht zurückschlagen kann? Man schreibt ein Buch.«

Auf einem Stützpunkt der 2. Kompanie wird knapp vor Schluss doch noch eine handfeste Erntedankfeier verrichtet. Korporal C., ein österreichischer Soldat mit »Migrationshintergrund«, schildert den simplen Tathergang wie folgt: »Ich warte in der WaPo-Box auf meine Ablöse, als ich ohne Vorwarnung zwei Schläge ins Gesicht bekomme.« Das Opfer muss mit einer Jochbeinprellung ins *Al Salam Hospital* nach Damaskus gebracht werden. Der Täter gibt bei der Einvernahme an, es habe ihn gestört, dass C. sich nie ordentlich in die Gemeinschaft integriert habe. Der Vorgesetzte des Schlägers führt zu dessen Verteidigung an, er könne sich den Gefühlsausbruch nicht erklären, Korporal Z. praktiziere eine fernöstliche Kampfsportart, und solche Menschen seien üblicherweise sehr kontrolliert. – Wer weiß? Vielleicht ist an allem ja auch der Mond mitschuld. Aus der Gastronomie ist bekannt, dass in Vollmondnächten die Gäste mehr trinken, mehr rauchen, mehr Sonderwünsche haben und die Atmosphäre merklich gespannter ist. – Z. erhält eine Strafanzeige bei der Staatsanwaltschaft, wird auch heeresintern »disziplinär gewürdigt«, darf aber bis zur regulären Rotation im Dienst bleiben.

(In einem anderen Fall ging die Repatriierung rascher vonstatten: Bei einem Wachtmeister wurde eine »paranoide Psychose« diagnostiziert. Drei Stunden später saß der Mann auch schon im Flugzeug nach Wien, um vom Truppenarzt in Götzendorf »einer weiteren Behandlung zugeführt« zu werden. Tags darauf kam jedoch aus Österreich die Anfrage nach einem Foto. Der Soldat sei abgängig.)

Schon vor Monaten wurde einem »stolzen Unteroffizier« der Alkohol zum Verhängnis. Während einer Kompaniefeier sprach der cholerische Vizeleutnant im Suff eine Morddrohung gegenüber einem Kameraden aus, unvorsichtigerweise vor Zeugen: »Ich bring dich um!« Jene, die den Tobenden zur Vernunft bringen wollten, wurden wüst beschimpft: »Ihr seid Offizierspeichellecker!« Es war derselbe Vizeleutnant, der in der Einsatzvorbereitung (nicht nur) durch die Bemerkungen hatte aufhorchen lassen, er werde eines Tages wohl in der Uniform sterben, und bevor er die Leiter hinunterfalle, werde der Jordan stromaufwärts fließen. Dieser Mann (»Der Stellung bewusst, treu der Pflicht, wachsam und gerüstet!«) ist also über sich selbst gestolpert.

Wie schon einmal gesagt: Es ist nicht »das wahre Gesicht« eines Menschen, das sich zeigt, wenn man lange genug unter extremen Umständen zusammenlebt, sondern ein deformiertes Gesicht. Die geballte Wucht, mit der gruppendynamische Prozesse ablaufen und Spannungen sich aufbauen, ist auf Stützpunkten ungleich größer als im Camp, wo man einander besser aus dem Weg gehen kann und es meist beim heftigen Disput bleibt.

Ein Satz fällt aber auch im Camp immer wieder: »Ich bin kein Rassist, aber ...« Zum Beispiel: »... aber der türkischstämmige Kamerad muss sich entscheiden, ob er ein Türke oder ein Österreicher ist.« Und auf der Reisetasche hat der nicht-rassistische Kamerad eine wahnwitzig große Österreich-Fahne aufgenäht, in deren weißem Streifen in dicken Lettern sein Name prangt. Dass Identität für manchen ein bisschen komplexer ist, als wenn man in einem Osttiroler Bergdorf aufgewachsen und aus diesem nie hinausgekommen ist, davon hat unser Eingeborener leider keinen blassen Schimmer.

Die Schweija-Hütte indes erfüllt unbestreitbar eine psychohygienische Funktion. Mitten im Barraum befindet sich ein seltsamer Plüschsessel, der sich zur Seite drehen lässt und so den Abstieg ins Kellerloch freigibt. Diese Grube, die wie ein umgestülpter Golgotha-Hügel aussieht, ist eine Location, wo Gäste ihre Differenzen ausreden konnen. Geraten zwei sich in die Haare, schickt Wachtmeister K. sie in den Keller. Sobald die beiden da unten sitzen, merken sie, wie lächerlich der Disput ist, und sind von ihren Dämonen erlöst.

(31. Mai 2009)

52 Die Stuhlprobe

Fünf Tage vor dem Heimflug wird die beige Uniform (die »HWC-Bekleidung«, hot weather clothing) abgegeben, die Auschecker tragen wieder Grün. Und damit erübrigt sich die Frage, die während der letzten Wochen ständig zu hören war: »Hast du eine Verlängerung bekommen?« Es ist ja an der Farbe erkennbar.

Man erhält einen »Laufzettel«, eine Art Pilgerpass, auf dem 18 Unterschriften einzuholen sind, von 18 verschiedenen Dienststellen, darunter solche, mit denen man nie zuvor zu tun hatte. Stempel und Unterschrift bestätigen, dass nichts gegen einen vorliegt, keine unbeglichenen Rechnungen, keine nicht retournierten Leihgaben etcetera. Da aber manche Kanzleien immer wieder kurzzeitig geschlossen sind, ist diese Pilgertour eine zermürbende Odyssee, und man ist am Ende wohl ähnlich erschöpft, wie wenn man nach 30 Tagen Jakobsweg in Santiago de Compostela ankommt.

Am vorletzten Tag: Gepäckverladung. Als ich mit meinen fünf prall gefüllten Taschen und Rucksäcken zum Verladeplatz komme, steht da schon die Mannschaft von Position 37, auch Tristan, Emrah und all die anderen aus der »Enziankompanie«. Wie schön, sich hier wiederzusehen! Einer in der Warteschlange bildet den

Kinderreim: »Mein rechter Platz ist leer, drum wünsch ich mir den Schreiber her.« Es gibt keine festgelegte Reihenfolge, aber im Wesentlichen wird kompanieweise verladen. Nun also die 2. Kompanie. Jeder hilft mit, auf dass die Gepäckstücke zügig auf die Waage gestellt und auf den Lastwagen verfrachtet werden. Und da stehen auch die mit Büchern gefüllten schweren Taschen, an denen das Namensschild »Korporal H.« befestigt ist. Patrick meint: »Der gehört auch zu uns!«, und macht eine Handbewegung: vorwärts!

Dieser unverkennbare Stützpunkt-Spirit ist noch im kleinsten Detail spürbar. Im Camp muss man sich jede Hilfe organisieren, in den Zonenkompanien aber packt jeder mit an, der gerade in der Nähe steht. (Im Englischen ist das mit zwei Wörtern zu benennen: »nearby arms«. Und der Begriff Kamerad: »nearby shoulders«.) »Jetzt, nach diesem einen Jahr«, sage ich, »möcht ich so gerne mit euch eine Reise antreten, eine gemeinsame Urlaubsreise, die schönste von allen. Sie führt nach Hause. Und wir machen sie morgen!« – »Schlag ein!«

Der syrische Müllmann, der im Camp herumstreunt, fragt: »Tomorrow, you are going home?« Wir nicken mit breitem Lächeln, den Daumen hochgestreckt. »And after tomorrow?« – Die entscheidende Frage. Der wunde Punkt. (Intelligenz von Müllmännern.)

Die Soldaten der Zonenkompanien sind fast alle glücklich, nach Hause zu kommen. Im Camp bedauern so viele, dass sie nach Hause müssen. – Max H. (Blitz 50) ist völlig illusionsfrei, was einen künftigen Kontakt betrifft. »Du wirst bestimmt anderes im Kopf haben, und man redet dann eh nur wieder über den Einsatz. Wir haben jetzt eine gemeinsame Vergangenheit, aber keine gemeinsame Zukunft.« – Der kroatische Lieutenant Colonel kommt in die Hauptkanzlei und sagt: »Hello young man! Is it true that Falco is dead?« Dann kippt die Stimme von Dur in Moll: »Seriously, I'm gonna miss all of you. I mean: One day, you feel a bit better, the other one a bit worse. But, truly, we had not one bad day together.« – Und der Padre wendet sich an die Kameraden, indem er in Anlehnung an Thomas Mann vom Golan als dem *Zauberberg* spricht: »I shall come to that magic mountain again. I'm sure, there I shall make some new friends and meet some old patients again.«

Der traditionelle Auschecker-Song *Flying Home*, der uns auf dem Paradeplatz zum Abschied gespielt wird, erinnert unweigerlich an den Absturz einer slowakischen Militärmaschine im Jahr 2006, mit Dutzenden KFOR-Soldaten an Bord, die sich auf dem Heimflug vom Kosovo-Einsatz befanden. Eine slowakische Sängerin interpretierte jenes *Flying Home* bei der offiziellen Trauerfeier und machte damit den Song via Fernsehen weithin bekannt. Auch vor zwei Tagen erst ist wieder ein Flugzeug, eine Passagiermaschine der Air France, abgestürzt. »Damit sollte die statistische Quote dieser Woche hoffentlich erfüllt sein«, so der einheitliche Kommentar im Bataillon.

Das letzte Wort hat der Kommandant. Sein Resümee: »Es war ein guter Einsatz. Wir hatten keinen Toten zu beklagen, keinen schweren Unfall und auch keinen Selbstmord. Das ist nicht immer so.«

Um 14.30 Uhr sitzen wir am Flughafen Damaskus, in einer separaten Abflughalle mit riesigen Löchern am

Plafond – offensichtlich nicht die VIP-Lounge, die uns versprochen war. Der Start ist für 16.30 Uhr geplant, doch zwischenzeitlich erfahren wir, dass es Probleme gebe. »Nix Genaueres weiß man nicht.« Der Abflug wird um drei Stunden verschoben. – Wir warten. Zum Abschluss also noch einmal *die* militärische Tätigkeit schlechthin, von der in offiziellen Berichten und Pressemitteilungen des Bundesheeres freilich nie die Rede ist. Dabei ist es eines der bekanntesten Sprichwörter beim Militär: »Die meiste Zeit seines Lebens wartet der Soldat vergebens.« Niemand weiß, warum wir warten. Die Maschine steht längst auf dem Rollfeld. (Man fühlt sich wie in Kafkas Erzählung *Vor dem Gesetz*.)

Es bleibt selbstverständlich nicht bei der einen Verschiebung. Der Abflug wird immer weiter nach hinten verlegt, bis die Hilflosigkeit des zuständigen Logistik-Offiziers in die Formulierung »auf unbestimmte Zeit« mündet. Die Halle ist von Zigarettenrauch zugequalmt. Auch wenn nur die Hälfte von 140 Mann raucht, so tun die es doch in voller Intensität. Die anderen liegen quer über die Sitzbänke gestreckt und versuchen zu schlafen, statt einer Augenbinde das blaue UN-Barett übers Gesicht gelegt, die Beine hochgelagert. Die Stiefel des einen befinden sich über dem Kopf des anderen. Die Mülleimer quellen über vor Getränkedosen und Kaffeepappbechern. Allmählich beginnt man zu stinken. (Das Wort »Iltis« macht die Runde.) Die Sanitäranlagen sind ekelerregend. »Ich putz mir da drinnen sicher nicht die Zähne!«, ist mehrfach zu hören. Einer liest ein Buch: *Die Zukunft hat längst begonnen.*

In meiner Sehnsucht nach Kino habe ich bereits vor Tagen im Internet das Programm des Wiener Filmmuseums studiert. Für Donnerstag ist ein Streifen von John Ford angekündigt, *The Long Voyage Home*. Im Text dazu heißt es: »Ersatzfamilie einsamer Existenzen und Reisender ohne Ankunft. Ein definitiver John-Ford-Film über Heimat, Gemeinschaft, Scheitern: die drei Fixsterne seines Werks – die erste unerreichbar, die zweite Substitut, das letzte allgegenwärtig.« Ich habe den Film schon mal gesehen, vor etlichen Jahren. In Erinnerung blieb der Jammer, in dem diese Männergemeinschaft auf ihrer langen Irrfahrt vegetiert: Wann sind wir endlich zu Hause? – Mein Gott, was werde ich selig sein, wieder im Kino zu sitzen!

Lange nach Mitternacht, um 02.30 Uhr, fliegen wir tatsächlich ab. Nach weiteren vier Stunden (Reise ans Ende der Nacht): eine weiße Wolkendecke, Europa. Zwischenlandung in Zagreb. Als die kroatischen Kameraden von Bord gehen, fällt kaum ein Wort. Nur da und dort ein rascher Blickkontakt und als Geste zwei gegenläufig bewegte Zeigefinger, die besagen: »Stay in touch via e-mail«, und eine flüchtig zum Gruß erhobene Hand, dann lehnt man den Kopf erneut zurück und versucht weiter, zu schlafen.

Um 7 Uhr früh endlich Touchdown – Vienna Airport. Der Zeitpunkt, da man vom Aufsetzen auf heimischem Boden emotional berührt sein könnte, ist überschritten. Man empfindet nichts mehr, außer Zorn und Fluchtimpulse. Die Härte der Landung hängt für den Passagier auch von der Reisedauer ab, und diese hier war eine Bruchlandung.

Zwischen Passkontrolle und Gepäckausgabe, im Korridor des Flughafengebäudes, durch den alle Ankommenden eilen, gibt es eine Belehrung über den weiteren Ablauf. Die zivilen Passagiere, hauptsächlich »business men & women«, die schwarze Trolleys hinter sich herziehen, staunen nicht schlecht, als da 100 Soldaten in Formation stehen (»Linie zu vier Gliedern – Vergatterung!«) und vor ihnen ein Kommandeur mit einem Röhrchen in der Hand von »Stuhlprobe« spricht. Die Stuhlprobe scheint in der Tat das Wichtigste zu sein. »Keiner wird die Kaserne verlassen, der nicht zuvor eine Stuhlprobe abgegeben hat!«

Es heißt, nach dem Eintreffen in der Kaserne in Götzendorf werde es ein Statement durch den Leiter des ZEV (Zentrum Einsatzvorbereitung) geben. Dort also noch einmal: Antreten, Vergatterung, Meldung an den Oberkommandierenden. Und dann das mit Spannung erwartete Statement. Es beschränkt sich auf den Satz: »Wir waren's nicht!« (Das ZEV ist nicht schuld an der Verspätung.) Keine weiteren Informationen, keine Verantwortlichkeit.

Nur Gerüchte zirkulieren, wie zum Beispiel: »New York« (die UNO) habe irgendwelche Gebühren nicht rechtzeitig überwiesen. Oder: »Graz« (das Streitkräfteführungskommando) habe die Ruhezeiten der Flugpiloten nicht berücksichtigt. Am überzeugendsten die Vermutung, die ein rotationserfahrener Vizeleutnant äußert: Die *Jordan Aviation* habe im Anschluss an den Flug nach Wien einen weiteren Charterflug durchzuführen gehabt, und da die Flughafengebühren in Wien achtmal höher seien als in Damaskus, habe die jordanische Luftlinie es vorgezogen, die Stehzeit zwischen den Flügen in Damaskus zu verbringen. Die Pönale für die verspätete Ankunft in Wien sei vergleichsweise ein Klacks. »Das hat man davon, wenn man bei Ausschreibungen immer dem Billigstbieter den Zuschlag erteilt.«

Der Truppenarzt stellt die Standardfrage ans Kollektiv: »Glaubt jemand von Ihnen, einen bleibenden Schaden erlitten zu haben? Der melde sich jetzt!«

Die Entlassungsuntersuchung (wiederum mit Laufzettel) wird erneut zum Spießrutenlauf. Zu glauben, man könnte sich die Wartezeit bei dem einen Facharzt verkürzen, indem man derweil zu einem andern geht, erweist sich als Trugschluss. Ein Satz, den ein Sanitäter vor einem Jahr hier sprach, blitzt als Erinnerung auf: »Schlangen sind während der Häutungszeit sehr aggressiv.« Bei der Blutabnahme kommt es diesmal häufig zu Schwindelanfällen. Obligatorisch das Einzelgespräch mit dem Psychologen. »Du hast verdächtig lang gebraucht!«, bemerkt ein Kamerad. – »Ich war ja auch vier Monate auf Position 32.« – Der Internist geht mit dem Stethoskop um den Klienten herum. »Sie haben gar kein Tattoo? Ah, doch! Wäre ja eine Seltenheit …«

Schließlich die Abgabe von Ausrüstung und Bekleidung. Gegenstände, die sich das ganze Jahr über in einem verschnürten Rucksack befanden, werden unbenutzt zurückgegeben. Auch die Stiefel, die einem – täglich getragen, nicht ganz so oft gepflegt – allzeit ein gutes Schuhwerk waren, lässt man hier nun für immer zurück. Farewell! (Schon aus dem Blickfeld verschwunden.) Wer Dinge verloren hat oder sich ein Souvenir behalten will, entrichtet einen Obolus.

Am Ende aber steht die Stuhlprobe. Sie ist unverzichtbarer Teil des Abschiedsrituals. Man darf nicht nur, man *muss* kacken, wenigstens zwei Schäufelchen sind Pflicht. Um die Mittagszeit haben es Einzelne noch immer nicht geschafft, das Röhrchen zu befüllen. So berät man kameradschaftlich Methoden zur Beschleunigung des Stuhlgangs. Manche setzen auf alte Hausmittel wie »Rosinen essen!«, »Kaffee trinken!«, andere auf die enthemmende, blockadelösende Kraft der Imagination. Nützt all das nichts, muss die Klistierspritze her.

Ist es vollbracht, wird einem ein Papier ausgehändigt, auf dem fettgedruckt das Wort »Entlassungsbefehl« prangt. Angefügt ist eine Rechtsmittelbelehrung: »Innerhalb von sechs Wochen ab Zustellung kann eine Beschwerde an den Verwaltungsgerichthof und ebenso an den Verfassungsgerichtshof erhoben werden.« – Danke, wir wollen davon nicht Gebrauch machen.

»Freiheit!«, jubelt Ümit. »Dieser Zettel bedeutet Freiheit!«, zum Beispiel die Freiheit vor Sätzen, die einem zuverlässig an den Kopf geknallt wurden, sobald sich Unmut über Mehrbelastungen regte. »Burschen, ihr seid freiwillig hier«: ein bequemer Satz, der pauschal jede Zumutung rechtfertigen soll. Ein letzter Gedanke, kurz, aber süß, sei den Urhebern solcher Phrasen gewidmet: in jenem Moment, da man durchs Kasernentor hinaus in die zivile Freiheit fährt.

Womit haben wir gerechnet beim Auseinandergehen? Tränen der Trauer und Tränen des Glücks. In den letzten Wochen wurde vieles vorweggenommen: »Du bist mir ans Herz gewachsen«, »Ich werde beim Auschecken meine extragroße Ray-Ban aufsetzen.« (»Darüber musst du was schreiben!«, sagte M. »Auch mich wird es ordentlich herdrücken.«) Tristan hingegen gab zu Protokoll:

»Position 32 wird mich nie wieder sehen.« Und nun, da es soweit ist, kracht man einander in die Arme. Wie einem abgefütterten Baby, dem man zum Rülpsen verhelfen will, streicht man dem Kameraden kreisend über den Rücken und gibt einen abschließenden Klaps: »Pass auf dich auf!« (Keine »famous last words«.)

Tristan, mit bedauerndem Blick, streckt mir die Hand entgegen: »So ist es«, und in den nüchternen drei Wörtern steckt Bitterkeit über das unwiderruflich elende Ende. »Life's exactly what it looks«, schrieb W. H. Auden. So ist es, das Leben: genau so, wie es aussieht. »Dear! Dear! / Life's exactly what it looks, / Love may triumph in the books, / Not here.«

Jenen, denen du nicht wieder zu begegnen wünschst, sag beim Abschied leise Servus. Die Mehrheit aber, mit der es sich doch aushalten lässt, auch wenn man einander nicht wirklich Freund geworden ist, die Mehrheit geht auseinander mit dem Satz: »Vielleicht sieht man sich wieder mal in einer Mission.« (Und das ist weniger eine Frage als vielmehr eine Feststellung.)

(7. Juni 2009)

53 NIL

Nothing in line.

Inhalt

I

Farbcode 7013 9
Rotation 31
Casablanca 34
Kollektive Träume und gemeinsame Frequenz 56
Im Takt der Teiltagesportionen 78
September 82
Departure Lounge 91

II Offizium. Ein Journal

Barettblauer Himmel 99
Anfang 118
Beobachten und melden 125
Sturz aus der Zeit 131
Schäferspiele 134
Was mache ich hier 137
Kilo Alpha 142
Falsch verbunden 146
Nacht und Tag 149
Urlaub! 152
Was ist heute für ein Tag? 153
Great Performance 156
Hör zu 165
Corporale, Compañero 168
Warten auf den Crash 174
Der Crash – voilà! 178
Splitter 183

Three-seven 186
Chief of Tal Hawa 190
Ümit 195
Die Brotgemeinschaft 199
The Voice on the Radio 202
You'll Never Walk Alone 209
Lob der Köche 218
Noch einmal für Position 37 221
Geschlossene Gesellschaft 228
Visagen 234
Von Sternen und Starlights 239
Lesung aus dem Buch Numeri 244
Movement Restrictions 248
Blind Date am Airport 251
Katzendezimierung 252
Das Handwerk des Chargen 258
Gains & Losses 262
Wachvergehen am Ölberg 267
It Could Have Been a Brilliant Affair 273
Die Wohlfahrt 278
Crossing the Gate 282
Sparefroh 290
Ölzweigernte 296
Mauer mit Dach 302
Good Times 306
Vom Erdbeerkönig 306
Operation Spirit 311
Five Leaves Left 319
Seitenwechsel 324
My Favourite Place in the Milky Way 332
Erntedankfest 337
Die Stuhlprobe 343
NIL 351

Originalausgabe

Lektorat: Simone Fässler
Satz: Filip Hrabinek
Druck und Bindung: Interpress, Budapest
www.korrespondenzen.at
ISBN 978-3-902113-71-9